高等职业教育旅游管理专业精品规划教材

旅行社经营管理实务

主　编　王慧元　陶艳红

副主编　吴永超　杨　艳

参　编　李仲晶　臧传芹　孙英杰

中国财富出版社

图书在版编目（CIP）数据

旅行社经营管理实务 / 王慧元，陶艳红主编 . —北京：中国财富出版社，2018. 12（2022. 7 重印）

（高等职业教育旅游管理专业精品规划教材）

ISBN 978 - 7 - 5047 - 6729 - 5

Ⅰ. ①旅… Ⅱ. ①王… ②陶… Ⅲ. ①旅行社—企业经营管理—高等职业教育—教材 Ⅳ. ①F590. 63

中国版本图书馆 CIP 数据核字（2018）第 293880 号

策划编辑	谷秀莉	**责任编辑**	谷秀莉		
责任印制	尚立业	**责任校对**	孙丽丽	**责任发行**	杨　江

出版发行	中国财富出版社		
社　　址	北京市丰台区南四环西路 188 号 5 区 20 楼	**邮政编码**	100070
电　　话	010 - 52227588 转 2098（发行部）		010 - 52227588 转 321（总编室）
	010 - 52227566（24 小时读者服务）		010 - 52227588 转 305（质检部）
网　　址	http://www. cfpress. com. cn		
经　　销	新华书店		
印　　刷	宝蕾元仁浩（天津）印刷有限公司		
书　　号	ISBN 978 - 7 - 5047 - 6729 - 5/F · 2993		
开　　本	787mm × 1092mm　1/16	**版　　次**	2019 年 4 月第 1 版
印　　张	14. 25	**印　　次**	2022 年 7 月第 2 次印刷
字　　数	329 千字	**定　　价**	42. 00 元

前　言

随着我国国民经济的迅速发展和人民生活水平的不断提高，旅游日渐成为大众越来越喜欢的一种休闲娱乐方式。其地位的提升和巨大的社会需求，成为推动旅游职业教育发展的重要力量。自十六大以来，党中央提出了科学发展观，明确了以人为本的理念，着力调整了多年以来以 GDP（国内生产总值）增长为导向的发展战略，我国经济开始了从国计到民生的转变。旅游恰恰是民生的重要组成部分。在从重视国计转向重视民生的过程中，旅游地位的进一步提高，必将推动旅游职业教育的快速发展。

“旅行社经营管理”是旅游管理专业的一门必修课程，因此，在教材的编写上我们以目前飞速发展的旅游业对高素质人才的大量需求为契机，以高等教育院校的旅游管理专业学生为主要对象，以旅行社的工作实际为核心内容，重视对学生职业技能的培养，注重将教学与学生未来就业相结合，教材内容既有利于开阔学生的知识面，也有利于提高学生的职业技能。

与国内现有同类教材相比，本教材具有以下特点：

第一，实用性。本教材采用项目教学的模式，以“项目为主导，任务为驱动”，根据旅行社的岗位工作要求来设计任务内容，并在每个项目后设置了“项目实训”模块，通过模拟相关岗位操作来加强学生对该项目的认识和理解。

第二，时效性。旅游业的发展日新月异，旅行社的业务也在不断创新和发展，本教材关注旅行社行业发展的最新动态，融入了大量的最新资料和数据，具有较强的时效性。在每个项目中，我们都精心挑选了国内外旅行社经营管理中成功或失败的典型案例，并把相关理论知识点设计成“知识链接”，力求使教材深入浅出，使学生更加容易理解。

本教材由河北环境工程学院王慧元、秦皇岛职业技术学院陶艳红老师担任主编，并负责本书大纲的制定；唐山学院吴永超、河北对外经贸职业学院杨艳担任副主编；秦皇岛职业技术学院李仲晶、河北环境工程学院臧传芹、河北环境工程学院孙英杰参与编写。具体编写分工如下：王慧元编写项目一、项目七，陶艳红编写项目二、项目三和项目六，吴永超编写项目四、项目八和项目九，杨艳编写项目五，臧传芹、孙英杰和李仲晶负责协助编写项目一、项目二和项目七的“项目实训”模块，王慧元老师负责全书的统稿工作。

在教材的编写过程中，我们参考了大量的国内外专家的相关著述和文献，在此谨向他们表示衷心的感谢。

由于编者水平有限，书中不当之处，敬请读者批评指正。

编　者

2019 年 3 月

目　录

项目一　旅行社的认知

任务一　国内外旅行社的发展进程

任务认识

- 认知国外旅行社行业的发展进程
- 认知我国旅行社行业的发展进程

任务实施

旅行社是经济活动和旅游活动发展到一定阶段的产物。2009 年 1 月 21 日国务院第 47 次常务会议通过，并于 2009 年 2 月 20 日国务院令第 550 号发布的《旅行社条例》中所称的旅行社，是指从事招徕、组织、接待旅游者等活动，为旅游者提供相关旅游服务，开展国内旅游业务、入境旅游业务或者出境旅游业务的企业法人。此条例已根据 2016 年 2 月 6 日国务院令第 666 号《国务院关于修改部分行政法规的决定》和 2017 年 3 月 1 日国务院令第 676 号《国务院关于修改和废止部分行政法规的决定》进行修订，但旅行社的概念并未改变。作为旅游业的一个重要支柱产业，旅行社在我国旅游业的发展中占有极其重要的地位。

知识链接

旅行社产生的背景

1. 交通条件的改善

工业革命促进了科学技术的进步，蒸汽机车和轮船的相继出现，提高了运输能力，缩短了运输时间，使大规模的人员流动成为可能。

2. 经济收入的增加

随着生产力的迅速发展和社会财富的急剧增加，有产阶级的规模日趋扩大，他们具备了外出旅游的经济条件。

3. 旅游需求的产生

工业革命使部分欧美国家的城市化进程加快，改变了人们的生活方式，旅行逐渐成为其中一部分人的经常性活动，他们产生了旅游的动机，并形成了对旅游产品的需求。

一、国外旅行社行业的发展进程

世界上公认的第一家旅行社是英国人托马斯·库克（Thomas Cook）创建的托马斯·库克旅行社，该旅行社成立于1845年。在此后的100多年里，旅行社行业经历了从最初的产业导入阶段、产业成长阶段到产业成熟阶段的发展历程，并且与旅游住宿行业、旅游交通行业并驾齐驱，成为现代旅游产业的三大支柱行业。

1. 国外旅行社行业的产生

1841年，托马斯·库克成功地组织了570人乘坐火车去参加禁酒大会，这被公认为世界上第一次包价旅游活动，库克的专职旅行代理生涯也从此开始。1845年，库克组织了第一批前往英国利物浦的观光旅游团，这是托马斯·库克从事的第一次有意识的商业活动。库克亲自安排和组织了旅游线路，并担任旅游团的全程陪同。他还雇用了地方导游。这是一次包含了旅游线路考察、旅游产品组织、旅游广告宣传、旅游团队组织和陪同及导游多项内容的旅行社业务活动，体现了当今旅行社的基本业务，确立了旅行社业务的基本模式。此外，他还整理出版了世界上第一本旅游指南——《利物浦之行指南》。

1855年，库克首次组织英国旅游者前往欧洲大陆旅游，这次旅游活动途经布鲁塞尔前往巴黎，后又参观了科隆、海德堡、巴登—巴登、斯特拉斯堡，最后返回伦敦。1864年，库克的儿子——约翰·梅森·库克（John Mason Cook）正式参与了其父的旅游代理活动。1865年，为进一步扩展旅行社业务，库克父子创办了托马斯·库克父子公司（Thomas Cook & Son），约翰·梅森·库克成为旅行社的正式合伙人。1866年，约翰·梅森·库克负责组织了该旅行社的第一个前往北美地区的旅游团。1869年，库克组织旅游者在尼罗河上乘蒸汽游船进行游览，同年还组织了其他一些包价旅游团，包括一个前往巴勒斯坦的旅游团和一个参加苏伊士运河开航仪式的旅游团。1870年，库克先后在布鲁塞尔、科隆、巴黎和维也纳建立了分公司。

1872年，由于通过苏伊士运河前往远东的旅行需求巨大，库克在开罗开设了第一家办事处。同年9月26日，库克组织了第一个包价环球旅游团，从利物浦出发，整个行程约40000千米，共222天。1879年，约翰·梅森·库克采取了一个关键性步骤，在纽约出版了其父在1851年编写的名为《远足者》的旅行产品目录，从而使他们的旅行社走进国际市场。这样，他们的旅行社便能够告诉法国、印度、澳大利亚、德国、亚洲、美洲和中东地区的旅游者有关其正在提供的旅行产品。到了19世纪末，托马斯·库克父子已成为当时世界旅游市场上的“领袖”。

知识链接

关于世界上第一家旅行社诞生的时间，学术界有如下几种说法：

（1）1841年，世界上第一家旅行社——通济隆旅行社在英国成立，它的创始人是托马斯·库克。这是世界近代旅游业诞生的标志。托马斯·库克被誉为近代旅游业的先驱。（高等教育出版社1998年第1版，高等院校旅游类专业教材，马勇《旅游学概论》24页）

（2）1845 年，托马斯·库克创办了世界上第一家旅行社——托马斯·库克旅行社。（高等教育出版社 1991 年第 1 版，旅游中等职业技术学校试用教材，李光坚《旅游概论》31 页）

（3）1865 年，托马斯·库克父子公司正式成立，这是世界上第一家旅行社。（中国林业出版社 2000 年第 1 版，魏向东《旅游概论》36 页）

2. 国外旅行社行业的初期发展

继英国的托马斯·库克父子公司之后，欧美各国不断涌现类似的旅行社组织。在欧洲，英国相继出现了登山俱乐部（1857 年）和帐篷俱乐部（1885 年）。德国和法国则成立了观光俱乐部（1890 年）。在北美，美国运通公司于 1850 年从事旅行代理业务，并在 1891 年发售了第一张旅行支票。1915 年，该公司正式设立了旅行部。翌年，旅行部组织了许多旅游团，其中包括分别前往远东地区和阿拉斯加的旅游客轮和前往尼亚加拉大瀑布和加拿大的包价旅游团。1922 年，美国运通公司开始经营通过巴拿马运河的环球客轮旅游。在日本，则相继成立了“喜宾会”（1893 年）和日本交通公社（1912 年）。20 世纪初，世界旅行社行业出现了美国运通公司、英国托马斯·库克父子公司和以比利时为主的铁路卧车公司三巨头，国外的旅行社行业进一步发展。

旅行社的发展和普及，为人们的旅行提供了众多的方便，这又进一步促进了旅游业的发展。由于受到两次世界大战及世界性经济危机的影响，全球旅行社业的发展经历了几起几落的变化。第二次世界大战之后，相对稳定的世界局势和快速增长的世界经济使旅游业迅速崛起，旅行社得到空前的大发展。据不完全统计，目前全世界旅行社总数约 70000 家，它们为世界各地不同国家和地区的人们外出旅行提供着相关服务，一个遍布全球的庞大的国际性旅游服务销售网络已基本形成。国际旅游几乎每 10 年就增长 1 倍，远远高于同期世界经济的增长速度。旅行社行业是世界旅游业的三大支柱之一。

3. 国外旅行社行业的成长

第二次世界大战结束后，随着各国经济的恢复和发展，人们的经济收入尤其是可自由支配的收入大幅度增加，这使人们拥有了前所未有的旅行支付能力。20 世纪 60 年代以后，西方经济发达国家及一些经济发展比较迅速的发展中国家和地区普遍实行了带薪休假制，从而使人们有了更多的闲暇时间，能够进行较长时间的旅游活动。另外，科学技术的发展和应用，尤其是交通工具的改善和预订网络的建立，极大地方便了人们的外出旅行。旅行环境的改善，史无前例地刺激了大众旅游需求。而旅游需求的大量产生，又反过来推动了国外旅行社行业的迅速发展。在第二次世界大战结束后至 20 世纪 80 年代初的 40 多年里，国外旅行社的业务经营范围不断扩大，管理水平和服务质量明显提高，产业规模和营业额大幅度增长。

4. 国外旅行社行业的成熟

20 世纪 80 年代后期以来，以欧美地区经济发达国家的旅行社行业为代表的国外旅行社行业，开始从成长阶段向成熟阶段过渡，其显著标志是旅行社行业的集中化趋势不断加强。据中国旅行社发展现状与发展对策研究课题组的研究结果显示，发达国家的旅行社行业正在从过去以私人企业为主体、以国家为界限的分散的市场，逐步向以少数大企业集团为主体的国际化大市场发展，并通过价值链进行纵向整合。同时，以美国、德国、英国等国家的大型旅行社为主导的企业兼并、收购与战略联盟，使得发达国家旅行社的所有权发生了极大的变化，形成了一批能够对整个市场产生重要影响的旅行社行业巨头。

案例导入

美国运通公司的发展历程

美国运通公司下的美国运通旅游有关服务是美国最大的旅行社，也是世界上最大的旅行社之一。美国运通公司于1850年在美国纽约建立，起初经营货物、贵重物品和现金的快递业务。1882年，美国运通公司推出自己的汇票，并且立即获得成功。

1891年，美国运通公司推出第一张旅行支票。美国运通公司以其良好的信誉为其所发行的旅行支票作担保，并且保证接受这种支票的人不会蒙受任何损失。假如支票被盗或是支票上的签名被人仿冒，美国运通公司保证承担损失。公司不靠发行旅行支票的手续费营利，而是靠每年数十亿美元的浮存进行投资。同年，美国运通公司建立欧洲部，并于1895年在法国巴黎建立了第一家分公司，随后又先后在伦敦、利物浦、南开普敦、汉堡、不来梅等城市建立了分公司。很快，美国运通公司的办事处和分公司遍布整个欧洲。

在旅游市场巨大发展潜力的刺激下，美国运通公司于1915年设立了旅行部。1916年，旅行部组织了很大的旅游团，其中包括分别前往远东地区和阿拉斯加的旅游客轮和前往尼亚加拉大瀑布和加拿大的包价旅游团。1922年，美国运通公司开始经营通过巴拿马运河的环球客轮旅游。在整个20世纪30年代，美国运通公司开始实施大规模的国内旅游业务计划，公司创办了著名的乘火车前往美国西部地区旅游的“旗帜旅行团”，项目包括交通、住宿、游览观光和餐饮等内容。

第二次世界大战结束以来，美国运通公司获得了巨大发展，其现已成为世界上最大的旅游服务及综合性财务、金融投资及信息处理的环球公司。除了旅行部和旅行支票部之外，美国运通公司还设有银行部、投资部和保险部。另外，美国运通公司发行的信用卡还是国际上使用的主要信用卡之一。

分析：

1. 通过案例说明旅行社业的发展历程是怎样的？
2. 旅行社是什么类型的企业？
3. 旅行社的基本职能有哪些？

二、我国旅行社行业的发展进程

1. 中国旅行社行业的产生

20世纪初期，英国的通济隆旅游公司（即托马斯·库克父子旅游公司前身）、美国运通公司等外国旅行社开始在上海等地设立旅游代办机构，总揽中国旅游业务，并雇用中国人充当导游。1923 年 8 月，时任上海商业储蓄银行总经理陈光甫在其同人的支持下，在该银行下创设了旅行部，这成为中国旅行社行业的开端。1927 年 6 月，该旅行部更名为中国旅行社，从上海商业储蓄银行独立出来，并在华东、华北、华南等地区的 15 个城市设立了分（支）社。该旅行社是香港中国旅行社有限公司的前身。此后，中国又相继出现了一些旅行社及相似的旅游组织，如铁路游历经理处、公路旅游服务社、浙江名胜导团、中国汽车旅行社、国际旅游协会、友声旅行团、精武体育会旅行部、萍踪旅行团、现代旅行社等。它们是中国旅行社行业处于萌芽期的旅行社，承担了近代中国人旅游活动的组织工作。

2. 中国旅行社行业的初期发展

20 世纪 80 年代以前中国特殊的政治经济环境，导致中国旅行社行业的初期发展相对漫长且艰难。虽然继中国旅行社在上海诞生之后中国的其他地方也出现了一些旅行社，但是它们的业务开展得并不顺利，行业规模尚未形成。到 1949 年中华人民共和国成立前夕，受战乱及其他相关因素的影响，中国的旅行社业务活动已濒于停顿。

1949 年中华人民共和国成立后，旅行社行业开始逐步恢复和发展。1949 年 11 月 9 日，厦门华侨服务社成立，这是中华人民共和国成立以来的第一家旅行社。不久，福建的泉州、福州等地也相继成立了华侨服务社。1956—1957 年，天津、沈阳、无锡、大连、长春、哈尔滨、抚顺、汉口、南京、苏州、上海、杭州、昆明等城市均建立了华侨服务社。1957 年 4 月 22 日，华侨旅行服务社总社在北京成立，至 1974 年更名为中国旅行总社（简称 CTS 中旅），成为当时接待港澳台同胞、海外华侨及海外华人的专业旅行社。

中华人民共和国成立后，我国的国民经济迅速恢复和发展，国际地位不断提高，国际交流与合作日趋频繁，一些国家的自费旅游者也前来中国观光和度假。为了做好接待工作，中国国际旅行社总社①于 1954 年 4 月 15 日在北京成立，同时在全国一些省会城市、直辖市和相关口岸城市成立了 12 家分（支）社，负责接待来华的外国自费旅游者。不久，国旅总社与苏联国旅签订了互换自费旅游者的合同（1956 年）。1965 年，国旅总社与百余家外国旅行社建立了代理关系或有业务往来，接待自费旅游者人数首次突破万人大关，达 12877 人。1966 年，国旅总社的规模进一步扩大，其在国内各地的分（支）社发展到 46 个。1978 年，国旅总社招徕接待外国旅游者人数首次突破 10 万人次大关，达 124555 人次，其中，美国旅游者超过 1 万人。

在中国的旅行社行业发展初期，华侨旅行服务社总社（即 1974 年以后的中国旅行总社）和国旅总社作为我国两大旅行社系统，通过多年的旅游接待实践，积累了一定的旅游接待经验，培养了相当数量的旅游业务人才，对旅行社的经营和管理进行了有

---

① 中国国际旅行社总社（下称国旅总社），1954 年成立，后于 2004 年与中国免税品（集团）总公司合并重组为中国国旅集团有限公司（下称中国国旅 CITS），国旅总社为中国国旅 CITS 子公司。2008 年 3 月国旅总社更名为中国国际旅行社总社有限公司（下称中国国旅）；2008 年 4 月，中国国旅 CITS 和华侨城集团有限公司发起设立中国国旅股份有限公司，中国国旅为其子公司；2016 年 7 月，中国国旅 CITS 整体并入中国旅游集团有限公司（曾名中国港中旅集团公司、中国旅游集团公司）。

益的探索，为我国日后的旅行社行业大发展奠定了良好的基础。但是，由于当时历史条件的限制，中国的旅行社行业没有充分发展的机遇，其发展的速度相对迟缓，与国外旅行社行业相比，其产业规模和经营业务的范围相对狭小，经营效益和管理水平亦相对落后。

3. 中国旅行社行业的初步增长

中国的旅行社行业在经历了近30年的探索之后，于20世纪70年代末开始了它的初步增长阶段。1979年11月16日，全国青联旅游部成立。在此基础上，中国青年旅行社总社（简称CYTS）于1980年成立。根据中华人民共和国文化和旅游部（曾名中华人民共和国国家旅游局，以下简称文化和旅游部）的规定，此时全国只有国旅总社、中国旅行社总社和中国青年旅行社总社三家总社拥有旅游外联的资质，其中，国际总社主要接待外国来华的旅游者，中国旅行社总社主要接待港澳台同胞和来华旅游的海外华侨和华人，中国青年旅行社总社则主要接待来华的海外青年旅游者。三家旅行社通过在全国各地建立各自的分（支）社，形成了三个相互独立的旅行社系统，并造成了当时中国旅行社行业的寡头垄断局面。据有关资料显示，1980年，三大旅行社系统所接待的海外旅游者占当年来华旅游的有组织海外旅游者总人数的80%，基本上垄断了中国的旅游市场。

为了促进我国旅游业的发展，适应旅游市场上出现的旅游需求变化，我国中央政府和旅游行政管理部门在这一时期出台了一系列有利于旅行社行业发展的法规和政策。1984年，文化和旅游部决定将旅游外联权下放，授予一些地方的旅行社以业务经营所必需的签证通知权，并允许更多的企业经营国际旅游业务。1985年5月11日，国务院颁布《旅行社管理暂行条例》，将全国的旅行社划分为第一类旅行社（简称一类社）、第二类旅行社（简称二类社）和第三类旅行社（简称三类社）三大类型。这三类旅行社的分工明确，一类社经营对外招徕并接待外国人、华侨、港澳同胞、台湾同胞来中国、归国或回内地旅游业务；二类社不对外招徕，只经营接待一类社或其他涉外部门组织的外国人、华侨、港澳同胞、台湾同胞来中国、归国或回内地旅游业务；三类社经营中国公民国内旅游业务。

《旅行社管理暂行条例》及相关旅游法规、政策的出台，打破了我国旅行社行业的寡头垄断局面，促进了旅行社行业的发展。经过数年的发展，到1989年，全国共有一类社61家、二类社834家、三类社722家。旅行社行业作为一个相对独立的经济行业的局面，已初见端倪。

4. 中国旅行社行业的行业调整

中国旅行社行业的行业调整始于20世纪80年代末，至20世纪90年代初结束。在行业初步增长阶段，旅行社行业迅速扩大，在一定程度上缓和了20世纪80年代初我国旅行社接待服务的供给不能满足急剧增长的旅游需求的矛盾，为适应当时我国旅游市场的发展起到了一定的积极作用。但是，旅行社行业的急剧扩大，也引发了旅游市场混乱、服务质量下降、企业间恶性竞争等严重问题，招致国外一些旅游中间商和一部分旅游者的抱怨和投诉，对中国旅行社行业在国际旅游市场上的声誉造成了不良影响。

与此同时，20世纪80年代末至90年代初的国内外政治、经济等宏观环境因素的变化，对当年乃至以后数年的中国旅行社行业也产生了一定程度的冲击。1989年，中国接待的入境旅游者比上一年减少23%，旅游外汇收入减少了17%。一方面，旅行社的数量持续增长；另一方面，旅游者的到访人数开始下降，并由此造成了旅行社接待能力超过旅游市场需求的局面，使整个旅行社行业陷入困境，暴露了旅行社经营的风险性和旅游产品的脆弱性特点。与此同时，全球的旅游市场上兴起了保护旅游者消费权益的潮流，对旅行社的经营方式和产品结构提出了挑战。总之，国内外宏观环境和旅游市场的变化，要求我国的旅行社行业必须进行行业调整。

宏观旅游环境的变化、供大于求的旅游市场和旅行社之间残酷竞争的现实，推动我国的旅行社行业进入行业调整阶段。由于经营困难、管理不善及对行业发展前景悲观等，一部分旅行社退出了行业，使旅行社的总量减少。1991年，全国共有各类旅行社1561家，比行业调整前的1989年减少了56家。然而，在行业发展过程中出现困境时，更多的旅行社经营者采取了理性面对和深刻反思的态度。他们认真总结了以往经营管理工作的经验教训，调整企业的组织结构和产品结构，开拓新的旅游客源市场，努力探索走出困境的途径。

经过不懈努力，我国的旅行社行业终于顺利完成了行业调整，旅行社行业的经营管理水平、接待服务质量和市场开发、产品设计能力均较前一阶段明显提高，为即将到来的行业增长奠定了坚实的基础。同时，宏观旅游环境也发生了有利的变化。首先，自1989年起，来自我国台湾地区和苏联各国的旅游者人数急剧增长，这为我国旅行社行业的发展提供了新的客源市场。其次，我国政府采取了一系列的有力措施，为旅行社行业调整产品结构和开拓新的业务经营范围提供了有利条件。1987年，国家首先开放辽东丹东口岸至朝鲜新义州一日游，并相继开放了中朝、中俄、中蒙、中哈、中越、中缅等边境旅游口岸。1990年，国家同意开办我国公民出国探亲旅游。1991年，第一个出国探亲旅游团队成行。自此，出境旅游市场开始形成，我国旅行社行业不仅获得了更为广阔的客源市场，而且提高了在国际旅游合作中的地位和影响力。最后，随着我国国民经济的发展和人民生活水平的提高，国内旅游也出现了大幅度增长的良好势头。1994年，我国国内旅游人数达5.24亿人次，国内旅游收入达1023.51亿元人民币。至此，我国旅行社的经营范围由最初的单纯接待入境旅游者，发展成为入境、出境和国内旅游三大业务并举的局面，有力地促进了整个行业的发展。

5. 中国旅行社行业的行业增长

经过调整，我国旅行社行业在20世纪90年代中期迎来了新的发展阶段——行业增长阶段。在这个阶段，我国旅行社行业的宏观经营环境、旅游市场、行业规模和经营效益均发生了显著的变化。

一方面，国务院、文化和旅游部及相关部门相继出台了一系列旅游法规和政策。1995年，文化和旅游部颁布了《旅行社质量保证金暂行规定》和《旅行社质量保证金暂行规定实施细则》。1996年，国务院颁布了《旅行社管理条例》，调整了我国旅行社的分类，按照经营业务范围将旅行社划分为经营入境旅游业务、出境旅游业务和国内旅游业务的国际旅行社和专营国内旅游业务的国内旅行社两大类型。同年，文化和旅游部为实施《旅行社管理条例》，发布了《旅行社管理条例实施细则》。1997 年，文化和旅游部颁布了《旅行社质量保证金赔偿暂行办法》《旅行社质量保证金赔偿试行标准》《旅行社经理资格认证管理规定》和《旅行社办理旅游意外保险暂行规定》。同年，经国务院批准，文化和旅游部和公安部联合发布了《中国公民自费出国旅游管理暂行办法》。1999 年，国务院颁布了《导游人员管理条例》。2001 年，文化和旅游部颁布了《旅行社投保旅行社责任保险规定》。2009 年，国务院颁布了《旅行社条例》，《旅行社管理条例》废止，同年，文化和旅游部发布了《旅行社条例实施细则》，随后，又颁布和实施了《旅行社质量保证金存取管理办法》《中外合资经营旅行社试点经营出境旅游业务监管暂行办法》等旅游法规。2013 年 4 月 25 日第十二届全国人民代表大会常务委员会第二次会议通过，2013 年 4 月 25 日中华人民共和国主席令第 3 号公布的《中华人民共和国旅游法》（根据 2016 年 11 月 7 日第十二届全国人民代表大会常务委员会第二十四次会议《关于修改〈中华人民共和国对外贸易法〉等十二部法律的决定》第一次修正；根据 2018 年 10 月 26 日第十三届全国人民代表大会常务委员会第六次会议《关于修改〈中华人民共和国野生动物保护法〉等十五部法律的决定》第二次修正），为保障旅游者和旅游经营者的合法权益，规范旅游市场秩序，保护和合理利用旅游资源，促进旅游业持续健康发展，提高旅行社的服务质量和经营管理水平提供了法律依据，也为旅行社的经营和行业发展提供了良好的旅游法治环境。

另一方面，20 世纪 90 年代中期以来，我国国民经济进入快速发展阶段，城镇和乡村居民收入水平明显提高，并产生了强烈的外出旅游动机。国家实行的双休日制度和较长的节假日，使人们拥有了较多的余暇，能够从事较长距离的外出旅游活动。民航部门增加班机和包机，铁路部门数次提速、全国高速公路网的建设以及大量新型旅行客车的生产，为人们外出旅行提供了更大的便利。这一切都推动了旅游市场的发展和繁荣，为旅行社的经营提供了大量的客源。

伴随着旅游宏观环境和旅游市场的改善，旅行社的行业规模日益壮大。截至 2017 年第三季度，全国旅行社总数为 27409 家。2017 年第三季度全国旅行社入境旅游接待 958.65 万人次、2030.08 万人天，同比分别增长 73.18% 和 2.79%；外联 385.58 万人次，同比下降 3.07%，外联 2137.52 万人天，同比增长 25.97%。第三季度旅行社入境旅游外联人次排名前十位的客源地国家或地区，由高到低依次为中国香港、中国台湾、中国澳门、韩国、日本、俄罗斯、新加坡、美国、泰国、马来西亚，如图 1－1 所示。第三季度旅行社入境旅游接待人次排名前十位的客源地国家或地区，由高到低依次为中国香港、中国台湾、俄罗斯、中国澳门、韩国、美国、日本、新加坡、马来西亚、泰国，如图 1－2 所示。

2017 年第三季度全国旅行社国内旅游组织 4920.63 万人次、15862.23 万人天，同比分别增长 3.15%、2.78%；接待 5176.02 万人次、12952.86 万人天，同比分别下降 14.06%、6.87%。第三季度旅行社国内旅游组织人次排名前十位的地区，由高到低依次为江苏、广东、上海、浙江、山东、湖北、重庆、福建、湖南、辽宁，如图 1－3 所

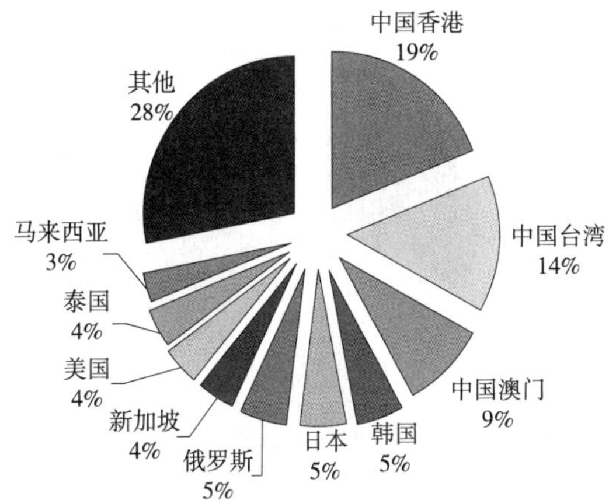

图 1－1　第三季度入境旅游外联人次排名前十位的客源地国家或地区

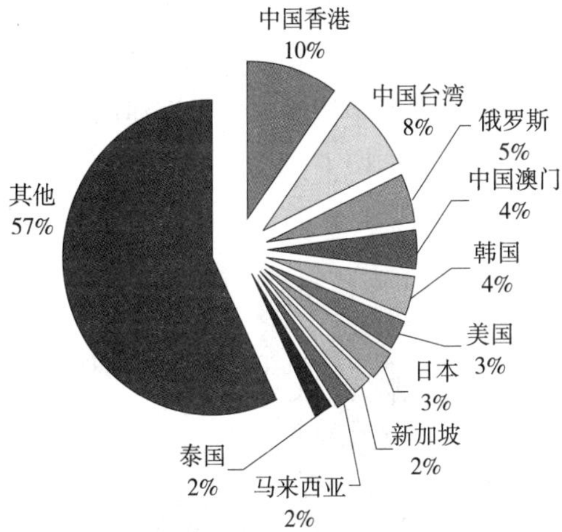

图 1－2　第三季度入境旅游接待人次排名前十位的客源地国家或地区

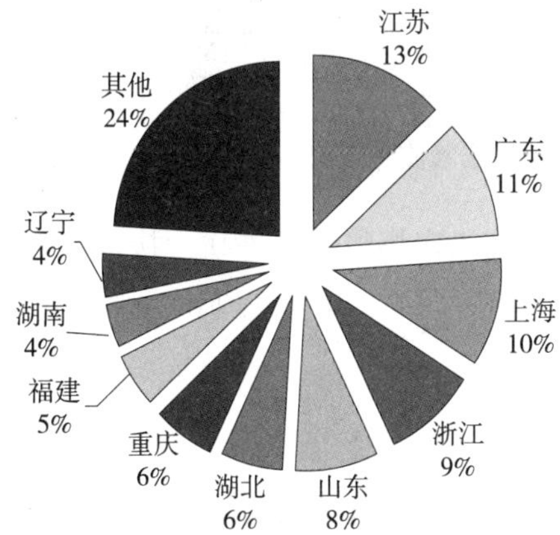

图 1－3　第三季度国内旅游组织人次排名前十位的地区

示。2017 年第三季度旅行社国内旅游接待人次排名前十位的地区，由高到低依次为浙江、江苏、广东、湖北、福建、山东、湖南、安徽、云南、陕西，如图 1－4 所示。

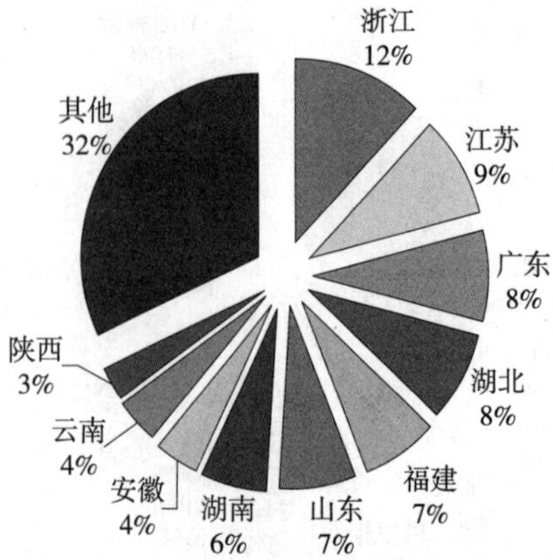

图1－4　第三季度国内旅游接待人次排名前十位的地区

2017年第三季度全国旅行社出境旅游组织1549.13万人次、8142.76万人天，同比下降9.01%和10.88%。第三季度旅行社出境旅游组织人次排名前十位的目的地国家或地区，由高到低依次为泰国、日本、中国香港、中国澳门、越南、新加坡、马来西亚、中国台湾、俄罗斯、印度尼西亚，如图1－5所示。

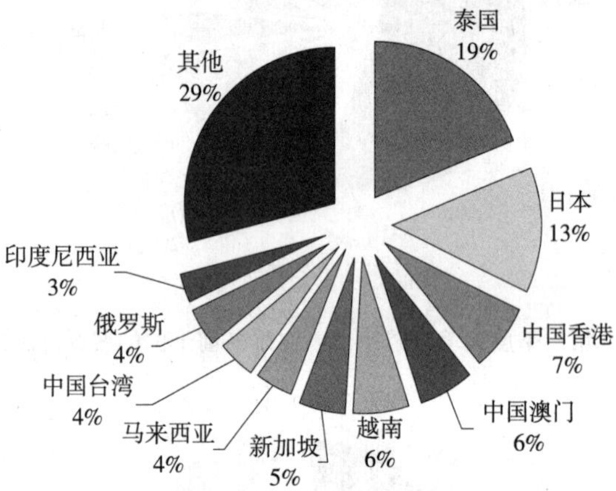

图1－5　第三季度出境旅游组织人次排名前十位的目的地国家或地区

2017年第三季度旅行社三大市场组织（外联）接待人次（人天）汇总排序前十位的地区，由高到低依次为广东、江苏、山东、湖南、浙江、福建、辽宁、上海、陕西、湖北。

资料分析

中国国际旅行社总社有限公司（China International Travel Service Limited，Head Office，简称中国国旅），前身是中国国际旅行社总社，是在周恩来总理的亲自批示下，于1954年在北京成立的中华人民共和国成立以来的第一家接待海外游客的旅行社，是第一批获得国家特许经营出境旅游的旅行社、世界旅游组织在中国的第一家企业会员、北京市5A级旅行社之首。中国国旅先后加入了PATA（太平洋亚洲旅行协会）、IATA（国际航空运输协会）、ASTA（美国旅行代理商协会）、WTTC（世界旅游业理事会）、WTCF（世界旅游城市联合会）等国际组织，是中国旅行社协会副会长单位。

中国国旅的成立，标志着中国旅游业的开始，中国国旅的发展是中国旅游业改革发展的缩影。成立以来，中国国旅一直致力于推动中国与世界在各个领域的交往，促进中国与世界各国人民友好往来，充分发挥了“民间大使”的作用，累计招徕、接待海外来华旅游者达数千万人次，毛泽东、邓小平等党和国家领导人多次接见中国国旅组织接待的海外游客，中国国旅为中国的对外交往和旅游业的发展作出了卓越的贡献。

伴随着改革开放和中国经济的腾飞，经过几代国旅人的艰苦创业和不懈努力，中国国旅已经发展成为集入境游、出境游、国内游、会奖旅游、签证服务、商旅服务、航空服务、电子商务等综合服务于一体的大型旅游企业，是国内知名旅行社企业集团。中国国旅多次荣获国家和北京市政府“最佳旅游企业奖”“旅行社最高创汇奖”“旅行社最高外联人数奖”“首都旅游紫禁杯最佳集体”等奖项，曾多次获得中国旅行社百强第一名。2008年，作为北京奥运会火炬接力境内外传递的独家后勤保障服务单位和唯一参与奥运官方接待服务的旅游企业，中国国旅为奥运会的成功举办作出了积极贡献，并为上海世博会、广州亚运会、西安世园会和北京园博会等国家盛会提供了一流的旅游服务，赢得了广泛赞誉。“国旅·CITS”品牌已成为国内领先、亚洲一流、世界知名的中国驰名商标，在世界品牌实验室发布的2017年“中国500最具价值品牌”中，“国旅”及“CITS”品牌以605.89亿元的品牌价值，荣登“中国500最具价值品牌”排行榜第48名，连续多年在旅游服务类品牌中位居第一，持续领跑中国旅游服务行业。

2004年，中国国际旅行社总社和中国免税品（集团）总公司合并重组成为中国国旅集团有限公司，2009年，又作为中国国旅股份有限公司的重要子公司在上海证券交易所挂牌上市。2016年，经国务院批准，中国国旅集团有限公司与中国港中旅集团公司重组成立中国旅游集团有限公司，中国国旅成为中国旅游集团有限公司旗下企业。在集团及股份公司的正确领导和大力支持下，近年来，按照“三游并重、两网并举”的发展战略，中国国旅不断巩固入境游，大力发展出境游，积极拓展国内游，重点推进商务会奖旅游，加速布局海外签证中心，倾力打造以“国旅·CITS”入境游品牌、“环球行”（Total Travel）出境游品牌、“国旅假期”国内游品牌、“自游天下”自由行品牌、“国旅会奖”会奖旅游品牌及“国旅在线”电商品牌为核心的产品系列和品牌体系，以旅行社实体网络拓展和在线旅游电子商务为主要发展路径，不断扩大经营规模和市场份额，形成了立足国内、放眼全球的现代化经营网络。

思考：

从中国国际旅行社总社有限公司的发展进程，你如何看待中国旅行社企业的发展？

任务二　旅行社的分类

任务认识

- 认知欧美国家旅行社的分类制度
- 认知我国旅行社的分类制度
- 认知日本旅行社的分类制度

任务实施

一、欧美国家旅行社的分类制度

旅行社业在西方等一些旅游业发达的国家已经有近百年的发展历程，在我国相对而言则起步较晚。我国旅行社业在分工体系和分类等方面与西方等一些国家的旅行社业略有差异，可谓各有千秋。

知识链接

旅行社业的分工体系是指不同类别的旅行社在各个市场区域和旅游产品流通环节所扮演的角色及相互关系。各国旅行社行业发展水平和经营环境不同，旅行社行业分工的形成机制和具体分工状况存在较大差异，并由此形成了全球范围内具有一般代表意义的垂直分工体系、水平分工体系和混合分工体系。欧美旅游业发达国家通常采用垂直分工体系，我国目前采用的主要是水平分工体系，而日本采用的是混合分工体系。

1. 旅行社垂直分工体系

旅行社垂直分工体系由执行不同职能的旅行社组成，各类旅行社在经营中互相配合，如负责组织包价旅游产品的旅游批发商和负责产品销售的零售旅行代理商等。

2. 旅行社水平分工体系

旅行社水平分工体系由执行同一职能的旅行社按照服务的市场和业务范围分化而成，如专门负责出境旅游的旅游批发经营商、专门负责入境接待的旅游批发经营商等。

3. 旅行社混合分工体系

旅行社混合分工体系是旅行社垂直分工体系与旅行社水平分工体系的结合。

在西方，人们按照业务范围将旅行社划分为旅游经营商、旅游批发商和旅游零售商三类。

旅游经营商是指将其购买的各类异质旅游产品进行设计组合，并融入自身的服务内容，使之成为能满足旅游者整体性需要的旅游产品的旅行社。

旅游批发商通常是指大批量购买、组合各类异质旅游产品并予以出售的旅行社。

旅游零售商是指直接面对旅游者并向其推销旅游产品或为其购买旅游产品提供便

利的旅行社。其职能包括向公众提供有关旅行、住宿条件以及时间、费用和服务项目等信息，并出售产品；受交通运输、饭店、餐馆及供应商的委托，以合同规定的价格向旅游者出售产品，销售合同（票据等）表明购买者和销售者是两相情愿的，旅行代理商只起到中间人的作用；接受它所代表的供应商的酬劳，代理商按售出旅游产品总金额的一定比例提取佣金。

在许多旅游业发达的国家，旅游批发商与旅游经营商几乎是同一个概念。因此，在西方，旅行社的分类同时也存在二分法。二分法将西方的旅行社分为批发旅游经营商和旅游零售商两类，忽略了旅游经营商和旅游批发商之间的差别。在一般情况下，这两者均不直接面向旅游者出售自己的旅游产品，而是通过旅游零售商进行转售，但它们的差别还是存在的，三分法也就是强调了这种差别：

（1）从经营的业务范围来看，旅游批发商一般不从事零售业务，而旅游经营商则通过下属的零售机构兼营零售业务。

（2）批发商通常通过购买并组合现成的服务形成新的包价，而经营商通常设计新产品并提供自己的服务。

（3）批发商一般不从事实地接待业务，经营商则相反。

二、我国旅行社的分类制度

我国旅行社的分类迄今为止共有三次变化：

第一次分类源于 1985 年公布的《旅行社管理暂行条例》，旅行社分为一类、二类、三类。其中，一类、二类为国际旅行社（其中，一类社可经营出境旅游、入境旅游和国内旅游，二类社可经营入境旅游和国内旅游），三类为国内旅行社，只能经营国内旅游。

第二次分类以 1996 年公布的《旅行社管理条例》为依据，分为国际旅行社和国内旅行社两类，出境旅游为部分国际旅行社特许经营业务。有特许经营出境旅游业务的国际旅行社相当于原先的一类社，一般的国际旅行社相当于二类社，国内旅行社相当于三类社。

第三次分类以 2009 年公布的《旅行社条例》为依据，没有对旅行社进行明确的分类，而是按照申请设立旅行社的业务范围不同，进行了详细的规定。例如，可申请经营国内旅游业务和入境旅游业务，旅行社取得经营许可满两年，且未因侵害旅游者合法权益受到行政机关罚款以上处罚的，可以申请经营出境旅游业务。

知识链接

为什么近几年我国旅行社整个行业并没有像人们所预想的那样发展成为旅游批发经营商、零售代理商两大类别？垂直分工体系的发展进程总是步伐缓慢，困难重重，问题是什么？行业秩序混乱局面依然存在，违规经营屡禁不止，究竟是什么原因导致在欧美国家能够自然形成的垂直分工体系在我国难以实现？

主要原因是促进垂直分工体系形成的环境土壤不存在，表现在以下三个方面：

(1) 体制原因使得组建全国性旅游集团的难度加大

一是企业体制。代表旅行社发展方向的应该是大型旅行社，但目前这些旅行社基本上是国有的，体制和运营机制存在诸多弊端，股权结构过于单一，不太可能形成好的公司治理结构，由于产权不明、政企不分，不少旅行社经理的创新动力和压力明显不足，只有浅表层次上生存的“近忧”，而无长远发展的“远虑”。二是管理体制。垂直分工体系的建立过程是旅行社资产重组的过程，意味着利益在相关主体间的重新调整与再分配，这就牵扯错综复杂的行政主管部门和不同地区，行政性条块分割导致利益分割，地方保护主义使跨地区联合和经营受到限制和阻挠。

(2) 激烈的行业竞争，挤压了零售代理商的生存空间

我国大部分经营入境旅游和国内旅游的组团社，都选择直销渠道，而不采用零售代理商作为其中间商，原因之一就是如果按照10%的佣金率，那么选择间接销售渠道所带来的销售利润将无法补偿这一渠道的维持费用。

(3) 新技术的应用和缺乏诚信的商业环境，迫使旅行社自建网络以规避风险

旅游经营商选择直销渠道还是间接渠道，取决于其成本收益比较。信息技术等的发展，使旅行社在所需范围内直接同最终消费者对话成为可能，信息技术等的发展，不仅实现了网络传递信息，实现了数据的无缝传递，而且不必因支付高昂的佣金而削弱自己的产品在价格方面的竞争力，从而更具成本效益。

三、日本旅行社的分类制度

日本旅行社采用的是混合分工体系。因政府的干预，日本形成了垂直分工和水平分工并重的混合分工体系，并且以法律的形式规定下来。在日本，人们习惯上称旅行社为旅行业。日本《旅行业法》规定：旅行业是指收取报酬，经营下列事业之一者（专门提供运输服务者除外）：

(1) 为旅客提供运输或住宿服务、代理签约、媒介或介绍的行为；

(2) 代理提供运输或住宿业务的服务业，旅客签约提供服务或者从事媒介的行为；

(3) 利用他人经营的运输机构或者住宿设备，为旅客提供运输或者住宿服务的行为；

(4) 附随于前三款行为，为旅客提供运输及住宿以外的与旅行有关的服务，代理签约、媒介或者介绍的行为；

(5) 附随于第一款至第三款的行为，代理提供运输和住宿以外有关服务，为旅客提供服务而代理签约或者媒介的行为；

(6) 附随于第一款至第三款的行为，引导旅客，代办申领护照及其他手续，以及其他为旅客提供服务的行为；

(7) 有关旅行的一切咨询行为；

(8) 对于第一款至第六款所列的行为代理签约的行为。

在 1996 年 4 月 1 日以前，日本旅行社采取的是一般旅行社、国内旅行社和旅行社代理店的混合分工体系。

1996 年 4 月 1 日起日本实施新的《旅行业法》，以旅行社是否从事主催旅行业务为主要标准，对日本旅行业的分类进行了调整，将日本的旅行社重新划分为第Ⅰ种旅行业、第Ⅱ种旅行业和第Ⅲ种旅行业三种。

第Ⅰ种旅行业：这类旅行社可从事国际旅行、国内旅行和出国旅行三种业务，主要是开展对外旅行业务。这类旅行社的规模都比较大。

第Ⅱ种旅行业：这类旅行社可从事国内旅行（包括接待部分到日本国内旅行的外国人）业务。

第Ⅲ种旅行业：这类旅行社可作为一般旅行社的代理店，从事与其相同的业务。

但新的分类办法依然保留了其传统的混合分工体系。之后经过再次修订，于 2005 年 4 月 1 日开始实施的日本新《旅行业法》，将旅行业划分为两大类型：旅行业和旅行业者代理业。其中，旅行业又可细分为第Ⅰ种、第Ⅱ种和第Ⅲ种旅行业，仍然保留了混合的分工体系。

具体来说，旅行业者代理业是负责专门为旅行社销售产品的销售渠道，类似西方的旅行代理商，体现了垂直分工体系的特点，而按照业务范围将旅行业细分成三种类型的做法，又体现了典型的水平分工体系的特点。

知识链接

垂直分工体系最大的优势在于能按照公司意志，实行集中统一采购，有效堵塞漏洞，降低运营成本，实现公司效益最大化和员工利益最大化。垂直分工体系最大的特点就是专业化，它按市场细分及专业分工、业务运营与市场销售分离原则，分为营销业务机构与业务运营机构。少量实力雄厚的大型旅游批发商利用自身人、财、物的优势，将力量集中于产品的开发与设计，众多的旅游零售商（多为中小型旅行社）则为批发经营商做代理，实行网络化经营，将销售触角伸向市场需求的每个角落。这种以专业化分工为特征的垂直分工体系，使得旅行社各司其职，比较好地做到了营销策划统一、采购统一、销售统一、操作统一，同时做好了与之相匹配的人力资源优化配置及考核分配机制的改革。这有利于保障有序的市场竞争和规模经济的形成，有效地克服了因缺乏分工而导致的业务交叉覆盖、混乱竞争等弊端，使得整个旅行社行业的经营变得协调有序。

我国旅行社分类是在政府主导下而不是在市场机制作用形成的，是宏观政策体制作用的结果，与国外旅行社业有着迥然不同的形成背景和发展路径。

水平分工体系有三大不适应之处：一是旅行社之间业务重叠，旅行社的品牌也受到区域性的严格限制；二是政府对旅行社业过多的微观规制造成市场不平等，阻碍了市场发展；三是资产存量无法向大型旅行社转移。相对于旅游大市场，旅行社所占的份额还非常小。

任务三 旅行社的设立

任务认识

- 认知旅行社设立的条件
- 申请设立旅行社的程序
- 申请设立旅行社分社与服务网点的条件与程序

任务实施

一、旅行社设立的条件

在市场经济发达国家，旅行社的设立、经营或退出等行为，通常要受到《旅游法》和《旅行社法》的制约。在我国，《旅游法》和《旅行社条例》成为各级旅游主管部门对我国旅行社进行监管的法律与法规依据。《旅行社条例》是为了加强对旅行社的管理，保障旅游者和旅行社的合法权益，维护旅游市场秩序，促进旅游业的健康发展而制定的。为保障《旅行社条例》准确、顺利的实施，使之更具有操作性、针对性，充分发挥其效力，文化和旅游部制定并出台了《旅行社条例实施细则》。《旅行社条例》和《旅行社条例实施细则》对在我国设立旅行社进行了一系列规定。它们所称旅行社，是指从事招徕、组织、接待旅游者等活动，为旅游者提供相关旅游服务，开展国内旅游业务、入境旅游业务或者出境旅游业务的企业法人。

（一）内资旅行社的设立条件

《旅行社条例》对我国旅行社的经营范围进行了划分：一是所有旅行社都具有国内旅游业务和入境旅游业务经营权，都可以经营以上两种旅游业务；二是旅行社取得经营许可满两年，且未因侵害旅游者合法权益受到行政机关罚款以上处罚的，可以申请经营出境旅游业务。根据《旅行社条例》和《旅行社条例实施细则》相关规定，在我国申请设立旅行社，经营国内旅游业务和入境旅游业务，应具备以下条件：

1. 有固定的经营场所

第一，申请者拥有产权的营业用房，或者申请者租用的、租期不少于 1 年的营业用房；第二，营业用房应满足申请者业务经营的需要。

2. 有必要的营业设施

第一，两部以上的直线固定电话；第二，传真机、复印机；第三，具备与旅游行政管理部门及其他旅游经营者联网条件的计算机。

3. 需要缴纳法定数额的注册资本和质量保证金

第一，注册资本金。在我国设立旅行社，无论是经营国内和入境旅游业务的旅行社，还是经营出境业务的旅行社，一律缴纳 30 万元人民币的注册资本。

第二，质量保证金。经营国内旅游业务和入境旅游业务的旅行社，应当存入质量保证金20万元。

以上是我国对于设立经营国内旅游业务和入境旅游业务的旅行社条件的相关规定。

旅行社取得经营许可满两年，且未因侵害旅游者合法权益而受到行政机关罚款以上处罚的，可以申请经营出境旅游业务。经申请经营出境旅游业务并获批准时，不需要增加注册资本的数额，只需在已经存入的20万元质量保证金基础上再增存120万元质量保证金（即经营出境业务的旅行社共需存缴140万元质量保证金）。

申请经营出境旅游业务的，应当向国务院旅游行政主管部门或者其委托的省、自治区、直辖市旅游行政管理部门提出申请，受理申请的旅游行政管理部门应当自受理申请之日起20个工作日内作出许可或者不予许可的决定。予以许可的，向申请人换发旅行社业务经营许可证，旅行社应当持换发的旅行社业务经营许可证到工商行政管理部门办理变更登记；不予许可的，书面通知申请人并说明理由。

（二）外商投资旅行社的设立条件

外商投资旅行社包括中外合资经营旅行社、中外合作经营旅行社和外资旅行社。

设立外商投资旅行社，由投资者向国务院旅游行政主管部门提出申请，并提交符合《旅行社条例》第六条规定条件的相关证明文件。国务院旅游行政主管部门应当自受理申请之日起30个工作日内审查完毕。同意设立的，出具外商投资旅行社业务许可审定意见书；不同意设立的，书面通知申请人并说明理由。

外商投资旅行社不得经营中国内地居民出国旅游业务以及赴香港特别行政区、澳门特别行政区和台湾地区旅游的业务，但是国务院决定或者我国签署的自由贸易协定和内地与香港、澳门关于建立更紧密经贸关系的安排另有规定的除外。

二、申请设立旅行社的程序

1. 申请营业许可

根据《旅行社条例》规定，申请设立经营国内旅游业务和入境旅游业务的旅行社，应当向所在地省、自治区、直辖市旅游行政管理部门或者其委托的设区的市级旅游行政管理部门提出申请。申请时需要提交下列文件：

（1）设立申请书。设立申请书是申办人向有关部门表示其设立旅行社愿望的文件，其主要内容：①申请设立的旅行社的中英文名称及英文缩写，设立地址；②企业形式、出资人、出资额和出资方式；③申请人、受理申请部门的全称、申请书名称和申请的时间。

（2）法定代表人履历表及身份证明。

（3）企业章程。

①普通旅行社。普通旅行社是指非股份制旅行社，其章程主要包括旅行社的经营范围、旅行社的设立方式和经营方式；旅行社的经济性质、注册资金数额及其来源；旅行社的组织机构及其职权；法定代表人产生的程序和职权范围；财务管理制度和利

润分配形式；劳动用工制度；章程修改程序和终止程序。

②股份制旅行社。股份制旅行社章程除了应具有普通旅行社章程的各项内容外，还必须包括旅行社注册资本、股份总数和每股金额；股东名称、认购股份数、权利和义务；董事会的组成、职权、任期和议事规则；利润分配办法；旅行社解散事由与清算办法；通知和通告办法。

（4）依法设立的验资机构出具的验资证明。

①验资方式。旅行社应通过下列三种方式之一进行验资：银行；会计师事务所；审计师事务所。

②验资程序：旅行社申办人将货币资金汇入有关银行、会计师事务所或审计师事务所指定的账户；由该机构出具书面的验资证明及资本金入账凭证的复印件或验资报告；申办人将验资证明或验资报告送交受理申请的旅游行政管理部门。

（5）经营场所的证明。旅行社应向旅游行政管理部门提交旅行社营业场所的产权证明或租赁期限在一年以上（含一年）的租房协议。

（6）营业设施、设备的证明或者说明。旅行社应提供属于其自有资产的经营设备证明，包括投资部门出具的经营设备使用证明或商业部门开具并具有申办人或该旅行社名称的发票、收据。其中，国际旅行社须提供传真机、直线电话机、电子计算机和业务用汽车等经营设备的证明，国内旅行社须提供传真机、直线电话机、电子计算机等经营设备的证明。

（7）工商行政管理部门出具的《企业名称预先核准通知书》。

受理申请的旅游行政管理部门应当自受理申请之日起20个工作日内作出许可或者不予许可的决定。予以许可的，向申请人颁发旅行社业务经营许可证。

申请经营出境旅游业务的，应当向国务院旅游行政主管部门或者其委托的省、自治区、直辖市旅游行政管理部门提出申请，受理申请的旅游行政管理部门应当自受理申请之日起20个工作日内作出许可或者不予许可的决定。予以许可的，向申请人换发旅行社业务经营许可证，旅行社应当持换发的旅行社业务经营许可证到工商行政管理部门办理变更登记。

设立外商投资旅行社，申请人持外商投资旅行社业务许可审定意见书、章程，合资、合作双方签订的合同，向国务院商务主管部门提出设立外商投资企业的申请。国务院商务主管部门应当依照有关法律、法规的规定，作出批准或者不予批准的决定。予以批准的，颁发外商投资企业批准证书，并通知申请人向国务院旅游行政主管部门领取旅行社业务经营许可证，申请人持旅行社业务经营许可证和外商投资企业批准证书向工商行政管理部门办理设立登记；不予批准的，书面通知申请人并说明理由。

2. 进行注册登记

经旅游行政管理部门批准后，内资旅行社申办者持旅行社业务经营许可证向工商行政管理部门办理设立登记手续，领取营业执照。外商投资旅行社申办者持旅行社业务经营许可证和外商投资企业批准证书向工商行政管理部门办理设立登记手续，领取营业执照。

知识链接

旅行社的企业形式

1. 股份有限制

股份有限制是指旅行社通过把全部资本划分为等额股份，并以股票的形式上市自由交易的一种企业形式。股份有限制旅行社既可以采用发起设立的方式，通过认购旅行社应发行的全部股份方式来建立企业，也可以采取募集设立的方式，通过认购旅行社应发行股份的一部分并向社会公开募集其余部分的方式设立企业。因为股份有限制旅行社可以大规模地向社会筹集资金，所以它们拥有较强的筹资能力，这是股份有限制旅行社所具有的重要优势之一。

旅行社的价值形态资产为股东所有，而实物形态资产为产权运行的行为主体所有。旅行社资产的委托代理关系为股东→董事会→总经理。旅行社对股东担负有限责任，法人（法人代表）的责、权、利等全部到位，经营管理上实现了独立自主。另外，上市的旅行社，必须按法定规则向社会公众公开披露财务状况。在旅行社的股权和法人财产权之间，存在着较高程度的分离，股权在个人（自然人和法人）之间是可分的、不重合的，而企业的法人财产权是不可分的运作整体。这样可以降低社会成本，而且行为主体的自我干预较为有效。旅行社实行董事会领导下的总经理负责制，由董事会选择聘任总经理，而职工成为旅行社聘用的工作人员。总经理通过董事会对全体股东负资本经营的有限责任，并对聘用的所有员工的劳动、管理和各类报酬负责。股份有限制旅行社也存在着一些不利因素，如企业创办和歇业的程序比较复杂，股东和法人代表间的协调有不少矛盾，企业的业务、财务秘密较难保守等。

2. 有限责任制

有限责任制，是指旅行社不通过发行股票，而由为数不多的股东集资组成的一种企业形式。有限责任制与股份有限制一起成为我国的两种基本企业形式。有限责任制对股权的限制比较严格。旅行社经工商部门登记后，股东不得抽回出资，股权证明亦不能自由买卖。股东之间可以相互转让其全部出资或者部分出资。如股东欲将其股权转让给非社内股东，须经全体股东的过半数同意。不同意转让的股东应当购买该转让的出资。如果不购买该转让的出资，视为同意转让。另外，旅行社新增资本时，股东可以优先认缴出资。

有限责任制旅行社的股权和法人财产权的分离程度比较低，其成立、歇业、解散的程序和管理机构也比较简单。旅行社的章程由股东共同制定，董事会成员和高层经理人员往往具有股东身份，并多由大股东亲自实施旅行社的经营和管理。旅行社不必向社会公开其财务状况，但股东有权查阅股东会的会议记录和旅行社的财务会议报告。然而，有限责任制旅行社不能像股份有限制旅行社那样公开向社会募集资金，这使其筹集资金的渠道和能力均受到一定的限制，从而可能限制其企业规模和发展速度。这是有限责任制的不利之处。

3. 股份合作制

股份合作制，是指全部资产归股份持有者所有，同时股权持有者具有股东和员工双重身份的一种旅行社企业形式。股份合作制旅行社不发行股票，一般也不开股权证明，其财产关系由合同规定。旅行社的资产表现为价值形态和实物形态，产权的构成要素较为统一，其资产的委托代理关系十分简单，为股份持有者→总经理。总经理由股份持有者选聘或自任，职工则由旅行社招聘。

因为股权持有者具有双重身份，所以他们的收益由工资和分红两部分构成。股份合作制旅行社的产权规模一般较小，从业人员也较少，便于管理。但是，它们筹集资金的能力十分有限，抗风险能力也较弱，在激烈的旅行社行业竞争环境中往往处境艰难。

4. 国家独资制

国家独资制的旅行社，是指全部资产为国家或全民所有的一种企业形式，亦称全民所有制旅行社。国家独资制旅行社的资产实属于国家部、局、委、办和各省、市、自治区政府部门，其资产的委托代理关系为全民→全国人民代表大会→国家各部门→旅行社领导集体→总经理。国家独资制旅行社不存在股权、股份、股票，不设董事会，总经理由主管部门任命，职工为国家聘用的工作人员。国家独资制旅行社一般为我国经营时间较长、企业规模较大的旅行社或旅行社集团，在企业规模、资金、人才、市场份额、管理经验、发展潜力等方面拥有巨大的优势。

5. 中外合资制

中外合资制旅行社实际上是吸收了境外资本的股份有限制或有限责任制旅行社，其产权形态及特点与股份有限制、有限责任制旅行社相同。目前，我国的中外合资制旅行社主要存在于一些旅游业较发达地区，如北京、广东、云南等省、市，且数量较少。但是，在我国已经加入世界贸易组织（WTO）的新形势下，此类旅行社的数量将会进一步增长，成为我国旅行社行业的一种重要企业形式。

三、申请设立旅行社分社与服务网点的条件与程序

旅行社在考虑设立分社时，通常会采用两种方式：一是在新开设一家旅行社时考虑同时设立分社，从旅行社设立伊始就形成网络化经营态势；二是旅行社经营到一定规模后，希望继续扩大规模，扩展旅行社的经营与营销网络，选取一些重要的城市或地区设立分社。在《旅行社条例》出台前，采用第一种方式设立旅行社分社几乎不具有操作性。这是因为按照 1996 年颁布的《旅行社管理条例》，每年接待旅游者 10 万人次以上的旅行社方可设立不具有法人资格的分社，也就是说，只有旅行社设立并经营后，且旅游者年接待量达到 10 万人次以上时，才具备设立分社的资格。但是在《旅行社条例》中，由于放宽了旅行社设立分社的条件和门槛，旅行社在设立母公司的同时就可以考虑设立分社了。但是通常来说，大多数旅行社还是会选择第二种方式进行旅行社分社的设立工作。

1. **旅行社分社的设立条件与程序**

旅行社分社是指旅行社设立的，不具备独立法人资格，以设立社名义开展旅游业务经营活动的分支机构。服务网点是指旅行社设立的，为旅行社招徕旅游者，并以旅行社的名义与旅游者签订旅游合同的门市部等机构。在我国，旅行社设立分社和服务网点，需遵守《旅行社条例》等相关法律规定。

旅行社与旅行社分社之间是设立与被设立的关系，旅行社是经依法批准设立的企业，具有法人资格，独立承担民事责任，而分社是旅行社的分支机构，不具备法人资格，以设立社的名义从事《旅行社条例》规定的经营活动，其经营活动的责任和后果由设立社承担。另外，分社的经营范围不得超出设立分社的旅行社的经营范围。

（1）设立条件

①分社的经营场所：申请者拥有产权的营业用房，或者租用的、租期不少于1年的营业用房，应当满足申请者业务经营的需要。

②分社的营业设施、设备配备：两部以上的直线固定电话、传真机、复印机，具备与旅游行政管理部门及其他旅游经营者联网条件的计算机。

③分社的名称：名称中应当包含设立社名称、分社所在地地名和“分社”或者“分公司”字样。

④增存法定数额的质量保证金：《旅行社条例》取消了旅行社设立分社必须增加注册资本的相关规定，即旅行社设立分社无须增加注册资本。旅行社每设立一个经营国内旅游业务和入境旅游业务的分社，只需向其质量保证金账户增存5万元；每设立一个经营出境旅游业务的分社，应当向其质量保证金账户增存30万元（见表1－1）。

表1－1　我国旅行社缴纳注册资本和质量保证金的数额　　单位：万元

旅行社业务范围	注册资本		质量保证金	
	旅行社	每增加1家分社	旅行社	每增加1家分社
国内和入境旅游业务	30	0	20	5
出境旅游业务	30	0	140	30

（2）旅行社分社的备案登记程序

旅行社设立分社的，应当持旅行社业务经营许可证副本向分社所在地的工商行政管理部门办理设立登记，领取非法人营业执照。旅行社分社领取营业执照后，自设立登记之日起3个工作日内，向所在区旅游局备案，没有同级旅游行政管理部门的，向上一级旅游行政管理部门备案。

设立社向分社所在地工商行政管理部门办理分社设立登记后，应当持下列文件向分社所在地与工商登记同级的旅游行政管理部门备案：设立社的旅行社业务经营许可证副本和企业法人营业执照副本，分社的营业执照，分社经理的履历表和身份证明，增存质量保证金的证明文件。

所在区旅游局对所提交的文件进行审查，合格后，15 个工作日内为旅行社颁发《旅行社分社备案登记证明》。

前沿速递

洛阳召开行业监管工作会　对旅行社违规经营出重拳

2016 年 2 月 3 日，洛阳市旅发委组织召开旅游行业监管工作会议。会议安排部署 2016 年酒店、旅行社发展及“双节”、全国“两会”期间旅游安全等工作。其中，对旅行社分支机构进行专项规范治理，是近期旅游部门的一项重点工作。

为营造良好的旅游环境，全面提升游客满意度，2016 年 2 月 3 日至 3 月 31 日，洛阳市旅游部门将集中开展旅行社分支机构专项治理，严厉打击旅行社分支机构超范围经营、无证经营、非法转让、恶性价格竞争、强制消费、任意改变行程、安全隐患大等问题。

据了解，此次整治范围为本市旅行社设立的分社和服务网点、外省（市）旅行社在本市设立的分社。

整治内容包括旅行社设立的分社和服务网点是否向所在区县工商行政管理部门办理设立手续，是否按规定向旅游监管部门备案；是否取得《旅行社分社备案登记证明》《旅行社服务网点备案登记证明》《营业执照》等证照并将其按要求悬挂在经营场所的显要位置；分社和服务网点的名称、标牌是否规范，是否含有使消费者误解的内容；旅行社是否存在准许部门或个人以承包挂靠的形式经营旅行社的业务，是否单独以自己的名义对外从事招徕、接待、签订合同等活动，是否自行接受组团社委托代理招徕旅游者，是否违规设立非法分支机构和服务网点等；是否与设立社施行统一管理或统一人事制度、统一财务、统一招徕、统一接待或统一咨询；是否与分社和服务网点员工签订劳动合同、发放工资报酬并为其购买法定的社会保险；旅行社分社、服务网点是否与设立社签订《旅行社设立分支机构规范经营和安全责任保证书》等。

检查方式为核对备案信息、检查经营资料、开展第三方暗访：核对分支机构在县区旅游监管部门的备案信息是否真实、准确；查阅招徕、组织、接待旅游者的各类合同、相关文件，以及财务账簿、交易记录和业务单据等材料；聘请社会监督员对其日常经营行为进行暗访。

2. 旅行社服务网点的设立条件与程序

根据《旅行社条例实施细则》，服务网点是指旅行社设立的，为旅行社招徕旅游者，并以旅行社的名义与旅游者签订旅游合同的门市部等机构。旅行社服务网点，也就是我们常说的旅行社门市部。旅行社服务网点应当接受旅行社的统一管理，不得从事招徕、咨询以外的活动。设立社设立服务网点的区域范围，应当在设立社所在地设区的市的行政区划内。

（1）设立条件

根据《旅行社条例》和《旅行社条例实施细则》，设立旅行社服务网点须具备以下条件：旅行社服务网点应当设在方便旅游者认识和出入的公共场所；旅行社服务网点营业场所的营业面积和营业设施应能满足营业需要，应具备必要的办公设备；旅行社服务网点名称应为设立社名称＋服务网点注册地地名＋门市部。

（2）旅行社服务网点的备案登记程序

设立社向服务网点所在地工商行政管理部门办理服务网点设立登记后，应当在3个工作日内持下列文件向服务网点所在地与工商登记同级的旅游行政管理部门备案：设立社的旅行社业务经营许可证副本和企业法人营业执照副本，服务网点的营业执照，服务网点经理的履历表和身份证明。

没有同级旅游行政管理部门的，向上一级旅游行政管理部门备案。服务网点备案后，受理备案的旅游行政管理部门应当向旅行社颁发《旅行社服务网点备案登记证明》。

案例导入

北京市旅游局关于旅行社分社、服务网点备案登记事项的规定

一、旅行社分社的备案登记

（一）旅行社分社的设立条件。

1. 设立社拥有产权的营业用房，或者租用的、租期不少于1年的营业用房，并应当满足业务经营的需要。

2. 有必要的营业设施、设备，至少包括两部以上的直线固定电话、传真机、复印机、具备与旅游行政管理部门及其他旅游经营者联网条件的计算机。

3. 旅行社分社名称应当为“设立社名称＋北京分社（或北京××分社）”。

4. 旅行社每设立一个经营国内旅游业务和入境旅游业务的分社，应当向其质量保证金账户增存5万元，其旅行社分社营业执照中的经营范围和《旅行社分社备案登记证明》中的业务经营范围，应当标明“国内旅游和入境旅游招徕、组织、接待业务”；旅行社每设立一个经营国内旅游业务、入境旅游业务和出境旅游业务的分社，应当向其质量保证金账户增存35万元，旅行社分社营业执照中的经营范围和《旅行社分社备案登记证明》中的业务经营范围，应当标明“国内旅游、入境旅游和出境旅游招徕、组织、接待业务”。

根据文化和旅游部《关于实施〈旅行社条例〉和〈旅行社条例实施细则〉有关问题的通知》（旅监管发〔2009〕231号）第三条，在降低质量保证金比例后设立分社，其应当增存质量保证金的数额相应分别为2.5万元、17.5万元。

（二）旅行社分社的备案登记程序。

1. 旅行社设立分社的，应当持旅行社业务经营许可证副本向分社所在地的工商行政管理部门办理设立登记，领取营业执照，并自设立登记之日起3个工作日内向分社所在地的区县旅游局备案。

2. 旅行社分社备案登记应当提交的文件：

（1）设立社的旅行社业务经营许可证副本和企业法人营业执照副本。

（2）分社的营业执照副本。

（3）分社负责人的履历表和身份证明。

（4）增存质量保证金的证明文件。

（5）营业场所房产证明或一年以上房屋租赁合同。

（6）旅行社分社备案登记表。

（7）设立社与分社负责人签订的劳动合同。

（三）发放《旅行社分社备案登记证明》。

区县旅游局受理旅行社分社备案时，对符合《旅行社条例》《旅行社条例实施细则》和文化和旅游部《关于旅行社及其分社、服务网点名称和备案管理等事项的通知》（旅监管发〔2009〕215号）规定的，向设立社发放《旅行社分社备案登记证明》，对不符合规定的，责令旅行社改正后，向其发放备案登记证明；拒不改正或者逾期不改的，通知进行设立登记的工商行政管理部门。

二、旅行社服务网点（门市部）的备案登记

（一）旅行社服务网点设立条件。

1. 旅行社服务网点应当设在方便旅游者认识和出入的公共场所。

2. 旅行社服务网点营业场所的营业面积和营业设施应当满足营业需要，具备必要的办公设备。

3. 旅行社服务网点名称应当为“设立社名称＋服务网点注册地地名＋门市部”。

4. 不经营出境旅游业务旅行社服务网点营业执照中的经营范围和《旅行社服务网点备案登记证明》中的服务范围，应当标明“国内旅游和入境旅游招徕、咨询服务”；经营出境旅游业务旅行社服务网点营业执照中的经营范围和《旅行社服务网点备案登记证明》中的服务范围，应当标明“国内旅游、入境旅游和出境旅游招徕、咨询服务”。

（二）旅行社服务网点的备案登记程序。

1. 旅行社设立服务网点的，应当持旅行社业务经营许可证副本向服务网点所在地工商行政管理部门办理设立登记，领取营业执照，并自设立登记之日起3个工作日内向服务网点所在地的区县旅游局备案。

2. 服务网点备案应当提交的文件：

（1）设立社的旅行社业务经营许可证副本和企业法人营业执照副本。

（2）服务网点的营业执照副本。

（3）服务网点负责人的履历表和身份证明。

（4）服务网点营业场所房产证明或一年以上房屋租赁合同。

（5）旅行社服务网点备案登记表。

（6）设立社与服务网点负责人签订的劳动合同。

（三）发放“旅行社服务网点备案登记证明”。

区县旅游局受理旅行社服务网点备案时，对符合《旅行社条例》《旅行社条例实施细则》和文化和旅游部《关于旅行社及其分社、服务网点名称和备案管理等事项的通知》（旅监管发〔2009〕215号）规定的，向设立社发放《旅行社服务网点备案登记证明》，对不符合规定的，责令旅行社改正后，向其发放备案登记证明；拒不改正或者逾期不改的，通知进行设立登记的工商行政管理部门。

（四）旅行社现有服务网点重新备案登记工作。

1. 旅行社现有服务网点（门市部），需到各区县旅游局重新办理备案登记手续并领取《旅行社服务网点备案登记证明》。

2. 旅行社现有服务网点的设立条件、备案登记程序同新设立服务网点。

3. 对旅行社现有服务网点为独立法人机构的，如继续从事旅行社服务网点业务，应当到工商管理部门变更为非法人机构后再办理服务网点备案登记有关事宜。

三、旅行社分社、服务网点的管理

（一）旅行社分社、服务网点应当接受属地区县旅游局的监督、检查和管理。

（二）旅行社分社的设立不受地域限制。分社的经营范围不得超出设立社的经营范围。分社不得设立服务网点。

旅行社设立服务网点的区域范围，应当在北京市的行政区划内。服务网点不得再设立服务网点。

（三）旅行社设立的分社、服务网点不具有法人资格，以设立社的名义从事《旅行社条例》规定的经营活动，其经营活动的责任和后果由设立社承担。

（四）旅行社应当与其分社、服务网点的员工订立劳动合同，应当加强对分社、服务网点的管理，对分社实行统一的人事、财务、招徕、接待制度规范；对服务网点实行统一管理、统一财务、统一招徕和统一咨询服务规范。

（五）旅行社分社、服务网点应当将《旅行社分社备案登记证明》《旅行社服务网点备案登记证明》与营业执照一起，悬挂在经营场所的显要位置。

（六）旅行社分社、服务网点撤销的，旅行社应当及时将《旅行社分社备案登记证明》《旅行社服务网点备案登记证明》交发证的区县旅游局销毁。

分析讨论：

北京市旅游局关于旅行社分社、服务网点备案登记事项的规定，是根据我国哪些旅行社法律法规制定的？

［项目实训 1］

实训名称：申请设立旅行社。

实训方案设计：按照国家设立旅行社申请书模板，撰写设立旅行社申请书。

实训成果：旅行社设立申请书。

［项目实训 2］

实训名称：旅行社行业调研。

实训方案设计：选择所在地区三家或以上具有代表性的旅行社进行调研，根据调研结果分析汇总，撰写旅行社业现状及发展态势调研报告。

实训成果：调研报告。

项目二　旅行社的组织结构与业务流程

任务一　认知旅行社的组织结构

任务认识

- 认知旅行社的部门及其职能
- 认知旅行社现行组织结构
- 旅行社组织结构的变革

任务实施

旅行社依据业务范围组建业务部门和职能部门，并选择适合自身发展的组织结构开展经营管理活动。本任务介绍了旅行社各部门的职能和几种典型的旅行社组织结构，在分析现行结构弊端的基础上探讨了旅行社进行组织结构变革的动因，并预测了旅行社组织结构变革的发展趋势。

一、旅行社的部门及其职能

作为旅游业的销售渠道，旅行社的基本职能就是向旅游者提供旅游活动所需要的各种服务。旅行社向游客提供满意的服务，需要各个部门的分工与合作。从改革开放前直至改革开放后很多年，我国旅行社组织结构中都是以外联部、计调部、接待部和综合业务部作为四大基本部门。近年来随着外部形势的变化，四大部门的设置方式已经不再适应时代的发展变化。但是，我们可以看出，虽然我国旅行社的组织结构设置出现了很多变化，四大部门的名称也不再存在，可四大部门的功能仍然在旅行社组织结构中发挥着作用。下面我们对传统的四大部门及其基本职能做简要介绍。

1. 计调部及其职能

计调即计划、调度，是旅行社完成接待任务、落实接待计划的总调度。可以说“事无巨细，大权在握”，计调具有较强的专业性、自主性、灵活性。因此，计调部在旅行社各业务部门中处于核心和中枢地位，计调工作的好坏决定着整个旅行社盈利的多寡。

计调部门负责旅行社旅游工作的计划和调配，其工作职能在于对内接待、安排旅游团以及生产组合旅游产品等，对外计划、协调、发团等。旅行社规模和业务操作流程不同，计调的职责也是有区别的。在大型旅行社中，业务流程的划分比较详细和周密，严格按照业务流程的垂直分工体系来设置，包括市场调研、产品策划、采购、市场营销、咨询接待、计划调度、质监与客服等业务。在这种业务流程操作模式下，计调工作只是整个流程中的一个环节，比较简单。而在中小型旅行社，由于人员配备不是很完整，其业务操作流程并不是按照业务的自然顺序进行安排，而是按照水平体系来分工，将旅行社的业务划分为不同的模块：团体游、散客游、专项游、团队地接、散客地接等。在这种业务划分下，旅行社的计调一人身兼数职，承担着采购、销售、咨询、调度和售后服务等一系列工作，难度非常大。

2. 外联部及其职能

外联部是旅行社设置的一个重要经营部门，也称市场部、销售部或者市场销售部。外联业务在我国旅行社业务操作中，原专指对海外旅行商业务联络工作，随着旅游产业的发展，以及外联业务运用范围的扩大，国内旅游业务中也广泛使用此说法。

旅行社外联部的职责主要包括三个方面：市场、销售和计划。因此，外联部的任务是通过了解和掌握市场需求动向，利用掌握的市场信息，开发、设计旅游线路并出售旅游产品。具体来说，外联部的业务职能包括与客户进行业务联系、信息推介、洽谈、出售旅行社产品以及与供应商、顾客签订合同协议等。

3. 接待部及其职能

在我国旅游业发展早期，旅行社接待部主要指负责导游接待的部门。接待部是旅行社的一线部门，由不同语种的导游人员组成，主要负责具体接待计划的制订和落实，为旅游者提供导游和陪同服务，包括团体接待、旅游接待地联系等。旅行社的接待过程既是游客消费旅游产品的过程，也是旅游产品的生产过程。因此，导游的接待工作直接决定着旅游产品质量的好与坏、游客满意与否。

在我国，按照业务范围的不同，可将导游员划分为四种类型：出境旅游领队、全程陪同导游员（全陪）、地方陪同导游员（地陪）和景区（点）导游员。

4. 综合业务部及其职能

综合业务部是旅行社针对散客设置的部门，是旅行社多功能、带有拓展业务性质的综合部门，包括散客接待、票务、行包业务、临时任务、VIP（贵宾）客人接待等业务。综合业务部是旅行社内业务范围最广、服务项目最细的部门。目前，综合业务部在旅行社的组织设置中已不多见。

以上四大部门的职责涵盖了旅行社的主要业务，各部门业务也有部分是交叉与重叠的。旅行社业务发展早期，旅行社以这四大部门为主要组织机构，但由于企业规模和业务范围不同，早期旅行社也有一些其他的业务部门，但是这些部门的功能基本上是对四大部门功能的补充或者分化。

二、旅行社现行组织结构

旅行社组织结构是其进行经营管理的组织载体，是旅行社业务运行的制度保障和实现旅行社经营目标的必要手段。我国旅行社的现有组织结构主要分为三种：以生产过程为导向的组织结构形式、以业务职能为导向的组织结构形式和以“业务流程 + 信息化”为导向的组织结构形式。这里主要介绍以生产过程和业务职能为导向的旅行社组织结构形式。以“业务流程+信息化”为导向的组织结构在后面予以介绍。

1. 以生产过程为导向的组织结构形式

在我国，大部分的旅行社都是中小型旅行社，其进行业务部门设置和划分的依据主要是内部生产过程，主要的部门包括外联部、计调部、接待部和综合业务部。同时，结合部门职能和自身的规模等因素，设置办公室、财务部和人事部等管理部门。这种组织结构形式包括直线制（见图2－1）和直线职能制（见图2－2）。

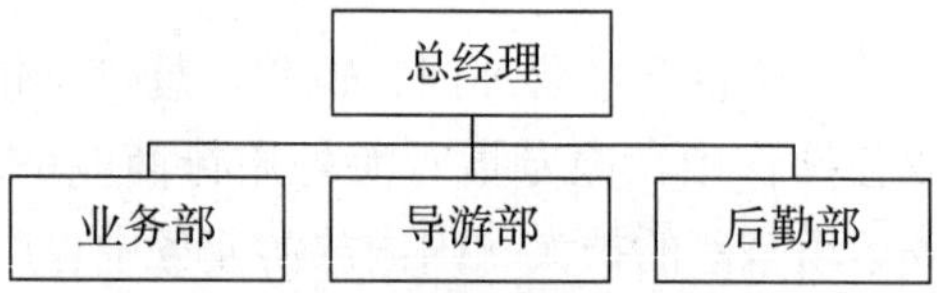

图2－1　旅行社直线制组织结构

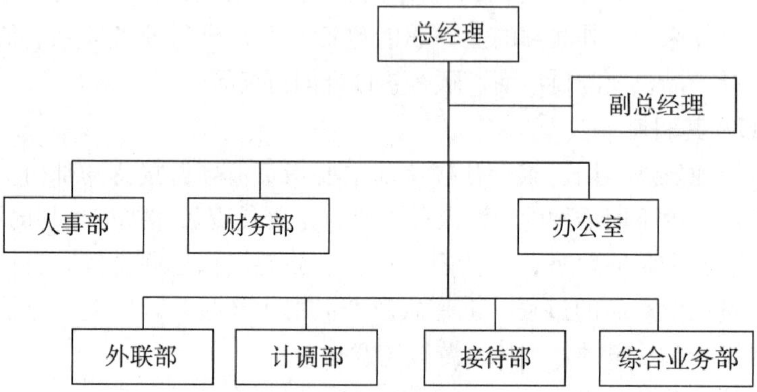

图2－2　旅行社直线职能制组织结构

以生产过程为导向的旅行社组织结构的设置，遵循了业务所称的“外联买菜、计调做菜、接待吃菜、总经理洗碗筷”的模式，无论是直线制还是直线职能制，都是这种模式的反映。直线职能制是在直线制的基础上改进而来的，在保持统一指挥的原则下，设置了相关职能部门。这两种旅行社组织结构具有如下优点：第一，组织结构简洁明了，决策比较迅速；第二，以生产过程为导向，每个部门以及每位职员的权限和责任很清晰，各司其职，各负其责；第三，业务操作得到简化并能够对旅行社的员工进行有效的监督和跟踪管理。

当然，这种组织结构也存在着不可避免的缺陷：一是这种组织结构的设置将旅行社的业务流程人为地分为不同的单元和模块，虽然提高了工作效率，但是没有一个员工对整个流程负责，没有人监督和管理整个生产过程，这就容易导致顾客的不满和产品质量的低劣；二是强调纵向命令的下达和执行力，容易忽视下级员工和部门的意见，横向的联系比较少，不利于各部门之间的协调和沟通。

2. 以业务职能为导向的组织结构形式

为了适应市场环境的变化以及旅行社规模扩大和发展的需要，旅行社组织结构也进行了相应的调整，很多旅行社采用了以业务职能为导向的组织结构形式，包括事业部制和矩阵制。旅行社的组织结构从直线组织结构思维发展为多维、多层次的系统组织思维：事业部制组织结构（见图2－3）和矩阵制组织结构（见图2－4）。

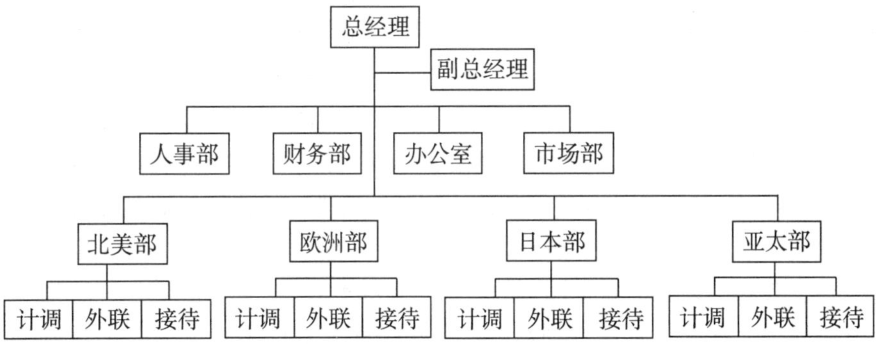

图2－3　旅行社事业部制组织结构

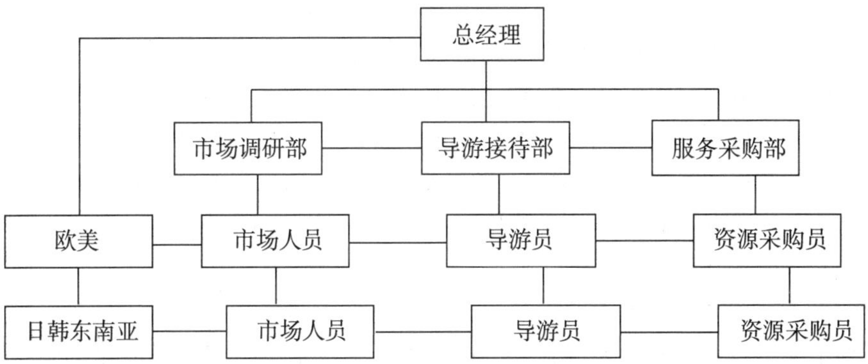

图2－4　旅行社矩阵制组织结构

事业部制按照业务职能设置旅行社的部门，对具有独立产品市场、独立责任和利益的部门实行分权管理，将相关的业务集中在统一的部门，统一指挥和调度，这种组织结构适合规模较大、产品种类较丰富和竞争力较强的大、中型旅行社。因此，在我国多数大、中型旅行社都采用事业部制的组织结构形式，除了职能部门之外，按照地区（市场）将旅行社划分为不同的事业部，如欧洲部、北美部、日本部和亚太部等。每个地区部门都设有计调、外联、接待职能和人员，实际上每一个业务部门都是一个分化的“旅行社”，在总公司的统一领导下实行独立核算、独立经营、自负盈亏。

事业部制具有明显的优点。第一，考虑到了直线制和直线职能制将业务流程分割的弊端，事业部制将相关业务集中于同一部门，便于统一管理和协调。比如，事业部制中的北美部就将计调、外联和接待统一起来，有利于开拓统一的市场和开发适销对路的产品。第二，可以对某一生产过程或者业务进行全程的监督和管理。虽然事业部制中每个地区部门的工作还是按照计调、外联和接待来划分，但是有一个部长或者负责人对整个产品的生产、销售、服务进行全程的管理，使整个流程比较完整和流畅，从而可以提高生产的准确度、服务的满意度。第三，责权利划分比较明确，能较好地调动旅行社经营管理人员的积极性。事业部制以利润责任为核心，能为公司不断培养具有综合素质的高级管理人才。

当然，以业务职能为导向的旅行社事业部制也有其不足之处。第一，独立部门的存在，自主经营，自负盈亏，这容易导致各部门只考虑部门利益，从而影响整个公司的利益和部门之间的协作与沟通。第二，使科层制的组织结构达到了“登峰造极”的地步，管理费用增加，官僚作风严重。第三，分权可能架空公司领导层，削弱其对事业部的控制，同时各事业部是旅行社的利润来源，因此，在很多旅行社中事业部经理都是“拥兵自重”，致使许多决策和改革贯彻不下去，形成了旅行社经营管理中特殊的“倒管理”现象。虽然事业部制重视整体流程的重要性，并将统一业务流程放在同一部门执行，实现了事业部内部的业务整合，但是旅行社整个组织结构的安排仍然沿袭着分工的思想，各部门之间仍然是割裂的，甚至更加严重。

矩阵制由纵、横两个管理系列组成，一个是职能部门系列，另一个是为完成某一临时任务而组建的项目小组系列，纵、横两个系列交叉构成矩阵制组织结构。其显著特点就是为了弥补流程割裂、部门隔阂而导致的横向沟通不足设置了项目组。比如，为了接待一个会议团队，就要从市场调研部、导游接待部和服务采购部抽调相关业务人员组建会展服务项目组，任务完成之后项目组人员再回到原来所在部门。矩阵制的显著特点就是“促进了一系列复杂而独立的项目取得协调，同时又保留了将智能专家组合在一起所具有的经济性”。但是，项目组不仅受项目领导指挥，同时也受原来职能部门的指导，双线领导制容易导致责任模糊、组织混乱。同时，项目组成员位置不固定，致使有临时工作的观念，责任心不够强。虽然矩阵制存在着很多缺点，但是在旅行社经营管理实践中已是极大的进步，是一种还处于演变当中的组织结构。它从根本上意识到了原有组织结构的弊端，开始抛弃以分工为基本思想和科层制的组织结构思想，着手从流程的角度思考和变革组织结构，这是组织结构设计的极大进步，它为业务流程再造提供了经验。

3. 现行组织结构的弊端

我国大部分旅行社是小型旅行社，适用于小型旅行社的直线制在我国旅行社中运用得最为普遍。但是，直线制组织结构并不适合大、中型旅行社进行组织结构设置，而且在新形势下，直线制组织结构对企业的发展带来了越来越明显的阻碍作用。因此，随着旅行社规模、新技术的发展、市场环境等因素变化，旅行社的组织结构出现了改进和发展，直线职能制、矩阵制和事业部制就是为了弥补直线制的不足而产生的。但是，以上四种组织结构形式都是以亚当·斯密的“劳动分工论”为理论基础，以泰勒的科学管理和法约尔的管理职能制为基本原理设置的。旅行社这种金字塔式的等级制组织结构，强调各部门的详细分工，要求职权明确，下级对上级负责。目前，旅行社市场竞争更加激烈，行业商业模式正在转变，市场需求更加复杂多变，信息技术日新月异，在这些因素的影响下，旅行社金字塔式的组织结构显现出了明显的缺陷。首先，强调纵向的上下级关系，而容易忽视横向的部门沟通。传统的旅行社组织结构从总经理到最底层的员工，指令的下达和信息的上传，严格按照逐级的原则进行上下级的沟通。其次，强调部门利益，忽视旅行社整体利益，导致旅行社业务流程割裂和“倒管理”现象。很多旅行社实行“多劳多得”的政策，在这样的政策指导下，业务部门还会“拥兵自重”，不听从上级的调派和指挥，总经理只能倚重下属部门，部门经理对部门的控制权过大，甚至会出现部门经理带领部门人员集体跳槽事件，导致旅行社不断分裂成一家家更小的旅行社，不利于行业的整体发展。总而言之，旅行社的现行组织结构造成了部门之间横向沟通的不畅，导致信息沟通困难和业务流程的断裂。为了对瞬息万变的市场作出及时的反应，旅行社就必须变革自身的组织结构，建立具有快速反应特征的组织结构。

案例导入

直线职能制和事业部制的组织结构典型代表

一、直线职能制组织结构——郑州市凤凰旅行社有限公司

郑州市凤凰旅行社有限公司成立于2000年5月，位于河南郑州市中原区，主营国内各地精品旅游线路、最新旅游线路等，注册资本50万元。

郑州市凤凰旅行社有限公司的组织结构采用了典型的直线职能制组织结构。该旅行社主要经营国内旅游业务，因此所涉及业务较为简单，以内部生产为导向分别设置了计调部、导游部、业务部，通过分工协作提高工作效率，也使各部门的责任与权利实现了统一。根据工作需要，其设置了办公室内勤、法律顾问、财务部和质检部四个职能部门，能够为生产部门提供专业、优质的后勤服务。业务部、法律顾问、办公室内勤、导游部、财务部、计调部、质检部统一由总经理管理，有利于总经理对整个公司的严格控制，管理权力集中度高。

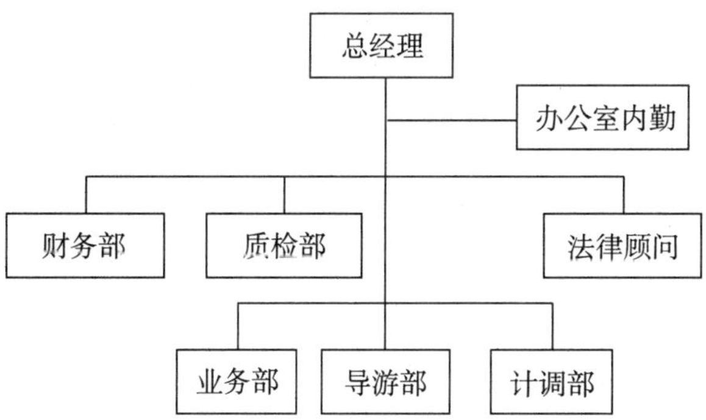

二、事业部制组织结构——浙江省中国旅行社集团有限公司（以下简称浙江中国旅行社）

浙江中国旅行社始建于1956年，是浙江省旅游集团的国有全资子公司，注册资本589万元。2006年、2007年企业的营业收入分别达到了4.6亿元和5亿元。浙江中国旅行社下设出境旅游中心、国内旅游中心、入境旅游中心、国际交流中心、商务会展中心、航旅中心以及车队等多个业务部门及后勤配套部门，并在杭州、宁波、台州、衢州、温州设立了5家分社，有绍兴、嘉兴等11个控股公司。

浙江中国旅行社作为一家大型国际旅行社，其业务复杂，显然已经不再适用直线职能制。浙江中国旅行社采用事业部制的组织结构，在总经理下分别设置了职能部门办公室、财务部、客服部、工会以及各分支机构和国内中心，其事业部体现为出境中心和入境中心。根据旅行社出入境旅游业务范围，分别设置了出境中心和入境中心两个事业部，每个事业部又根据市场划分为不同的部门。以出境中心为例，其下设置了欧美部、日韩部、澳新部等部门，同时也根据出境旅游的特点，设置了外勤中心、门市部、领队部等职能部门，事业部的设立使得浙江中国旅行社的生产过程更加专业化、科学化。同时，事业部进行独立的生产经营活动，能够为公司培养出素质全面的高级管理人才。

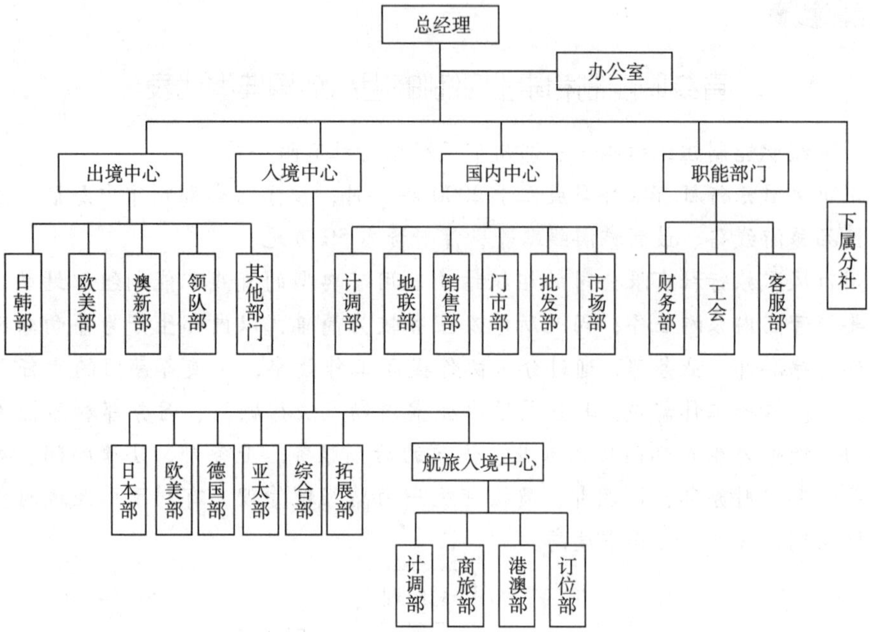

分析讨论：

1. 对比讨论郑州市凤凰旅行社有限公司和浙江中国旅行社组织结构的优缺点。
2. 根据上述两个案例，分析影响旅行社组织结构设计的内部因素。

三、旅行社组织结构的变革

正是因为传统组织结构不能适应我国旅行社的发展需要，同时旅行社又面临着竞争形势、市场需求、企业发展规模等因素的巨大变化，所以我国旅行社必须变革自身的管理模式和重新设计组织结构。

1. 变革的影响因素

影响旅行社自身组织结构的因素是多方面的，主要分为外部因素和内部因素。旅行社外部环境的变化是旅行社变革的直接压力。如果旅行社不能适应新的变化，就会被淘汰；若想实现旅行社的持续发展和壮大，就要进行一定的变革。这种变革或多或少包含着组织结构的改进和变动。因此，外部环境的变化对旅行社造成的压力，是旅行社进行组织结构变革的基本原因。下面将从三个方面阐述旅行社变革组织结构的外部影响因素：顾客、竞争和信息技术。

（1）顾客

“顾客是上帝”，顾客对旅行社产品的认可与否决定着企业在激烈的行业竞争中能否生存。目前，在我国旅游市场上顾客及需求发生了翻天覆地的变化，旅行社要想处于竞争优势地位，就必须将顾客及其需求放在首位。首先，旅游需求多样化。在我国发展旅游事业的最初阶段，旅游产品非常单调，观光旅游产品占据着旅游市场的主体地位。随着我国 GDP 的增长以及人们思想观念的改变，人们的旅游需求出现了多样性，人们不再满足于观光旅游，宗教旅游、求学游、探险游、“夕阳”游、冰雪游等各种旅游产品出现在旅游市场上，旅游市场的整体需求呈现出多样化的特点。其次，旅游需求个性化。在旅游需求多样化的基础上，人们开始追求个性化的旅游体验。目前，很多旅游者不再满足于包团式的标准化生产产品，而是要求旅行社或者旅游代理商按照自己的个性需求，组合安排旅游线路和旅游内容。最后，以前人们获得旅游产品信息的渠道主要是旅行社的宣传和咨询，但是现在除了旅行社，旅游者更多的是通过网络、电视等手段了解旅游信息。以上三点导致旅游市场从需大于供转变为供大于需，因此，旅游市场也由卖方市场转变为买方市场，旅游者在市场上占据着主动和支配的地位。

（2）竞争

“优胜劣汰，适者生存”，竞争是给旅行社经营管理带来压力的直接因素。其一，截至 2017 年年底，全国旅行社总数为 27409 家，2017 年第三季度，全国旅行社共接待入境游客 985.65 万人次，同比增长 73.18%；接待国内游游客 5176.02 万人次，同比下降 14.06%；组织出境游游客 1549.13 万人次，同比下降 9.01%。数量庞大的旅行社必然加剧竞争。其二，旅行社市场的竞争因素发生了变化。由于旅行社产品缺乏品牌战略和差异化经营战略，价格竞争就成了绝大多数旅行社参与市场角逐的唯一砝码。现在，要想在竞争中取胜，旅行社就必须进行差异化经营和品牌化管理，就必须加强旅游产品在售前、售中和售后的服务质量，为游客提供满意的高质量旅行体验成了竞争的核心内容。其三，随着我国旅行社市场的逐步对外开放，更多的国外旅行社将进入我国旅游市场，这些旅行社在管理经验、产品经营、服务意识等方面都具有很强的优势，必然会给我国本土旅行社带来极大的冲击和更加残酷的竞争。

（3）信息技术

20 世纪 90 年代以来，信息技术尤其是网络技术的发展，给旅行社的发展带来了挑战也带来了机遇。旅游者对旅游目的地信息不了解，而旅行社凭借其专业操作和业务往来，对旅游目的地和供应商的信息掌握得非常清楚，因此，旅行社就依靠旅游者和旅行社之间的信息不对称而获取经济利益。旅行社作为中介组织，其拥有的核心资源就是信息，而现在，随着信息网络技术的发展，旅游供应商和旅游目的地为了减少中间代理环节的费用，开始建设自己的网站，通过网站宣传和销售产品。目前，各航空公司、酒店、游乐场所等都建有自己的网站。这就严重地削弱了旅行社的中介职能和咨询职能，给旅行社行业带来了极大的危机感。但同时信息技术也为旅行社的创新和变革提供了动力和技术手段。从外部来看，旅行社通过网络等可以更好地了解市场变化，把握市场需求，组织旅游产品；从旅行社内部管理来看，信息技术对其的影响主要体现在组织机构的变革上。一方面，信息技术使得信息可以在旅行社内部各部门之间、顾客以及供应商之间实现共享，这就使得旅行社中间管理层的作用日渐式微，高层管理者可以通过网络或者信息化平台及时了解最底层的信息。因此，信息技术的发展推动了旅行社组织结构的扁平化，减少了中层管理人员，提高了效率，降低了旅行社内部管理成本。另一方面，信息技术使旅行社的业务流程发生了根本性的变化，改革了旅行社经营所需的资源结构，信息资源的重要性大大提升。旅行社的信息化必须以业务流程为导向，变革旅行社组织结构和管理思想，而不是手工操作的自动化和简单复制。

2. 变革趋势

正是由于旅行社的现行组织结构具有诸多弊端，同时为了更好地应对顾客、竞争和信息技术等市场环境的影响，旅行社开始变革其组织结构。在诸多的变革趋势中，以业务流程再造为根本指导思想建立起来的流程型组织结构最为引人关注。以信息技术为基础，以业务流程再造为导向的扁平化旅行社组织结构，将更能适应当前和未来旅行社市场的变化和挑战，是企业组织变革的必然选择（见图 2－5）。

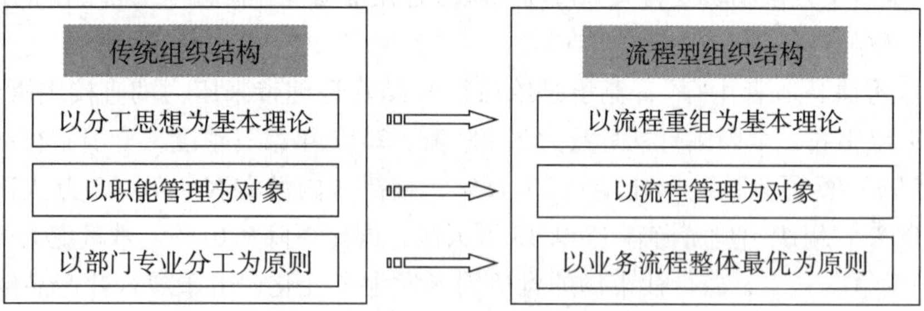

图 2－5　传统组织结构与流程型组织结构的比较

流程型企业与传统企业相比具有如下优点：第一，这种组织结构减少了管理的纵向跨度，削减了中层管理机构，增加了横向的协调和沟通，能够使旅行社在面对复杂多变的市场需求时变得灵活、敏捷和富有创造性。第二，以往各个部门的分工很明确，沟通比较少，基本上是“各扫门前雪”，导致了部门和业务流程的断裂。流程型组织结构以业务流程为导向，对业务实行流程化管理，每一项业务都能够实现全程跟踪管理、监督和反馈，提高了服务的质量和速度，也提高了顾客的满意度。第三，信息技术的使用，减少了人工的操作，提高了旅行社内部、供应商和顾客之间的信息传递速度和精确度。总之，流程型旅行社更能适应现代旅游市场的特点。

案例导入

业务流程再造助推中旅重组圆满结束

2008 年中国港中旅集团公司合并案终于尘埃落定，中国港中旅集团公司旗下中国旅行社总社、港中旅国际社、中国招商旅游总公司、香港中旅（集团）公司和海外分社经过整合重组，共同组成了中国旅行社总社有限公司，并将公司总部迁往北京。在管理结构上，实行“全国统一的管理总部、区域公司、分公司”三级组织架构；在品牌上，确立中国旅行社总社为中国港中旅集团公司板块经营主品牌。

为了实现“成为中国旅游业霸主”的重要目标，中国旅行社总社进行了业务流程再造，以建立批发零售的垂直分工体系，向旅游批发运营商转变为核心指导理念，整合品牌，重组机构和重塑商业模式，改变了“客户资源私有化、资源采购部门化、资金管理分散化”的传统操作模式。在重组的过程中，上海金棕榈电脑系统有限公司与中国旅行社总社合作，承担了其业务流程管理信息系统的开发项目。2008 年 12 月，金棕榈业务流程再造项目组进驻中国旅行社总社，开始 BPR（业务流程再造）项目开发、人员培训、性能测试和上线工作，经过半年的艰苦努力，2009 年 6 月中国旅行社总社 BPR 管理信息系统正式上线运营，打造了一个以垂直分工为基础的批发零售体系模式下的旅游分销平台，实现了产品研发、资源采购、门市销售、后台操作、接待服务、财务管理等各环节的统一控制；通过完善产品资料库、供应商资料库和客户资料库，实现资源整合和集中管理；通过强化资源采购能力、产品制作能力和渠道分销能力，实现以新产品和低成本引领市场；通过建立完善的高度市场化的批发零售体系，完成了垂直分工体系的转型。在短短一个月时间里，就创造了 1500 多万元的收入，项目取得了预期的成果。在“流程再造带动集团整合一体化”的形势下，中国旅行社总社顺利完成了战略目标一体化、企业品牌一体化、业务运作一体化、财务管理一体化、人力资源管理一体化和管理信息平台一体化。

分析：

中国旅行社总社在重组过程中为什么要改变其原有的组织结构？为什么又将业务流程再造置于如此重要的地位？业务流程管理信息系统在旅行社经营过程中到底发挥着怎样的作用？

任务二　旅行社的业务流程

任务认识

- 认知旅行社的基本业务
- 旅行社现行业务流程
- 旅行社业务流程再造

任务实施

一、旅行社的基本业务

旅行社是指从事招徕、组织、接待旅游者等活动，为旅游者提供相关旅游服务，开展国内旅游业务、入境旅游业务或者出境旅游业务的企业法人。旅行社是为了满足旅游者的需要而存在的，为了满足旅游者旅游活动全过程的各种需要而开展相应的旅游经营活动和业务，主要包括市场调研与产品设计业务、促销业务、咨询服务业务、采购业务、销售业务、接待业务和售后服务业务等（见图2－6）。

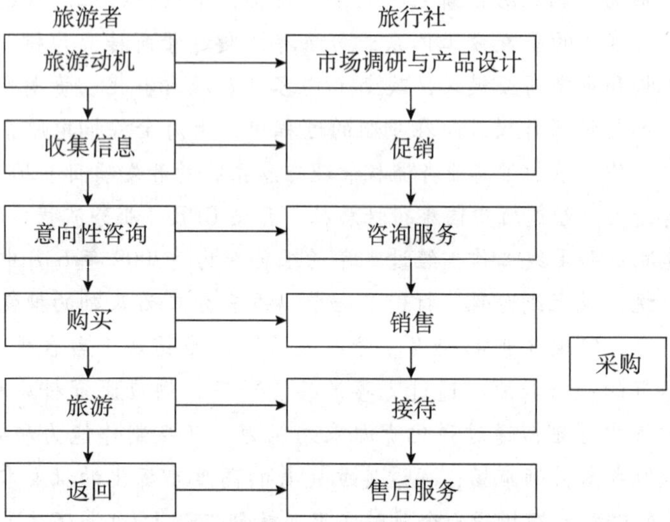

图2－6　旅游决策过程与旅行社的基本业务

二、旅行社现行业务流程

在旅行社经营管理过程中，除了基本业务外，还必须有其他的支持性业务活动，如人力资源管理、财务会计业务等。旅行社经营管理过程中的核心业务流程，可以概括为旅游产品设计开发、旅游服务采购、旅游产品销售、旅游接待服务、财务结算等。这些流程共同组成旅行社经营管理过程中的所有业务活动，推动企业成长，为顾客创造价值。

目前，在我国旅行社经营管理中，很少将流程管理提到战略高度来考虑，业务流程存在诸多问题。首先，缺乏流程管理思想，流程片段化。目前的业务是以部门为单位，以专业分工为基础的，每项任务之间有先后顺序，每一个业务环节都是上一个环节的完成基础，任何一个环节出现问题都会影响到整个任务的完成和产品质量。流程的片段化，导致了工作效率低和顾客满意度低等问题。其次，我国旅行社的业务流程存在“掐头去尾”的现象。我国旅行社在经营管理中几乎没有充分的市场调研就开始进行产品策划和组合，往往也没有良好的售后服务，“一锤子买卖”现象严重。我国旅行社的业务流程只保留了整个流程的中间核心部分，这也是导致我国旅游产品同质化、低价竞争的主要原因。再次，各部门之间的信息沟通不畅，传递成本高昂。为一个旅游者（团队）服务的各个部门以及组团社和地接社之间需要频繁地进行信息沟通，这就容易导致“公文旅行”；同时，当出现信息变更或者差错的时候，需要跨部门协调，只有部门主管才有权力出面进行沟通和协调，这就会导致管理费用和成本的增加，更为严重的是，会导致客户不满情绪的增强。最后，旅行社各部门“各自为政，占山为王”。在旅行社管理中最主要的现象就是管理高层向各部门下达指标，各部门成为“为租地交租子”的“自耕农”。各部门只关心本部门的利润和利益，对整个公司的关注度降低，严重影响到旅行社的发展壮大。

三、旅行社业务流程再造

正因为旅行社现行业务流程存在着诸多不足，学界和业界开始将业务流程再造思想引入旅行社经营管理，以期解决我国旅行社面临的难题。业务流程再造（Business Process Reengineering，BPR）是由美国迈克尔·哈默教授和詹姆斯·钱皮于1993年提出的。此后这一管理思想风行欧美，很多企业都实施了业务流程再造工程。为了适应市场和顾客的变化，我国旅行社企业也开始采用业务流程再造这一思想来改造企业，转变企业的经营管理思路。以下主要阐述旅行社业务流程再造的内涵和旅行社业务流程再造的步骤。

知识链接

“再造”就是“针对企业业务流程的根本问题进行反思，并对它进行彻底的重新设计，以便在成本、质量、服务和速度等当前衡量企业业绩的这些重要尺度上取得显著的进展”。“再造”包含了四个关键词：根本性、彻底性、显著性和流程。

1. 旅行社业务流程再造的内涵

流程是工作之间的传递和转换关系。业务流程即业务和业务之间传递和转换的动态过程，它是以市场为导向，以顾客价值增值为目的的动态活动。旅行社业务流程再造就是以顾客需求为中心，利用先进的信息网络技术，对旅行社现有业务流程进行根本性的再思考和彻底性的重建，从而实现旅行社内部管理绩效的显著改善和游客满意度的极大提高。旅行社业务流程再造具有四个特征。第一，根本性，就是对业务流程进行综合分析和统筹思考，还原旅行社业务流程的本来面目。第二，彻底性，就是在“根本性”思考的指导下，对旅行社业务流程进行完全的重新设计，而不是只对现有业务流程进行修修补补或者改良。第三，显著性，通过对旅行社业务流程的根本性思考和彻底设计，实现旅行社内部管理绩效的重大突破和顾客满意度的明显提高，这种改进不是点点滴滴的成绩，而是可以对旅行社发展产生根本性影响的进步。第四，流程，它是一系列业务活动，包括旅行社的人、财、物、信息等各种要素投入并创造出对旅游者有价值的产品。流程包括两层含义：一是流程是一个过程，二是要有价值结果的输出。流程是旅行社业务流程再造最根本的，也是最不容易做到的。对旅行社业务流程进行根本性思考和彻底设计，就是要识别旅行社业务中的增值业务流程和非增值业务流程，从而剔除非增值业务流程，重新组合优化增值业务流程，达到改善旅行社业绩和提高顾客满意度的目的。

在上述四个特征的指导下，旅行社在进行业务流程再造的过程中必须重视以下三个因素。

（1）把顾客满意放在首位

经过几十年的发展，我国旅游市场发生了翻天覆地的变化：旅游产品的类别和档次基本实现了多样化，旅游产品由需大于供转变为供大于需；信息技术使得顾客在获取旅游产品和旅游目的地信息时更加方便和廉价，削弱了旅行社对旅游信息的垄断地位；游客的需求呈现出了多层次、高档次以及多样化和个性化的特点。以上的变化导致我国旅游市场已经从卖方市场转向买方市场，因此，任何一家旅行社要想在市场上保持不败、拥有一席之地，就必须将顾客及其需求放在首位。

（2）打破职能部门的原有边界，有效整合旅行社资源

旅行社传统组织结构的部门割裂状态，严重影响了旅行社的发展壮大。业务流程再造强调对旅行社资源的横向整合，通过流程再造，旅行社各个部门不再孤军奋战，而是彼此协调、动态沟通，通过去除非增值业务、优化整合增值业务，实现旅行社内部资源效能和顾客价值的最大化。

（3）充分利用信息技术

20 世纪 90 年代，欧美各国企业掀起了一股应用 BPR 的热潮，主要原因是现代信息技术为企业应用 BPR 提供了工具，信息技术是企业应用 BPR 的“催化剂”。在传统的旅行社业务流程中，信息在旅行社各部门之间传递速度慢，相同信息需要在不同部门重复登记、储存和管理，重复劳动导致信息技术沟通不畅和管理费用的增加。旅行社在应用 BPR 的时候，必须充分利用信息技术的优势，加快信息在旅行社内部流通的速度和共享的范围，从而打破部门障碍，加强旅行社内部的相互协调和沟通，从而提高旅行社的生产效率，降低交易成本，提高生产率和利润率。但是，在应用信息技术的时候也要注意“信息技术陷阱”，旅行社必须警惕一种倾向，即利用信息技术为原有流程服务，而不对原有流程的不合理之处进行重新设计，这种业务流程再造充其量是知识流程的信息化和自动化。这种信息化会使原来无效的任务坚固地锁在流程里，导致组织僵化。这与业务流程再造的“根本性、彻底性、显著性和流程”特征相违背，也是不可能取得成功的。

2. 旅行社业务流程再造的步骤

旅行社进行业务流程再造大致需要经过三个阶段七个步骤，如图 2－7 所示。

（1）策划阶段

①第一步：建立战略远景。

- 确立战略远景。旅行社进行业务流程再造必须得到管理高层的支持和全力配合，这是一个自上而下的变革过程，同时因为这种变革过程是会有阵痛的，并且伴随着巨大的风险，所以建立业务流程再造战略远景，说服旅行社普通员工获得他们的用户，是业务流程再造整个过程的第一步也是最关键的一步。战略远景包括两个方面的信息：第一，变革的紧迫性。战略远景必须提出令人信服的变革理由，必须传递一个深刻的信息，即再造是事关旅行社生死存亡的大事。第二，战略远景也要传递业务流程再造可以为旅行社带来美好未来的信息，为员工提出明确的目标。
- 发掘再造机会。旅行社进行业务流程再造，一般来讲有两种情况：一是旅行社

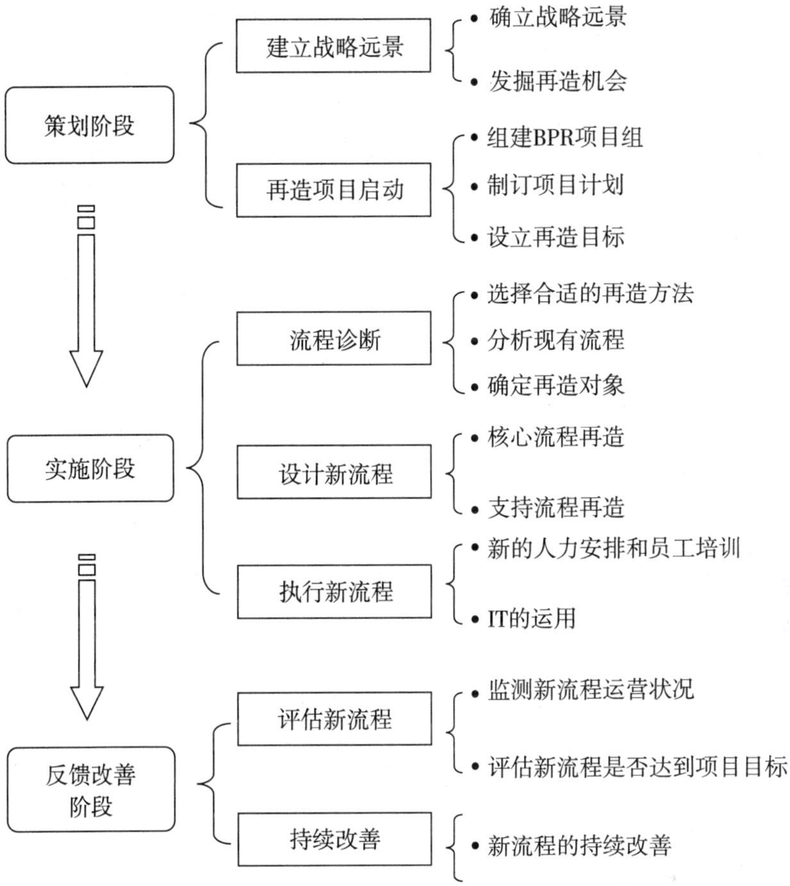

图 2－7 旅行社业务流程再造

陷入了严重的危机，将业务流程再造作为挽救企业破产，重获竞争力的必选手段；二是旅行社现在或者将来不会有重大的危机，但是旅行社管理层具有开拓创新的精神，主动抛弃了原有的经营管理模式和思想，采用了更加先进的流程管理思想，以此来保持旅行社的持续竞争优势。无论旅行社在何时进行流程再造，或是为了化解危机，或是为了避免危机影响旅行社的生存，总之都是为了旅行社能够在市场上比竞争对手更加善于捕捉市场机会，为顾客和旅行社创造最优价值。

②第二步：再造项目启动。

• 组建 BPR 项目组。业务流程再造需要 BPR 项目组来实施，因此，组建 BPR 项目组就成为旅行社业务流程再造实施前的关键步骤。BPR 项目组一般包括如下人员：

领导者——旅行社中的高级管理人员，对业务流程再造有清醒的认识，并且有强大的意志和权力推动业务流程再造，也是 BPR 项目组的后台、支柱。

流程主持人——负责一个特定的流程。比如，财务流程主持人、采购流程主持人、前台销售主持人等，在其管辖的业务流程再造中拥有绝对的权力。

再造小组——由若干名成员组成，包括局内人和局外人，局内人是指旅行社内部的人或者对原有流程比较熟悉的相关部门的人。局外人是指原来不在业务流程再造相关部门工作，对原有业务流程知之甚少或者是旅行社聘请的业务流程再造顾问，他们能够给业务流程再造提供客观的建议。一个完整的 BPR 项目组还包括指导委员会和再造总管。

• 制订项目计划。BPR 小组的第一项任务是制订项目计划，确定再造的核心业务流程，列出具体的时间进度表、需要的资源、预算以及项目所要达到的目标。

• 设立再造目标。只有设置合理的目标，业务流程再造才会沿着正确的方向前进。旅行社业务流程再造的目标设置要具体可行，主要应包括成本降低多少、服务时间缩短多少、游客满意度增加多少等。

（2）实施阶段

③第三步：流程诊断。

• 选择合适的再造方法。选择合适的再造方法是实施阶段的第一步骤，旅行社有两种方法可供选择：系统再造法和全新再造法。系统再造法就是在分析现有流程的基础上，对其进行系统的改进和重新设计新流程，也可能只再造一部分或者核心业务流程。全新再造法是企业对业务流程进行全新设计，就如在一张白纸上绘画一样，需要对旅行社所有业务流程进行再造。选择哪种方法要依据旅行社自身的情况而定，一般来讲小型旅行社会选择全新再造法，因为就算再造失败，损失也比较小，同时由于规模小，旅行社也可以很快自我恢复；但是，一旦成功，旅行社就会获得巨大的收益。大、中型旅行社由于担心全新再造失败的损失过大，一般会选择系统再造法，先选择核心业务流程进行再造，成功之后再逐步扩展到所有流程。

• 分析现有流程。流程分析是流程诊断的关键。对旅行社现有流程进行诊断，很重要的一项工作就是判断哪些是核心流程，哪些是增值流程，哪些是非增值流程。对于所有的旅行社来讲，资源采购流程、产品策划流程、销售流程、资金结算流程以及服务接待流程，都是非常重要的流程。

• 确定再造对象。在对现有流程进行深入分析的基础上，根据发展趋势和顾客对旅游产品的需求变化，对业务及流程中的关键环节以及各环节的重要性进行重新定位和排序，找到增值业务和非增值业务，从而从整体上将核心的增值业务作为流程改造的重点对象，对非增值业务和环节进行合理合并或者删除。

④第四步：设计新流程。

• 核心流程再造。重点分析旅行社的基本业务和其他辅助业务，在旅行社经营管理中以下业务应该是其核心业务：旅游产品的设计开发、旅游服务采购、旅游产品销售、旅游接待服务、财务会计。

• 支持流程再造。支持流程不是业务流程再造的核心，但是对业务流程再造起着一定的影响。如果支持辅助业务流程不顺畅，会影响到整个业务流程再造的效果。支持辅助业务主要包括组织结构重新安排、人力资源安排等。

⑤第五步：执行新流程。

• 新的人力安排和员工培训。旅行社业务流程再造设计完毕后，就需要对流程操作人员进行培训了，其目的是使每位员工对新的业务流程了如指掌，能够在新业务流程环境下愉快地工作。

- IT（信息技术）的运用。在论述旅行社业务流程再造内涵的时候，就充分说明了 IT 的重要性。旅行社的唯一资源就是信息，对旅行社进行业务流程再造，从本质上来讲就是改变旅行社信息传递的方式和速度。如果不能充分利用 IT 的优势，可以说要取得业务流程再造的胜利几乎是不可能的。因为 IT 可以实现信息在旅行社各部门、旅行社与供应商、销售商以及旅行社与顾客之间的自由传递和及时沟通，加快信息传递的速度和精确度，打破职能部门之间的隔阂和边界，同时降低顾客获取信息的成本，为顾客创造最大价值。

（3）反馈改善阶段

⑥第六步：评估新流程。

- 监测新流程运营状况。在全面运行新流程之前，必须对其进行运营状况评估。对新流程的技术指标以及旅行社员工的适应度等进行综合考察和评价，并在调试过程中修正错误，经过反复模拟调试直到流程达到项目目标和要求。
- 评估新流程是否达到项目目标。业务流程经过调试后进入正式运营阶段，分析新流程的运行效果、新系统的技术表现等，并与项目目标进行对照，考察业务流程再造是否达到了既定的目标。

⑦第七步：持续改善。

业务流程再造不是一劳永逸的事情，而是一个逐步完善和持续改善的过程。同时，旅行社内外部环境也是瞬息万变的，新的业务流程也要紧跟企业和市场的要求进行持续的改进和完善，以保证新流程的持续竞争力。

3. 业务流程再造对旅行社的影响

迈克尔·哈默教授和詹姆斯·钱皮在《企业再造》一书中详细阐述了企业组织的四个特征：业务流程、工作职位和结构、管理和测评制度、价值观和信念。在这四个特征中，业务流程决定了工作职位的性质和人们为执行任务而采取的组织形式，进而影响到企业管理和测评制度以及企业的价值观。因此，旅行社业务流程再造后必须进行组织结构的变革，重新设计旅行社考评制度，重新建立旅行社组织文化以及转变员工的工作方式和观念，旅行社必须从传统型组织结构企业向流程型企业转变。

案例导入

广东中旅业务流程重组受挫

广东省中国旅行社股份有限公司（以下简称广东中旅）是国内首家进行业务流程再造的大型旅行社，2003 年 7 月起业务流程再造项目正式完成。此次流程再造的根本目的是将旅行社业务资源股从个别业务骨干手中转移到公司，同时整合资源，降低成本，提高竞争力，实现旅行社的可持续发展。

一、重组初期，备受业内外关注

广东中旅成立于1956 年，是经文化和旅游部批准成立的国际旅行社，被誉为“华侨之家”。广东中旅由一家以接待华侨、外籍华人、港澳同胞、台湾同胞为主的国际旅行社，发展成为旅行社和旅行社管理、汽车客运、酒店、景区投资管理四业并举的集团企业，其业务范围除了旅游团队业务之外，还涉及交通客票订购、酒店订房、出境签证的咨询与代办、旅游巴士和公务用车租赁等。2000 年，广东中旅通过了 ISO9001 国家质量管理认证，成为全省旅游业第一家获得广东省“青年文明号”荣誉的企业。2003 年 10 月，其被授予“社会公认满意单位”称号。2003 年，广东中旅借“非典”旅游萧条期实行了备受业内外关注的“对外实施资本扩张，对内进行流程重组”的战略。

（一）双线并举：资本扩张布局全国

广东中旅的目标是成为“全国最大的旅游批发、零售商之一”和“大华南地区最大的旅游批发、零售商”。继成功控股省内外 6 家国际社后，2003 年 7 月，广东中旅正式签订收购控股贵州中旅、广东省三茂铁路国际旅行社、茂名中旅、韶关中旅 4 家省内外旅行社协议，并将与上海和湛江合作设立上海金假日和广东阳江金假日、广西北海金假日、玉林金假日，至此，广东中旅投资控股省内外旅行社已达 13 家，投资总额达 3000 万元。虽然广东中旅在资本扩张方面取得了极大的进步，但是其仍面临着巨大的竞争压力：国内国、中、青三大社，国外日航、运通、罗森布鲁等巨头以及携程、艺龙等网络运营商的竞争压力。鉴于同业间竞争加剧，广东中旅确立了“深耕广州、布点全省、布局全国”的扩张部署计划，力争 2004 年上半年完成省内各地市分社的设立工作，同时有选择地在省外区域中心城市设分社。

（二）整合内部资源：实施业务流程重组

旅行社的传统营运模式是将国内游、入境游、出境游等作为一个整体的业务单元，在每个业务单元下设计调、接待、财务、采购、外联等小组。因此，各个业务部门往往是一个个“五脏俱全”的“小旅行社”，各有一套人马包揽从采购酒店、餐厅、景点到操作团队、财务结算的全部业务。这就使得各个业务部门为了部门利益不愿意共享资源和信息，导致内部资源无法整合、信息流通不畅，无法实现规模效益。广东中旅也存在着困扰旅行社经营管理的这些问题，故借“非典”业务停顿之际，实行了备受业内外关注的业务流程重组，将公司横向分为采购策划中心、销售、团队操控和财务结算四大环节，对宾馆、餐厅、景点等要素统一采购、集中支付，以量的优势降低采购成本，并且统一销售，目的是取得市场竞争优势。

广东中旅新业务流程实现了三大改变：一是将个人信息转化为企业资源，将分散在各个部门各个员工手中的资源集中为旅行社的资源，在旅行社大平台上运作；二是业务操作网络化，计算机管理系统处于四大环节的中心位置，信息化是整个业务流程重组的基础；三是财务统一化，财务管理被提高到前所未有的高度，而财务管理正是企业的重要管理手段。广东中旅新业务流程实现了统一采购、统一销售、统一操作、统一结算。

二、重组受挫，掀人才流失风波

经过业务流程重组，2003 年，广东中旅营收 5.1 亿元，利税 1800 万元。国内游组团人数达10万人次，出国游4.9万人次，港澳游接待旅客7.5万人次。下属的汽车公司2002年业务量上升了30%。虽然广东中旅宣称业务流程达到了预期目标，但是公司业务骨干的出走导致了外界对其业务流程重组能否成功的质疑。

2004年，广东中旅大批人才流失引起了外界的广泛关注，大批业务骨干陆续出走，这些骨干包括原出境游的整套领导班子、骨干，从事市场策划的负责人，负责电脑技术工作的专家。业务骨干的出走给广东中旅造成了极大的损失，为了挽救出境游市场，使业务流程更加贴近市场，广东中旅实行了业务流程再完善。正是人才流失和业务流程的“再完善”，外界认为广东中旅始于2003年历时将近一年的业务流程重组失败。

分析讨论：

1. 结合任务内容谈谈广东中旅在业务流程重组过程中在哪些地方出现了差错。
2. 结合案例谈谈旅行社在进行业务流程重组的时候变革其组织结构的原因。

任务三　旅行社业务流程管理信息系统

任务认识

- 认知信息系统的功能模块
- 认知再造后的业务流程
- 认知信息系统的实施效果

任务实施

旅行社业务流程再造离不开信息技术的支持，信息技术能够为旅行社提供信息集成、信息共享和流程管理的技术支持。旅行社业务流程再造管理信息系统，以业务流程再造为基本原理的指导思想，运用信息技术，以求在速度、质量、成本、服务等各项指标上取得明显的改进，它是先进的管理工具，也是先进的管理思想和哲学。本任务主要介绍旅行社业务流程管理信息系统，包括旅行社业务流程管理信息系统的功能模块、旅行社六大业务流程再造以及旅行社业务流程管理信息系统实现的目标。

一、信息系统的功能模块

旅行社业务流程管理信息系统必须结合中国旅行社市场竞争状况和经营特征，充分运用业务流程再造的基本思想和原理，从根本上提高旅行社的经营管理绩效，提高旅行社的竞争力和壮大我国旅行社的实力。旅行社业务流程管理信息系统的核心部分可以用“五个中心”来概括：资源采购中心、产品设计中心、前台销售中心、团队控制中心、财务结算中心。在五大中心的基础上，旅行社实现了销售平台统一管理、平衡计分卡管理、客户关系管理以及资金流、业务流和信息流的统一管理。旅行社业务流程管理信息系统的基本构架如图2-8所示。

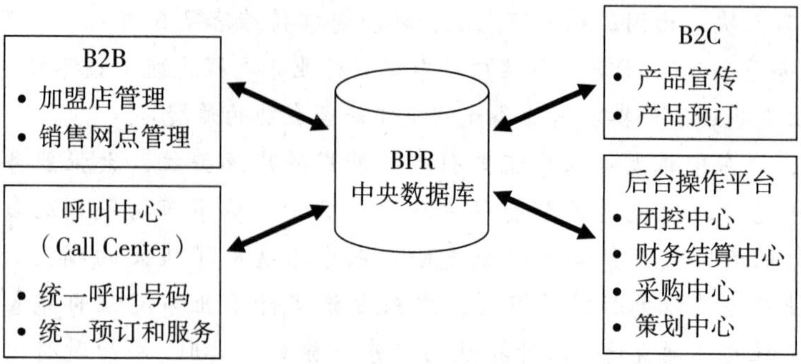

图2－8　旅行社业务流程管理信息系统框架

1. 系统管理模块

系统管理模块是针对旅行社业务流程管理信息系统的内部控制人员设计的，它的主要作用是设置整个信息系统的基本参数和部门及工作人员的权限。

（1）系统参数设定

系统参数设定是对信息系统进行定义和设置。信息系统设置参数设定功能模块，主要是因为各家旅行社的规模、经营状况、组织结构等不一样，旅行社可以通过参数设定来设置相关的数据，以使系统基本符合企业的实际情况。系统参数设定主要包括以下几个方面。

①部门参数设定。不同的旅行社所处的发展阶段、企业规模、各部门的业务范围、旅行社的组织结构等都不尽相同，因此，旅行社在使用管理信息系统之前要进行合理调整和设置，使之适合本企业的实际情况。同时，企业也在不断发展，所以参数设定也就保证了整个信息系统和企业经营状况的一致和协调。操作系统设置的基本部门有经理室、公民中心、入境部、财务部、接待部等。

②供应商参数设定。供应商的参数设定主要包括以下几个方面。

• 供应商的业务范围：餐饮、住宿、票务、车队、娱乐场所、景区景点等。

• 供应商的地区分布：国内可分为华北、华东、西北、西南、东北、中部等，国外可以分为北美、南美、欧洲、非洲、东南亚、日韩等。

• 供应商的价格类型：门市价、批发价、成本价、代理价、折扣价、儿童价等。

• 供应商的信誉与级别：为了便于管理，将所有录入的供应商按照一定的标准划分为不同的级别，实现对供应商的优化管理。

③产品参数设定。产品是旅行社竞争力的最终体现，产品管理也是旅行社经营管理活动的重中之重。产品参数设定包括以下几个方面。

• 产品类型：国内游、出境游或者入境游，团队游或者自由行，专项旅游或者观光游等。

• 产品描述：主要是对产品基本信息如行程安排、线路特色、温馨提示、备注等几个方面进行说明。

• 产品成本与价格：产品的成本是指旅行社对组成产品的所有要素采购价进行汇

总；产品价格是指旅行社在成本价之上加上企业利润而对外公布的价格，包括儿童价、成人价、折扣价、同行价、零售价、批发价等。

④结算币种参数设定。旅行社的业务范围遍布世界各地，在与国外游客和旅行社打交道的时候，就涉及币种问题，结算币种的汇率设置可以大大方便各国游客以及旅行社的业务往来。

⑤交通资料参数设定。交通是旅行社产品和服务重要的一环，交通资料详细与否影响着旅行社服务速度和质量。加强对交通资料的管理是旅行社管理工作的重要内容，交通资料包括交通方式（航空、铁路、邮轮、汽车）、运营地区、价格、服务等级等内容。

（2）部门和人员权限设定

正如本项目对旅行社部门及其职能的介绍一样，旅行社的业务范围和工作内容基本一致，但是在不同的旅行社中各个部门的权限是不同的，比如，团控部门，在有些旅行社中它既是团队控制、跟踪监督的部门，又有一定的销售职责；而在某些旅行社中，团控部门就没有销售权利。因此，对部门进行权限设置是为了规范每个操作人员的工作流程，每个工作人员在规定的职责范围内行使职权，是整个业务流程的一环和一个步骤，而不至于发生越权行使职责的问题。这样就能使整个管理信息系统在旅行社的规章制度下，各部门和操作人员只能依据赋予的权限行使职责，从而实现整个系统安全、有序的运行。

2. 系统操作平台

操作平台是旅行社业务流程管理信息系统的中枢，起着信息汇集、分析和中转的作用。它从根本上打破了职能部门的壁垒，以流程为导向，将断裂的各项业务流程合理地整合起来，运用信息技术手段来改善流程间的衔接方式，优化流程管理模式，提高整个旅行社管理流程的运行效率。操作平台涵盖现代旅行社管理的主要业务内容，包括出境游、国内游、商务游等，也顺应了旅行社行业批发、代理、零售的垂直分工发展趋势。操作平台包括五大管理中心：资源采购中心、产品设计中心、前台销售中心、团队控制中心、财务结算中心。

（1）资源采购中心

资源采购中心是整个 BPR 的基础和开端，供应商资料贯穿于线路设计、团队设计、团队报账、财务结算等整个业务的全过程。资源采购管理就是对供应商的基本资料、供应价格、供应合同等进行全面管理。同时，添加新的供应商，查询供应商包括食、住、行、游、购、娱六大要素等企业同时包括地接社的信息。

（2）产品设计中心

在资源采购的基础上，产品设计中心就要进行资源整合和组装，这一阶段的工作分为两部分：线路策划和团队计划。线路策划包括线路名称、线路行程详细资料、线路特色、线路标准成本、备注信息等。当完成一条线路策划后，设计中心就要报送上级部门审核，线路符合要求，审核通过，线路策划流程完成，由此进入下一步骤——团队计划。在设计完成的线路基础上，团控中心通过管理信息系统自动生成团队计划和团号。在这里，要严格区分线路策划和团队计划。线路策划是旅行社产品设计中心的半成品，它是生成团队计划的原始资料。团队计划是产品设计中心的最终成果。线路策划和团队计划的根本区别在于线路策划没有出发日期和具体成团人数，而团队计划必须有明确的出发日期和成团人数。比如，天津一日游线路，它就是一家旅行社的基本线路储备。但是当这条线路列出 2019 年 2 月 5 日出发、成团人数 13 人这样具体的出发日期和成团人数时，它就是一个团队计划了，旅行社就可以对外发布这个团队计划进行收客了。

（3）前台销售中心

前台销售中心是旅行社利润的主要来源，作为旅行社的代表与顾客直接接触，是旅行社与顾客之间沟通的纽带和桥梁。因此，前台销售中心对于旅行社来讲至关重要。前台销售的基本工作有针对后台发布的旅游线路招徕游客、收银开票、账目核算、游客退团等。

（4）团队控制中心

团队控制中心对整个团队进行全程跟踪、监督管理，保证了整个业务流程的顺利实施，是整个业务流程的监督者和管理者。它主要的工作职责是团队计划人数调整、散客拼团、团队拆团、团队报账和团控销售，并将团队结算收入汇总报送财务部门。

（5）财务结算中心

财务结算中心不是旅行社的一线部门，但是对任何旅行社来说资金流都是最为重要的，因为任何业务活动都是为了创造利润而运转的，资金、财务出了问题，就会给旅行社带来巨大的经营风险；相反，若资金管理得当、资金周转合理，就会给旅行社带来更多收益。财务结算中心的主要工作包括单团结算、预付应付款核销等。只有当财务结算中心对整团的资金核销清楚之后，旅游团整个业务流程才算真正地结束。

3. 系统管理功能模块

在旅行社操作平台的基础上，信息系统实现了销售、客户和决策三位一体的管理功能，下面主要介绍信息系统的三大管理模块：销售管理模块、客户管理模块和决策管理模块。

（1）销售管理模块：B2C 和 B2B 网站以及呼叫中心（Call Center）

后台团控中心将旅游团发布到指定的销售部门以及 B2C 网站，产品就进入了销售阶段。一般来讲，旅行社的销售渠道主要有三种：B2C 和 B2B 网站以及 Call Center。B2C 网站是旅行社对顾客的网站，它的主要作用就是宣传旅游产品、在线销售等。旅游产品的无形性和不可移动性，导致其不能在客源市场展出，供潜在顾客挑选和试用。因此，B2C 网站就肩负着向潜在顾客展示旅游产品、旅游目的地以及旅游相关信息的重任。由于我国互联网诚信制度尚没有完全建立，B2C 网站的在线销售功能在我国并没有完全实现。

B2B 网站是旅行社对同行、加盟店和销售网点的内联网络。它是旅行社与同行、加盟店和销售网点进行信息沟通、交换意见、发布重要通知等的内部沟通管道，从而达到了企业内部信息高效共享的效果。后台会将所有的旅游产品信息和团队信息发布到 B2B 网站，这些信息包括旅游产品的成本价、指导销售价、成团人数、报名人数、预留人数、出发时间以及旅游团队和线路的详细信息等。销售单位就可以根据这些信息收客，并将报名游客的信息输入电脑，传递到后台进行储存、保管。在这样的一个过程中，就实现了产品和团队信息以及游客信息的双向传递和交流。

呼叫中心（Call Center）是旅行社沟通客户、挽留客户、了解和把握客户需求的最佳、最有效的工具，是旅行社电话营销的管家。呼叫中心在很多旅行社中其实是作为 B2C 网站的补充而存在的，因为我国的大多数消费者还不习惯进行在线旅游产品购买活动，游客在购买旅游产品的时候，有浏览、对比和挑选、线下预订和付款这样一个过程。目前，很多旅行社 Call Center 的销售额在旅行社整个销售额中仍然占据着绝对比例。因此，为了弥补 B2C 网站的不足，吸引顾客，Call Center 就成了旅行社争取游客的最好方式。呼叫中心可以提供旅游常识、旅游产品、注意事项等信息，接线员可在最短的时间内按照电脑屏幕上显示的信息，规范地回答，满足顾客的需求，信息内容广泛、详细完整、直接可信。接线员在与客户沟通的过程中，即时记录与客人的对话内容，实现旅游产品的预订操作，生成预订单，并将顾客信息储存在电脑中，供所有相关人员查询和调阅。

（2）客户管理模块：CRM（客户关系管理系统，Customer Relationship Management）

客户关系管理的目的是与客户建立长期有效的关系，旅行社 CRM 在提高客户信誉度、满意度和忠诚度的同时可以实现旅行社收益的最大化。旅行社管理信息系统实现了 CRM 和后台数据库的对接，实现了信息的实时动态交流，通过分析客户信息资源，了解客户的需求及其变化，从而与客户建立长期、稳定、信任的关系，吸引潜在客户，取得新客户，留住老客户。CRM 主要包括客户资料管理、客户关怀、积分管理、数据统计等主要功能模块。

（3）决策管理模块：BSC（平衡计分卡系统，Balance Score Card）

传统旅行社在进行业绩考核时主要依靠财务指标，一方面是由于非财务指标的量化困难，另一方面是因为管理层缺乏决策的数据和信息。旅行社信息系统具有强大的信息获取能力，这些信息包括旅行社经营管理过程的方方面面，如市场、产品、资金、供应商、员工、顾客等，包括了旅行社经营管理所需的所有信息要素。同时，信息系统引入了平衡计分卡，从旅行社的远景与战略出发，在财务、客户、内部流程和学习成长四个层面分解公司战略目标，量化考核公司、部门和员工，改变了旅行社决策单纯依靠财务指标的状况。因此，旅行社业务流程管理信息系统引入平衡计分卡的管理思想，把财务、顾客、经营过程和学习成长四个评价指标统一起来，实现了财务指标和非财务指标、长期目标和短期目标、领先目标和滞后目标、企业内部和外部的平衡，使得旅行社的经营管理重点转向以顾客为中心，建立客户关系管理体系，大力发展旅行社核心竞争力，再造旅行社业务流程等。

二、再造后的业务流程

旅行社经过业务流程再造后，市场调研、产品策划、发布销售、财务结算等一气呵成，达到了部门沟通、业务链接、信息传递等顺畅的目标。再造后的旅行社整体业务流程，如图 2－9 所示。

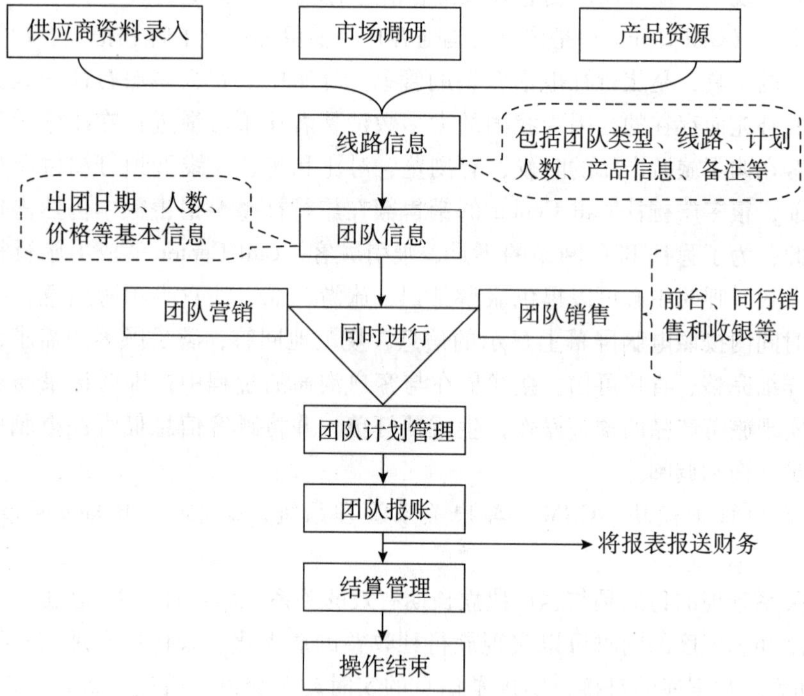

图 2－9　旅行社管理信息系统核心业务流程

核心业务流程是整个再造工程的关键，其中，业务流程规划图是重中之重。下面就分别介绍再造后的旅行社核心业务流程：资源采购流程、旅游产品设计开发流程、产品销售流程、旅游接待服务流程、财务结算流程和团控操作流程。

1. 旅行社资源采购流程

资源采购是旅行社经营管理的前提和保证，它主要有两个方面的重要作用：保证提供旅行者所需的各种服务；降低旅游产品的成本。

旅行社资源采购流程如图 2－10 所示。

2. 旅游产品设计开发流程

旅行社的产品设计开发包括散客产品设计和包团产品设计两种业务类型，参与设计的部门和人员也有所不同，下面分别进行详细的分析。

（1）散客产品设计流程

散客产品是旅行社在顾客购买旅游产品之前，已将产品设计完成并推向市场，供顾客挑选的一种产品。其具体流程如图 2－11 所示。

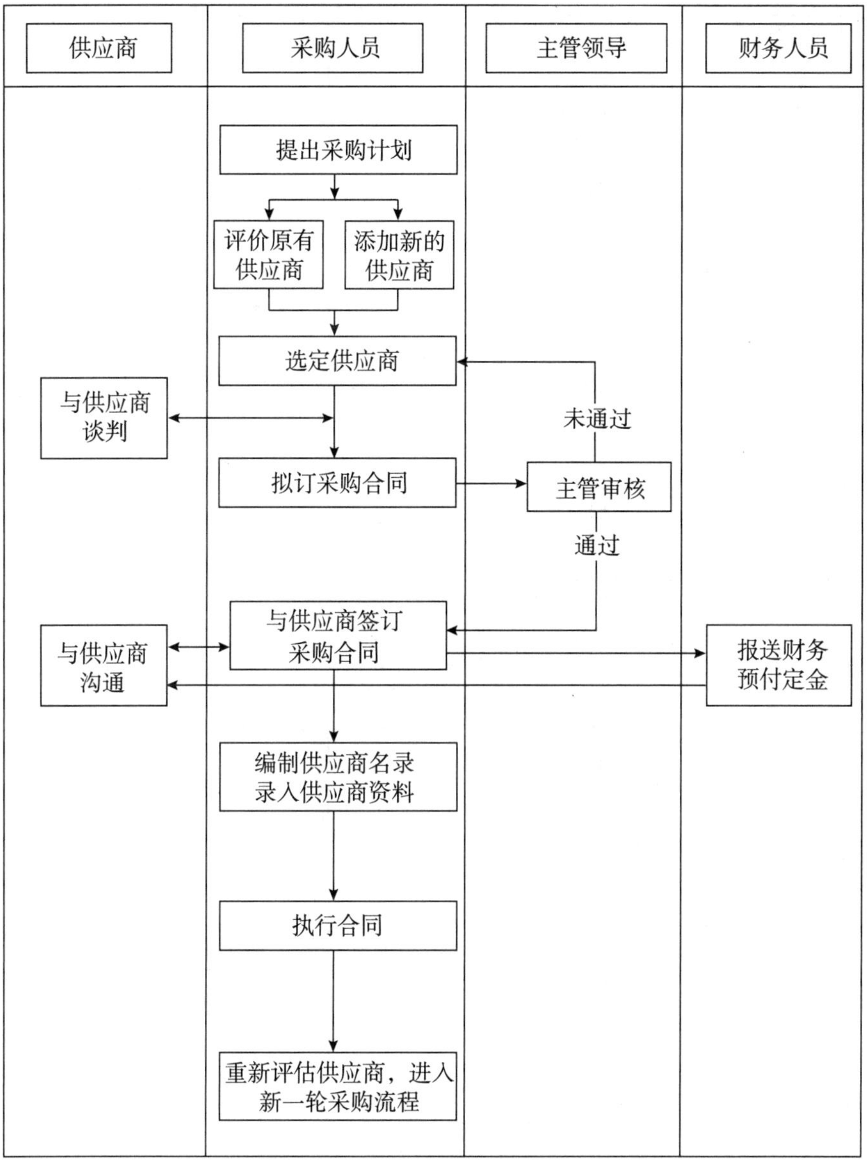

图 2－10 旅行社资源采购流程

（2）包团产品设计流程

包团产品是根据顾客的要求，融入顾客的个性需求和特殊需求，更加符合顾客自身特性的旅游产品。其具体流程如图 2－12 所示。

3. 产品销售流程

旅游产品的设计是否成功，还要接受市场的检验，在设计完成之后，旅游产品就进入销售阶段。产品销售流程如图 2－13 所示。

4. 旅游接待服务流程

旅游者对旅游经历满意与否，主要受旅游过程中其接受服务水平的影响。因此，

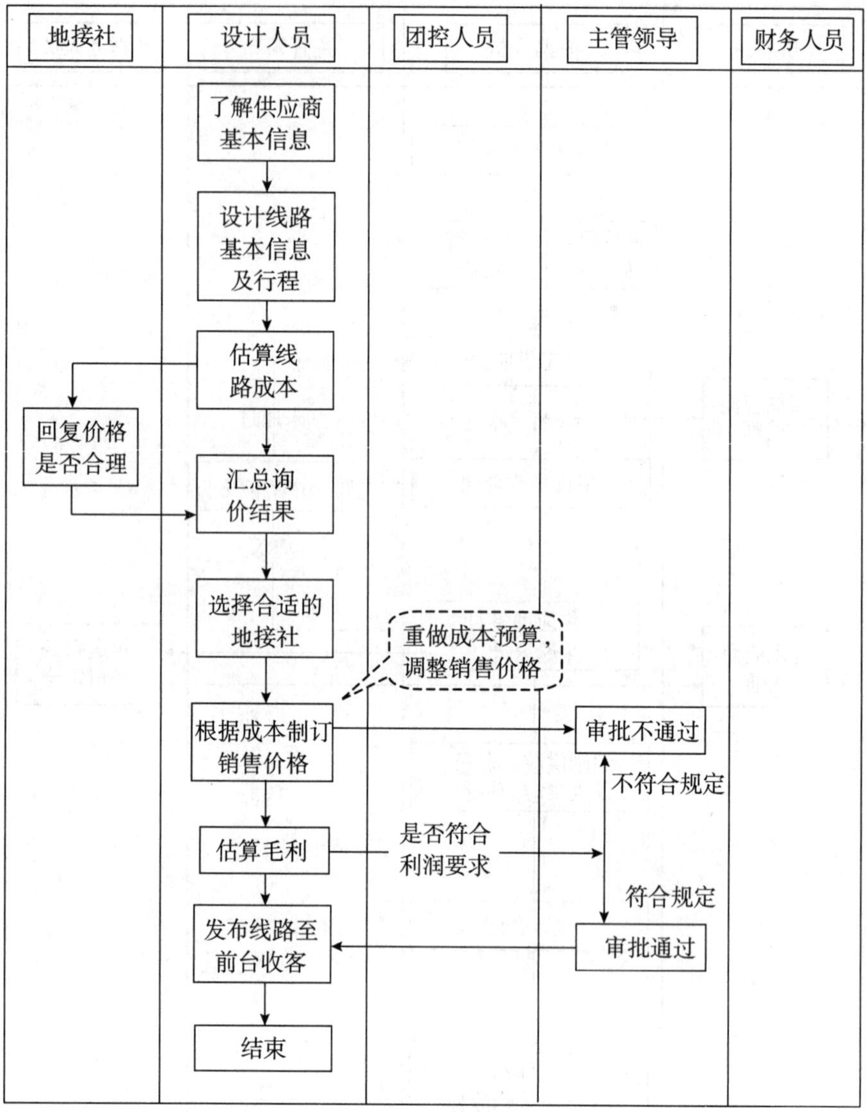

图 2－11　散客产品设计流程

规范旅游服务，提高服务质量，是增加旅游者满意度的重要手段。旅游接待服务流程如图 2－14 所示。

5. 财务结算流程

财务结算流程分为前台收银结算流程和团队结算流程两种。

（1）前台收银结算流程如图 2－15 所示。

（2）团队结算流程如图 2－16 所示。

6. 团控操作流程

团队控制中心是整个旅行社业务流程顺利完成运转的保障，它是整个旅行社业务流程的监督、控制和协调机构，因此，团控中心的工作对旅行社来讲至关重要。团控操作的具体流程如图 2－17 所示。

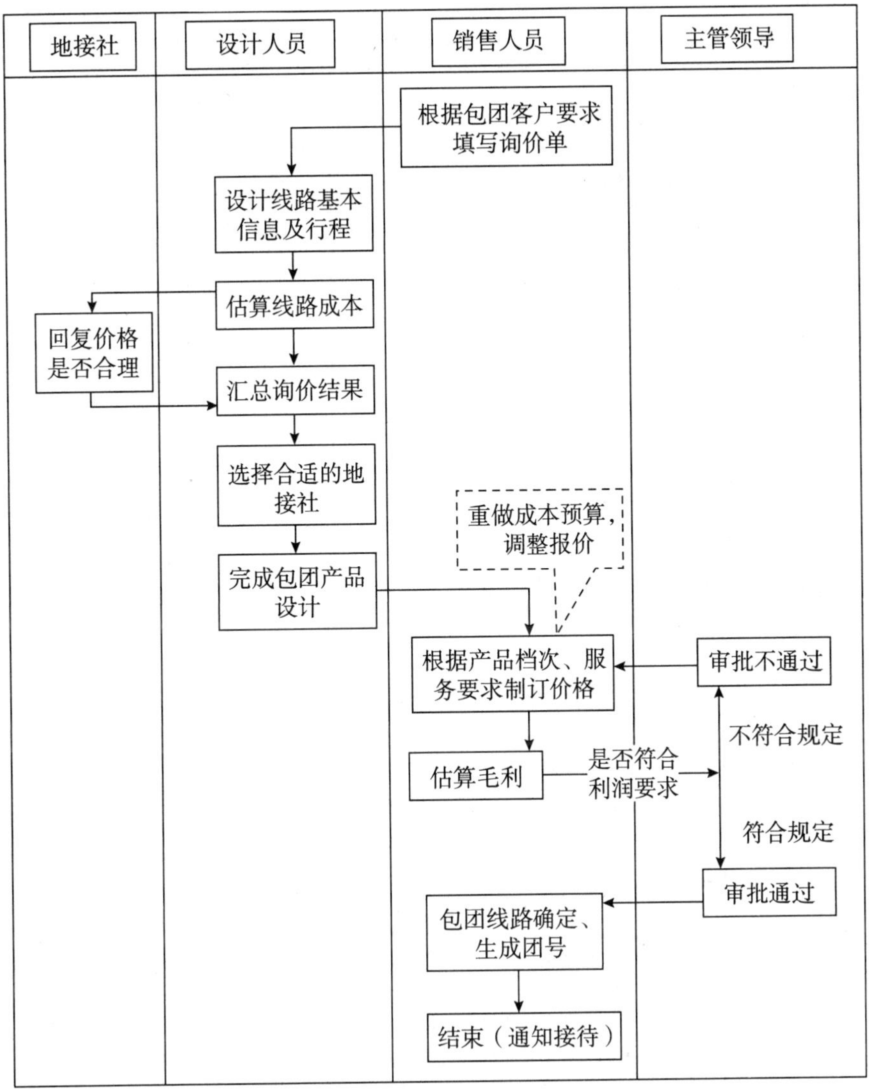

图 2－12　包团产品设计流程

三、信息系统的实施效果

旅行社的本质是中介组织，信息是旅行社最重要的资源，也是其竞争力所在。首先，旅行社是旅游市场和旅游者之间沟通的桥梁，可以缓解旅游者和旅游供应商之间严重的信息不对称矛盾。但是，随着社会的发展，互联网、大众传媒等的出现，使得旅游者可以比较容易地获得包括产品信息、交通信息、旅游目的地信息等在内的旅游信息，旅行社垄断旅游信息的传统优势正逐渐消失。同时，旅行社面对的客户越来越注重个性化与服务质量，散客将成为我国旅游市场的主体，这要求旅行社能迅速、准确地捕捉需求，并能高效地回应，最终实现顾客满意。这是旅行社摆脱被挤出的威胁并能在业内脱颖而出的根本之道。其次，我国旅行社在与供应商的竞争中始终处于劣

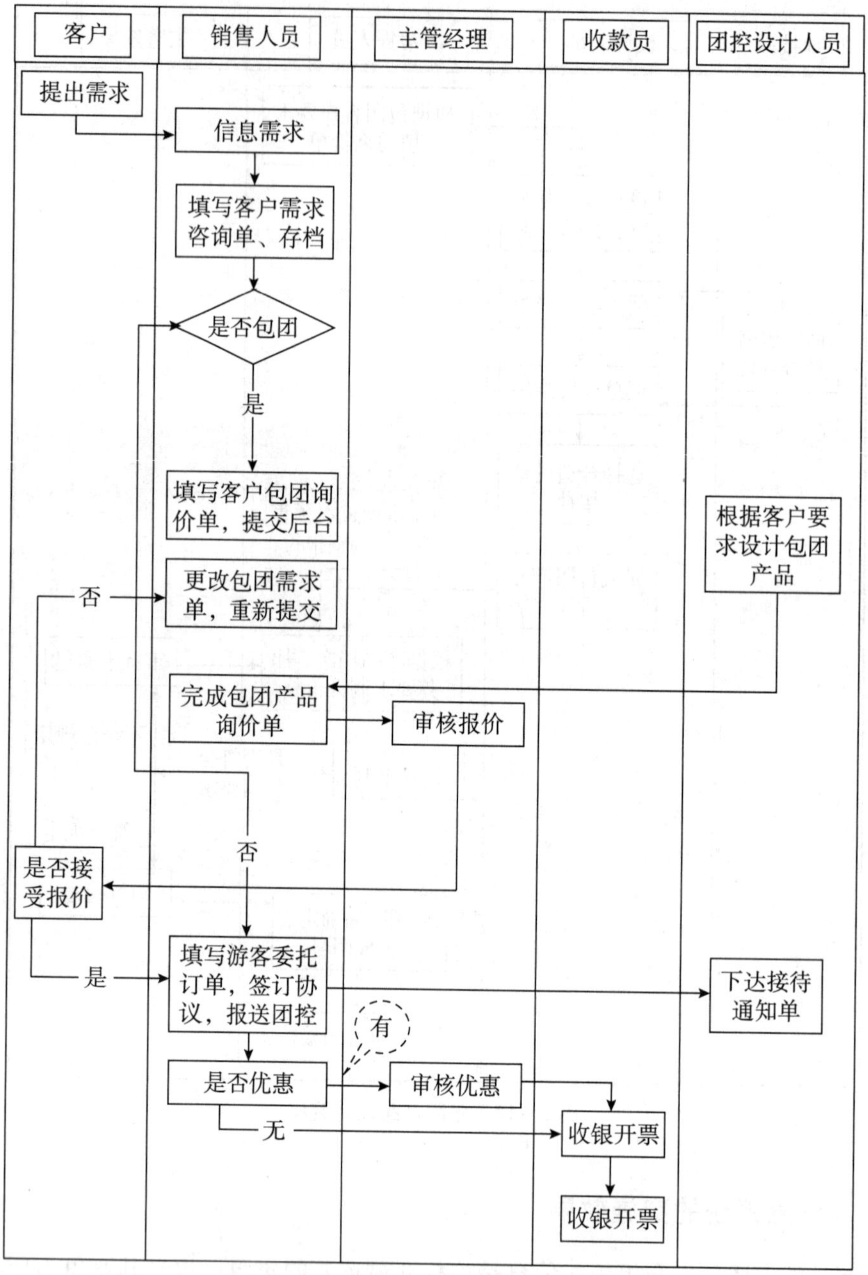

图2－13　产品销售流程

势地位，不能够与供应商平等地进行合作。除了我国旅行社自身实力不够强大之外，很重要的原因就是旅行社没有掌握关键的信息，如果旅行社掌握着众多的供应商信息，手中握有大批的客源，那么在与供应商签订供应协议时，旅行社就获得了谈判的筹码和竞争的优势。最后，旅行社在为游客服务的过程中，要与大量的企业进行合作、沟通。由于没有找到合适的信息沟通方式，企业之间存在着大量“公文旅行”的现象，从而导致整个行业的交易费用增加，降低了旅行社的利润率。因此，旅行社要想在市

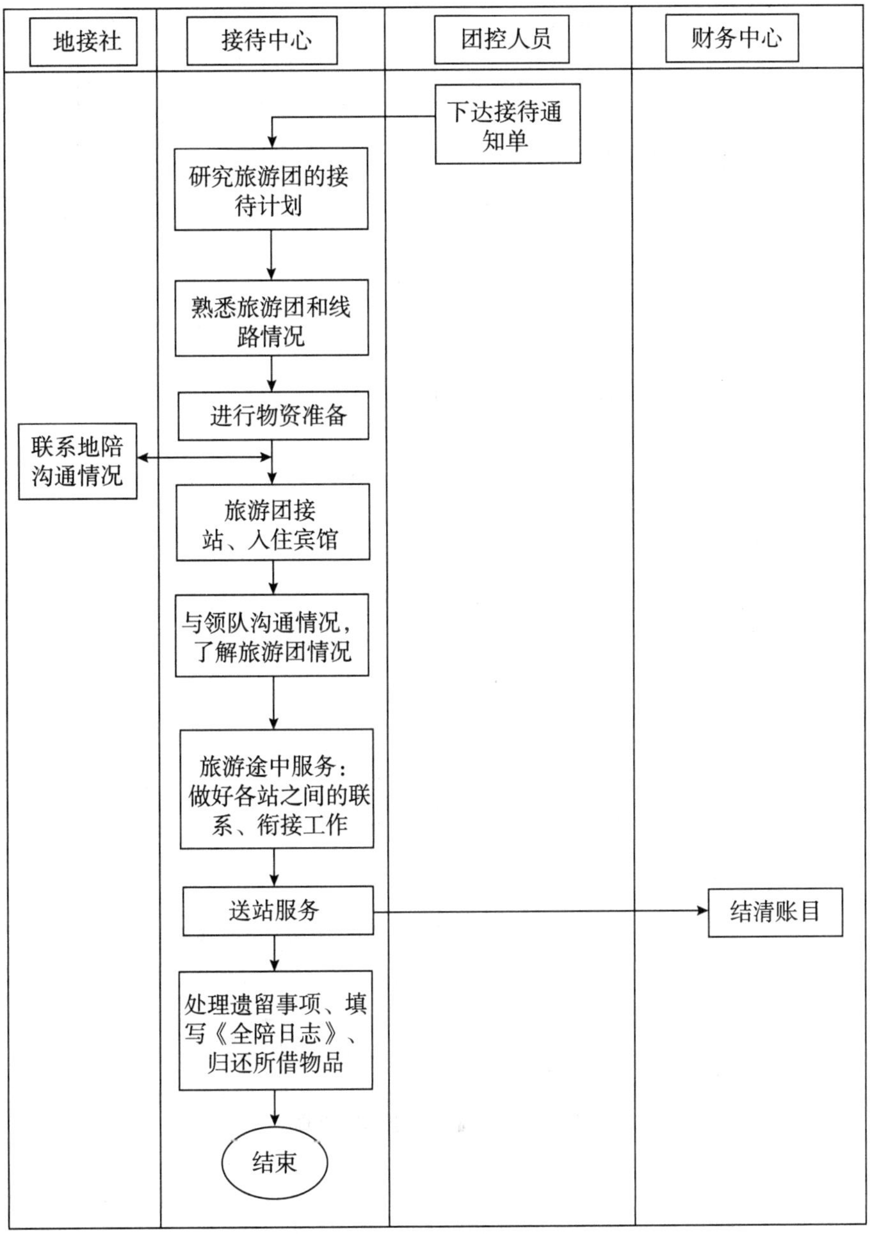

图 2－14　旅游接待服务流程

场上占有一席之地，就必须拥有强大的获取信息的能力，谁获取信息的能力强，获取信息的速度快，谁就能在竞争中处于优势地位。

基于业务流程再造的旅行社管理信息系统，从以下三个方面根本性地解决了上述问题：

一是旅行社和顾客之间的信息共享。只有及时、准确地了解市场的信息以及市场需求的变化，及时地让顾客了解产品以及旅行社推出的新产品信息，才能够实现旅游产品的销售目标，也才有可能培育市场、引导消费趋势和潮流。因此，旅行社必须解决和市场（顾客）之间的信息共享问题。旅行社管理信息系统数据库、B2C、Call Cen-

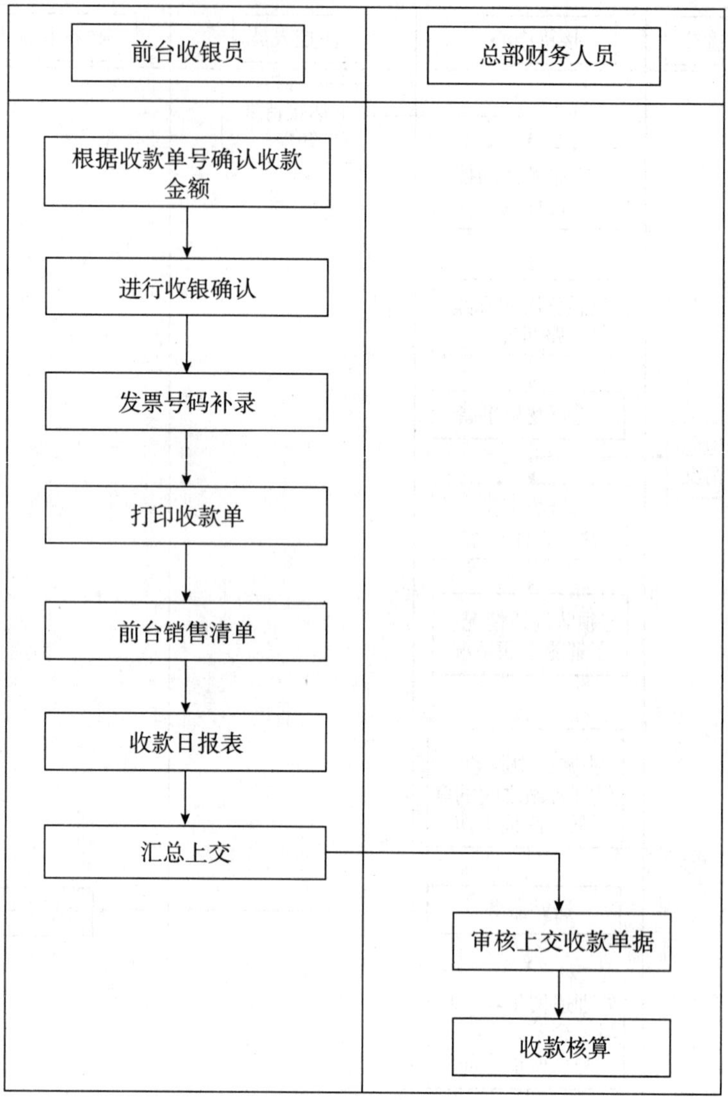

图 2－15　前台收银结算流程

ter、CRM 等也能够及时地了解市场的动态，并按照市场需求的变化趋势，提供顾客喜爱的产品。这就实现了旅行社和顾客之间的良性互动和信息共享。

二是旅行社和供应商之间的信息共享。旅行社是直接接触客源市场和最了解旅游市场需求变化的一线企业，只有旅行社实现了和供应商之间的旅游市场需求信息的共享，才能够准确、及时地提供符合市场需求的旅游产品。旅行社管理信息系统的供应商管理、数据分析功能、BSC 等功能模块，为旅行社实现和供应商之间的信息共享提供了帮助和解决之道。

三是旅行社内部管理信息的共享。旅行社内部管理信息不仅包括顾客信息，如顾客需求信息、顾客基本资料信息、顾客证件信息等，还包括供应商材料，如供应商的产品种类、价格、协议、供应商等级以及供应商的合作历史记录等，它能够让管理层

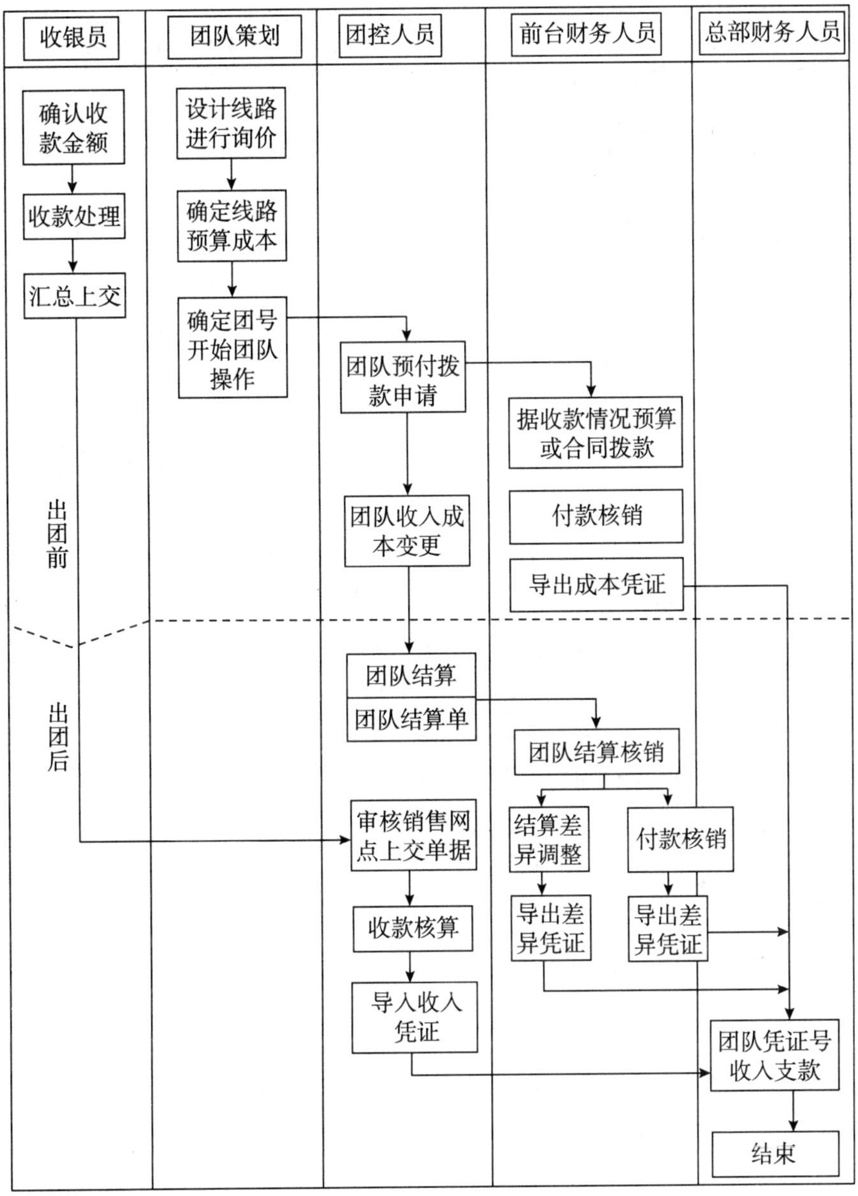

图 2 – 16　团队结算流程

轻松地了解到各类数据的统计情况，为管理层提供决策依据。旅行社管理信息系统是先进企业管理理念和先进软件产品的结合，为旅行社内部管理信息的共享和协调提供全方位的、实用的工具和手段。

旅行社业务流程管理信息系统使旅行社达到了“外部信息内部化、组织信息流程化和供应链（内部供应链和外部供应链）信息共享化”的效果，实现了资源采购策划统一、产品销售统一、团队控制统一和财务结算统一。因此，从根本上来讲，旅行社业务流程管理信息系统理顺了旅行社的信息传递通道，改变了业务流程的操作模式，促使旅行社从传统企业向流程企业转变。

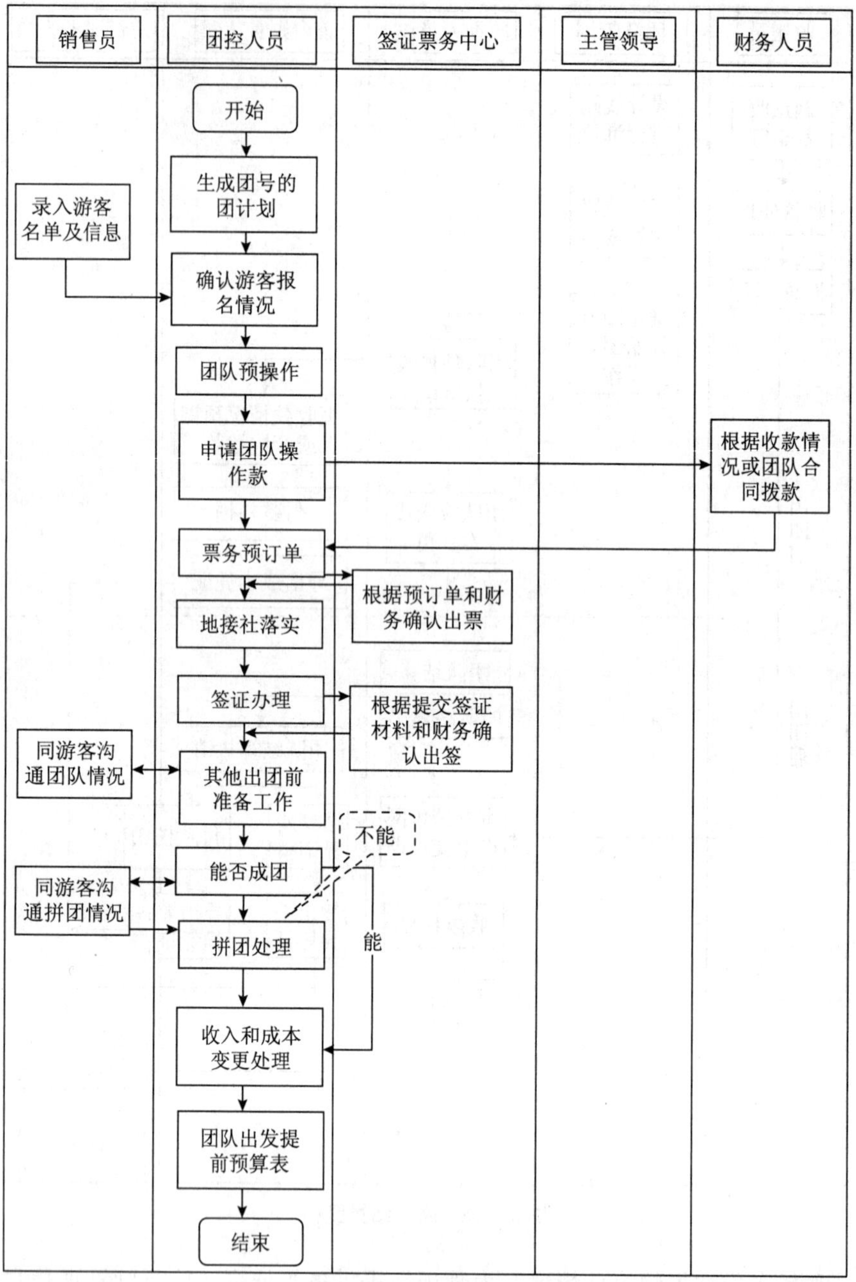

图 2－17　团控操作流程

案例导入

锦江旅游公司业务流程管理信息系统

锦江国际（集团）有限公司是中国规模最大的综合性旅游企业集团之一，其以酒店、彩印服务、旅游客运业为核心产业。上海锦江国际旅游股份有限公司（简称“锦江旅游公司”）是锦江国际（集团）有限公司旗下主营旅行社业务的上市公司，整合了原上海中国国际旅行社股份有限公司（简称“上海国旅”）、上海锦江旅游有限公司（简称“上海锦旅”）、上海旅行社等上海知名的国际、国内旅行社，并依托锦江国际（集团）有限公司的综合资源和优势，成为中国旅行社行业的龙头企业。新组建的上海锦江国际旅游股份有限公司，注册资本1.33亿元人民币，总资产规模达8亿元人民币，现有员工1100人，上海地区营业网点30余家。

为了整合上海锦旅、上海旅行社和上海国旅的资源，增强公司市场竞争力，协调三家旅行社的业务，公司于2008年4月决定进行业务流程再造。锦江旅游公司选择了在旅行社业务流程再造方面具有丰富经验的上海金棕榈电脑系统有限公司（简称“金棕榈公司”）为其业务流程再造信息系统开发和项目咨询顾问。

一、锦江旅游公司流程再造的原因分析

锦江旅游公司业务正处于上升阶段，企业利润相当可观，但是为了迎接新的机遇，锦江旅游公司决定对上海国旅、上海旅行社和上海锦旅三家企业的业务流程进行再造，实现公司内部的资源共享，从而增强公司实力。综合分析，锦江旅游公司进行业务流程再造的原因有二。

（一）从企业内部来看：优化整合三家旅行社资源，共享内部资源和信息

锦江旅游公司旗下的三家旅行社各有所长，各有所专。上海锦旅专于经营入境旅游、出境旅游、商务会展旅游及旅游相关业务，能胜任各类旅游散客和团队的接待任务及商务、公务和会务的策划和运作。上海锦旅的自营店和加盟店是上海最成功的经营模式，上海锦旅对管理加盟店有丰富的经验。上海国旅以入境旅游和出境旅游为品牌业务，其业务量约占全市旅行社行业业务总量的20%。上海旅行社是全国旅游行业中唯一获得“中华老字号”荣誉的旅游企业，其在上海市地接旅游业务中占据着重要的地位。流程再造之前，三家旅行社各自为政，都拥有自己的信息系统且互不兼容，业务往来也比较少。为了三家企业之间的资源和信息共享，打破企业之间的隔阂及企业内部业务部门之间的割裂状态，达到公司内部资源和优势互补，业务流程再造就提上了议事日程。

（二）从企业外部来看：获取市场机会，增强市场份额

中国旅游市场变化很大，旅游者的需求、旅游产品的品质、市场竞争格局等都日新月异。同时，2010年上海世博会蕴含着更大的市场机会，谁能够做得更好，做得更完美，谁就会在“迎世博”中抢得先机，获得利益，抛开竞争对手。

二、业务流程再造的过程

锦江旅游公司采用了系统再造法对其流程进行改造，所谓系统再造法，是指旅行社没有对其业务流程进行根本性的改造，而是选取核心流程或者最为关心和最有可能实现的进程进行优化设计，从而达到改善企业经营绩效的目的，此种方法风险比较低。

（一）业务流程再造的对象选择和诊断

1. 再造对象的选择

锦江旅游公司下属三个旅行社都有其自身的独特组织结构和企业文化，在进行业

务流程再造的时候，并没有对上海锦旅、上海国旅和上海旅行社的企业结构进行重新设计，只是对其业务流程的管理信息系统进行了深入的开发。

2. 现有流程诊断

锦江旅游公司需要整合的不仅是下属三家旅行社内各部门之间的资源共享，更重要的是下属三家企业之间的企业信息共享。但是在不进行企业重组、合并和组织结构变革的前提下，就只能进行信息系统的整合，从而达到三家旅行社之间以及每一家旅行社内部信息的共享。通过前期的考察分析发现：第一，三家旅行社之间没有合适的信息沟通渠道，三家旅行社的信息完全隔绝；第二，企业内部各部门之间也没有顺畅的信息沟通管道。以上海锦旅为例，它的部门设置是以劳动分工理论为基础的，将旅行社整个的流程割裂为不同的碎片，各个部门采用的电脑软件各不相同，不具有兼容性，严重阻碍了各部门之间的信息传递。因此，锦江旅游公司的业务流程再造的主要目的有二：一是加强三家旅行社之间的信息沟通，实现企业之间的资源共享和优势互补；二是实现企业内部各部门之间的信息沟通，提高经营管理效率，降低成本，增加利润。

（二）业务流程再造的各阶段工作分析

一个完整而且成功的业务流程再造是一个漫长的过程，一般来讲至少需要6个月到1年的时间。锦江旅游公司的业务流程再造和信息管理系统的开发过程也不例外，为了取得理想的效果，锦江旅游公司的业务流程再造经历了4个阶段。

1. 流程再造的准备阶段

2008年5月，锦江旅游公司的项目组和金棕榈公司的项目组对北京、上海、深圳等地的大型旅行社进行了考察和研究，并撰写了专业的调研报告，对项目的规划、设计起到了指导性作用。

2. 流程再造的启动阶段

2008年9月，锦江旅游公司正式与金棕榈公司签订合作协议，全权委托金棕榈公司进行信息系统的开发和项目咨询顾问。业务流程信息管理系统项目正式启动，金棕榈公司先后派出包括总工程师在内的十余人入驻办公现场参与项目的设计、开发和咨询。

3. 流程再造的信息系统开发阶段

2009年6月，历时8个月，通过客户需求调研、数据统计、B2C网站建设、呼叫中心的改造以及业务接口的开发，信息系统开发初战告捷，顺利完成了电子商务网站前后各项功能及呼叫中心部分功能的设计与开发，还同步完成了网站平台与中航信、德尔订房、在线支付、PCS（一家主要从事呼叫中心业务的公司）呼叫中心等接口的开发，实现了网站平台与后台业务软件实时上传与更新、呼叫中心的短信接口等功能。信息系统于2009年5月22日测试通过并上线调试。

4. 信息系统的调试和改进阶段

在部分系统上线后，负责系统开发和设计的金棕榈公司，在上海国旅、上海旅行社和上海锦旅的各个部门进一步做了深入详尽的调研，征询了各部门主管领导和一线业务人员对一期工程的意见和建议。通过调研统一了业务流程再造的思想，即三家旅行社在日后的发展中能够实现业务的跨越性扩展，弥补一期网站和呼叫中心图像数据不够完整的缺陷，实现业务流程的严格审批、审核。确定了二期工程的目标——业务拓展、新增功能、新流程和新构架，并将业务流程重构为采购、策划、销售、团控及结算五大中心。同时，三家旅行社在业务流程设计、权限设置、前台接待、统计分析、CRM 细化与财务软件对接、客户资料真实上报、三家客户名单共享等方面达成共识。

调研之后，确定了整体信息管理系统的运行时间表。12 月前单项服务业务可在后台操作、前台使用；1 月春节期间进行相关测试后进入试运营阶段，并培训相关人员；3 月进一步整合完善，重点对全体业务人员和一线操作人员进行全面培训；4 月全部使用新后台，随后全面上线迎接 5 月旅游高峰。

三、业务流程再造的效果

锦江旅游公司的业务流程再造信息管理系统虽然还没有完全竣工，但是其主体工程已经结束，现正处于整体上线和完善阶段。

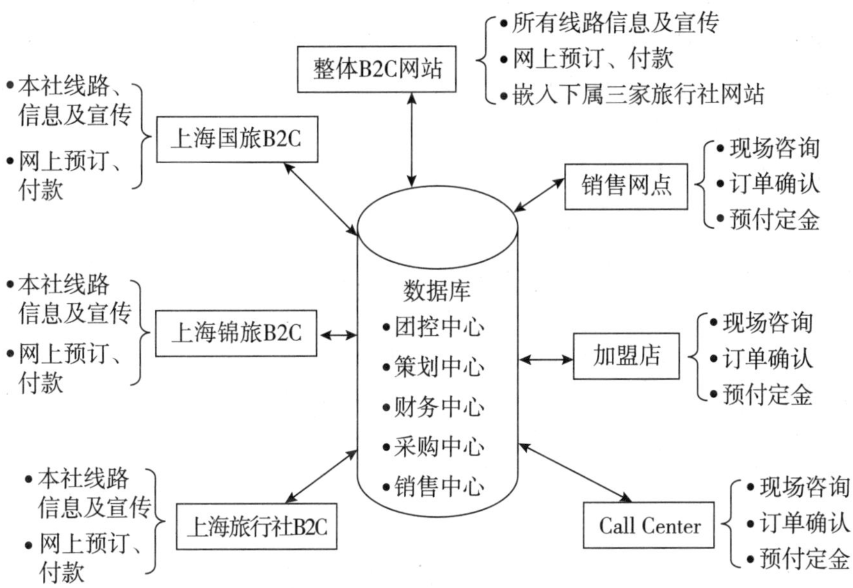

锦江旅游公司业务流程管理信息系统框架

从锦江旅游公司的业务流程管理信息系统的基本框架结构图可以清楚地看出，中央数据库是整个管理信息系统的基石，是整个业务流程的中枢。下面仅以销售流程的改善为例，详细分析业务流程再造后的变化。在业务流程再造前，锦江旅游公司销售存在着三个方面的问题。首先，三家旅行社之间的销售过程没有任何的关联，这使得整个销售流程在三家旅行社之间是割裂的，互不知道产品销售的进展和预订的情况，经常导致热门线路和旅游团收客过多，冷门线路和团队无人问津，销售网点、加盟店等不会主动推介冷门线路的情况。其次，各销售渠道之间也没有实时的信息交流和沟通，信息的流动是单向的，互不知道所有线路的销售情况以及各单位的游客报名、预订情况。最后，任何的商业行为都是为了利润，但是在这种销售渠道安排的背后存在资金流没有到位的现象，其中最重要的原因就是销售网点将游客的报名费私自截下留用。这给旅行社的经营管理埋下了巨大的隐患。

锦江旅游公司销售流程再造后，其业务流程发生了极大变化，最为重要的就是共享 B2C 网站平台、Call Center、团控中心、采购中心、策划中心等后台操作系统，实现了信息的双向实时交换和销售流程的无缝对接。第一，打破了企业边界，实现了三家旅行社之间的信息实时共享和资源共享。上海国旅、上海旅行社和上海锦旅共用 B2B 界面和后台操作系统，产品的销售情况实时地反映在 B2B 系统，团队收了多少游客，是哪个销售单位收的客，销售价格是多少，有没有折扣等，这些销售信息一目了然。三家旅行社还可以通过 B2B 界面详细了解各自的产品，并向游客推介这些产品。第二，以往游客要想搜索旅游产品信息就要分别登录三家旅行社的网站，现在只要登录共用 B2C 网站就可以看到锦江旅游公司的所有产品信息，同时顾客也可以单击进入各自的网站获取更加详细的信息。这大大节省了顾客搜索旅游信息的时间和成本，提高了客服速度。第三，正如前面分析的一样，以前各家旅行社的各个销售单位在销售过程中都是独立操作的，互相没有联系，导致整个销售流程割裂。但是现在有着强大的数据库和后台操作系统，任何一家单位销售产品的信息都会实时地反映在共用的 B2B 界面，销售人员就可以及时地掌握产品的销售动态，避免了冷门线路不敢收客、热门线路收客过多现象的发生，从而实现了流程管理的无缝链接，提高了对客服务水平和客户满意度，节约了管理成本，提高了企业利润。

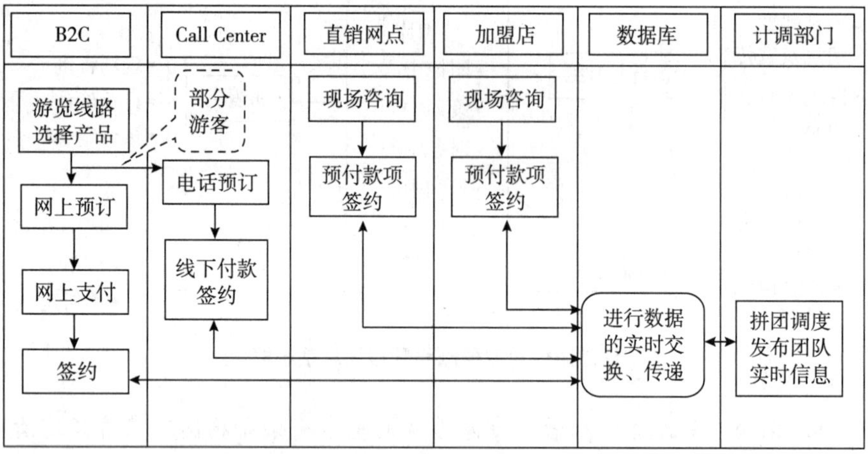

锦江旅游公司销售流程再造后的业务流程

分析讨论：

1. 请详细分析锦江旅游公司进行业务流程管理信息系统再造的目的。
2. 结合案例，分析业务流程再造对我国旅行社经营管理将会产生什么样的影响。

［**项目实训 1**］

实训名称：旅行社组织结构设计。

实训方案设计：选择几家自己所在地的旅行社企业，通过调研画出其组织结构图，指出这几家旅行社组织结构的不同之处，并分析其原因。

实训成果：以小组的形式提交旅行社企业组织结构图和分析说明报告。

［**项目实训 2**］

实训名称：旅行社业务流程再造。

实训方案设计：选择自己所在地经营入境旅游业务和国内旅游业务的旅行社，通过调研了解该旅行社的基本业务流程，结合所学相关内容分析该旅行社是否需要进行业务流程再造，如果需要，该如何进行？（可以是部分业务流程再造，也可以是整个业务流程再造）

实训成果：以小组的形式进行调研，形成再造方案，分组进行演示。

项目三　旅行社产品的开发与创新

任务一　认知旅行社产品

任务认识

- 认知旅行社产品的内涵
- 认知旅行社产品的类型
- 设计旅游线路

任务实施

一、旅行社产品的内涵

旅行社产品是指旅行社为满足旅游者在旅游过程中的需要而向旅游者提供的各种有偿服务。旅行社产品是一个整体概念，它既不是宾馆的一晚住宿、一张床位，也不是火车、飞机的一个座位，更不是景点的一次游览、导游的一次讲解，而是“食、住、行、游、娱、购”等多方面多个单项产品的实物和服务的综合，是向旅游者销售的旅游项目，其特征是服务成为产品构成的主体。其具体展示主要有旅游线路、旅游活动、食宿和单项服务等。

案例导入

秦皇岛某高校某系准备在暑假期间组织教职员工出游，咨询当地一家知名旅行社后，选定了北京5日游豪华团，然后双方签订了以下旅游合同：

- 基本路线和行程

第一天：动车一等席北戴河—北京，游览天坛。晚餐后入住四星级宾馆。

第二天：早餐后游览天安门广场、毛主席纪念堂、中国国家博物馆。午餐后游览故宫，晚餐（北京烤鸭）后观看京剧表演。

第三天：早起观看升旗仪式，早餐后游览八达岭长城，午餐后明十三陵（长陵、定陵、神道），途中参观景泰蓝加工、果脯加工场。晚餐后在王府井自由活动。

第四天：早餐后参观颐和园（含游船），午餐后参观恭王府、游览胡同（费用自理）、晚餐。

第五天：早餐后参观北京大学，午餐后动车一等席北京—北戴河后散团返回温暖的家。

- 标准

1. 含往返动车一等席车票，10 人以上成团。
2. 市内四星级宾馆（标准双人间），全程豪华旅游空调车，行程中景点第一门票。
3. 包 4 早餐、4 午餐（八菜一汤）、4 晚餐（第二天风味餐，其余八菜一汤）。
4. 无全陪，当地地陪接站导游。
5. 旅游人身意外伤害保险。
6. 不含费用自理项目。
7. 其他未尽事宜双方商议进行（例如，加餐、加点等）。

分析：

该高校购买的是什么产品？联系一般市场、一般商品，分析一下此产品有什么特别之处。

1. 旅行社产品的含义

旅行社产品的含义可以从两个方面来讲：从旅游经营者的角度来说，旅行社产品是指旅行社为满足旅游者旅游过程中的需要而凭借一定的旅游吸引物和旅游设施向旅游者提供的各种有偿服务；从旅游者的角度来看，旅行社产品是旅游者花费了一定的时间、金钱和精力所换取的一种旅游经历与体验。

旅行社产品的内涵包括以下三个方面：①旅行社生产和服务的目的在于满足旅游者旅游过程中食、住、行、游、购、娱等多方面的需求；②旅行社产品的形态是服务，而非物质产品，即使旅游者在使用产品过程中消费物质产品，也不过是旅行社用于达到服务目的的工具，其产品的核心和灵魂仍然是服务；③旅行社提供的各种服务是有偿的。

知识链接

旅游产品的概念在学术界还没有统一的定论。从旅行经营者角度来看，我们认为旅游产品是指旅游经营者为了满足旅游者在旅游活动中的各种需求而向旅游市场提供的各种物质产品、精神产品和旅游服务的组合。旅游产品是个整体概念，它由旅游资源、旅游设施、旅游服务和旅游商品等多种要素构成。

旅行社产品是旅游产品，它以服务为主要内容，以旅游设施为基础，旅游者消费后并不会拥有什么实物，而是通过购买和使用旅行社产品满足其基本需求，从而获得一次经历。旅行社产品不仅包括旅游者购买的度假和观光等旅游吸引物，也包括构成旅游者旅游经历的所有因素。

2. 旅行社产品的构成

旅行社产品不同于一般的物质产品，它是一种以无形服务为主体内容的特殊产品，是由食、住、行、游、购、娱等多种要素构成的“组合产品”。旅行社产品的生产者都是从这一构成出发，去从事旅行社产品的生产的。因此，我们应该认真研究构成旅行社产品的诸多因素。

（1）旅游餐饮

“食”是旅行社产品不可缺少的要素之一，也是旅游者重要的需求内容。尤其是驰名的风味餐，更是旅游者的主要追求目标，很多旅游团都会安排一次风味餐，甚至有的旅游团就是为了风味餐而成团的。即使是短途的“一日游”产品，也包含用餐项目。许多旅行社产品中还特别安排了品尝风味餐项目，更能加深旅游者对旅游目的地的了解，促进和提高游兴。同时，对于旅行社产品的信誉和形象来说，旅游者对餐饮安排的满意程度也是非常重要的。

旅行社对安排餐饮的原则是卫生、新鲜、味美、量足、价廉、营养、荤素搭配适宜等。

（2）旅游住宿

“住”一般占旅游者旅游时间的1/3。同时，在住宿地还可以进行娱乐、文体等方面的活动。因此，旅游者对住宿的满意程度，也是关系旅行社产品信誉的重要一环。旅游住宿是涉及旅行社产品质量的重要因素，销售旅行社产品时，必须注明下榻饭店的名称、地点、档次以及提供的服务项目等，一经确定，不能随便更改，更不可降低档次、改变服务项目。

旅游住宿包括旅游宾馆饭店、酒店、度假村（山庄）、招待所、家庭旅馆、青年旅舍、大众旅社、疗养院、出租公寓等。

旅行社对安排旅游住宿的原则通常是根据旅游者的消费水平来确定的，对普通旅游者而言，就是卫生整洁、经济实惠、服务周到、美观舒适、位置便利。

（3）旅游交通

“行”是构成旅行社产品的重要因素。实际上，旅游是伴随着交通的发展而发展起来的。可以说，没有现代化的交通，就没有现代化的旅游。在旅游中，如果旅游交通不能保证供应价格合理、舒适安全、快速准时的优质服务，就会影响旅行社产品的质量，制约旅行社的发展。

旅游交通可分为长途交通和短途交通，前者指城市间交通（区间交通），后者指市内接送（区内交通）。交通工具有民航客机、旅客列车、客运巴士、轮船（或游船、游轮）。

旅行社对安排旅游交通方式的原则是便利、安全、快速、舒适、价廉。

（4）游览观光

“游”是旅游者最主要的旅游动机，是旅行社产品产生吸引力的根本来源，也反映了旅游目的地的品牌与形象。因为游览观光是旅行社产品的核心内容，所以必须对其予以充分重视。

旅行社对安排游览观光的原则是资源品位高、环境氛围好、游览设施齐全、可进入性好、安全保障强等。

（5）娱乐项目

“娱”是旅行社产品构成的基本要素，也是现代旅游的主体。只有娱乐项目多样化、知识化、趣味化、新颖化，才能广泛地吸引各类旅游者。娱乐项目包括歌舞、戏曲、杂技、民间艺术及其他具有趣味性、消遣性的民俗活动。许多娱乐项目都是参与性很强的活动，能极大地促进旅游者游兴的保持与提高，加深旅游者对旅游目的地的认识。

（6）购物项目

“购”是旅行社产品构成的要素之一。旅游者在旅游过程中适当购买一些商品、风土特产、工艺美术品以自用或做纪念或馈赠亲友，是旅游活动中的一项重要内容。

旅行社安排购物的原则：购物次数要适当（不能太多），购物时间要合理（不能太长）；要选择服务态度好、物美价廉的购物场所，切忌选择那些服务态度差（如强迫交易）、伪劣商品充斥的购物场所。旅游产品中的购物项目分为定点购物和自由购物两种。

（7）导游服务

旅行社为旅游者提供导游服务是旅行社产品的本质要求，大部分旅行社产品中都含有导游服务。导游服务包括地陪、全陪、景陪和领队服务，主要是提供翻译、向导、讲解和相关服务。导游服务必须符合国家和行业的有关标准及有关法规，并严格按组团合同的约定提供服务。

（8）旅游保险

旅行社提供旅游产品时必须向保险公司投保旅行社责任保险，保险的赔偿范围是由于旅行社的责任旅游者在旅游过程中发生的人身和财产意外事故。

（9）其他服务

其他服务包括交通票务服务、订房服务、签证服务等委托代办业务，它们是旅行社产品的必要补充，也是旅行社开展散客业务的重要组成部分。

以上各种要素的有机结合，构成了旅行社产品的重要内容。旅行社产品是一个完整、科学的组合概念，完美的旅行社产品是通过完美的组合形成的。

3. 旅行社产品的特征

旅行社产品的核心是服务。它与一般商品、其他旅游产品相比较具有自己的独特性，概括起来主要有以下几点：

（1）综合性

由于旅游活动的丰富性，旅行社产品表现出高度的综合性。这种综合性体现为其产品本身是由旅游交通、住宿、餐饮、景点、线路、娱乐、购物、服务等多项服务组成的混合性产品。这些产品涉及众多的部门和行业，既有直接为旅游者提供产品和服务的部门和行业，也有间接为旅游者提供产品和服务的部门和行业。

（2）无形性

任何服务性产品都具有无形性的特征，旅行社产品属于服务性产品，因此它也具有无形性的特征。旅行社产品的无形性可从两个方面来理解：一是旅行社的产品主体部分是服务产品，在旅游消费者购买前表现为无形无质，让人无法真切地意识到它的存在；二是在销售过程中旅行社产品不会导致某些实物所有权的转移，并且不会导致产品实物形态的改变。因此，从某种意义上来讲，旅游者购买旅行社产品实际上是购买了一种“梦想”，而旅行社出售产品则是在出售“承诺”。旅游者购买旅游产品是对旅行社的高度信任。

（3）生产和消费的同时性

一般的商品生产和消费是相互分离的，而旅行社产品一般都是在旅游者亲自参与下生产的，旅行社提供产品的同时，消费者也在消费。服务活动的完成需要生产者（旅行社）和消费者（旅游者）双方共同参与。从这个意义上来讲，旅行社产品的生产和消费是同时发生的，并且是在同一地点同时发生的。在同一时间内，旅游者使用旅行社产品的过程，也就是旅行社生产和交付产品的过程。

（4）不可转移性

一方面，旅行社产品进入流通领域后，其商品仍固定在原来的方位上，旅游者只能到旅行社产品的生产所在地进行消费。另一方面，旅游者在购买旅行社产品后，这种买卖交易并不发生所有权的转移，而只是使用权的转移，换而言之，只是准许买方在某一特定的时间和地点得到或使用有关的服务，因此，旅游者所获得的主要是一种满意或失望的感受和经历。

（5）公共性与可模仿性

旅行社产品的公共性，是指旅行社产品不具专利性、排他性，一旦其产品推向市场，其他旅行社可竞相效仿，无条件受益。一旦一家旅行社推出新的线路并且效益较好，竞争对手就会竞相模仿，从而致使产品大量雷同，进而逼迫旅行社走上恶性价格竞争的道路。

（6）差异性

服务产品往往没有界定好坏的标准，这种标准因人而异、因环境而异、因服务提供者当时的心情而异。例如，同样的一个导游员，同样的导游服务，但同一团队不同旅游者的评价就可能不一样，而不同旅游团队的评价可能大相径庭。旅行社虽然有一整套导游服务规范，但是，在执行过程中，这样的规范会有很大的弹性。一个优秀的导游人员所提供的服务一般来说要好于一个刚出校门的导游人员；一个经过休整的导游人员所提供的服务必然比一个疲惫的导游人员所提供的服务要好。

（7）不可储存性（时间性）

旅游者购买旅行社产品后，旅行社只是在规定的时间内交付有关产品的使用权。一旦买方未能按时使用，其便需重新购买并承担因不能按时使用而给卖方带来的损失。对旅行社来讲，旅行社产品的效用是不能储存的。随着时间的推移，其价值将自然消失。当新的一天来临时，它将表现出新的价值。例如，旅游线路，今天没有出售，就失去了今天的价值；明天未能出售，就会失去明天的价值。因此，旅行社产品的效用和价值不仅附着在地点上，而且附着在时间上。因此，旅行社产品突出地表现出不可耐久的特点。即旅行社产品只要有一天闲置，所造成的损失就将永远无法弥补。为此，旅行社不仅必须千方百计地提高产品的使用率，而且要科学地预测旅游需要，解决好供求不平衡的问题。

（8）文化性

许多旅游研究者在分析旅游者出游动机时都指出："旅游是旅游者暂离单调的、熟悉的生活，而去体验异域文化的一种需要。”因此，旅游活动就是旅游者满足其精神文化需求的活动。通过旅游活动，旅游者可以获得各种知识和精神文化的感受。旅行社要努力设计出富于民族性和趣味性的活动项目。

（9）脆弱性

由于旅行社产品的综合性，它涉及众多的部门和行业，一旦其中任意一个部门和行业发生变化，都会直接或间接地影响到旅行社产品生产和消费的顺利实现。另外，旅游活动还涉及诸如战争、政治动乱、国际关系、经济状况、汇率变化和自然灾害等社会及自然因素，它们的任何变化都会引起旅游需求的变化，并由此深刻影响旅行社产品的生产和消费。

知识链接

在旅行社经营管理的实践中，旅行社产品往往表现为各种旅游线路和各种单项服务。由于单项服务在大多数旅行社业务中占据的份额很小，旅游线路便成为旅行社产品最重要的表现形式。一般而言，旅游线路是指在一定时间和一定区域内，以旅游交通线路为纽带，整合了食、住、行、游、购、娱和导游服务的旅行社产品。旅游线路的发展和变化情况，基本代表了旅行社产品发展和变化的一般规律，因此，旅行社产品的现实特性便很大程度上在旅游线路营销的实践中显现出来。

1. 稳定性

我国点线式的旅游方式使得旅行社产品很难有变化，即使有变化也只是在线路上进行一点调整。比如，增加或变换线路中的旅游景点；把一条线路进行拆解，组合成天数不同的子产品；提供不同的服务标准等。产品的主体服务构成则很难发生质的变化。许多产品自投放市场以来，几乎没有进行过重组和深度开发，旅行社产品表现出了非常明显的稳定性。无论从《中国旅游报》近些年来刊登的全国各地旅行社的线路来看，还是从某一地区旅行社线路的发展情况来看，旅行社多年来几乎在营销同样的产品。在各地的地接旅游线路上，这种稳定性表现得尤为明显。由于景点导向的原因，旅行社地接线路产品几乎从一开始就历史地形成了，很难有大的改变，与长线线路相比较，短线旅游线路表现出了更大的稳定性。

2. 易衰性

表面看来这个提法似乎和上述特性是相互矛盾的。但是，在旅行社产品的营销中，一种产品从刚开始的高利润下滑到微利甚至无利润的时间通常很短。许多新产品的正常利润至多保持两年到三年的时间，之后就会成为“鸡肋”产品，有些省内的短线产品甚至一个旅游旺季下来就已经无利可图。比如，一般国内旅行社长线新产品正常的利润应保持150～300元/人，但在一年或两年时间之内，这些新产品的利润大部分就会下降到不足100元/人，有些甚至不到50元/人。从这个意义上来说，旅行社产品具有普遍的易衰性。易衰性的形成与残酷的价格竞争密切相关。

3. 畸形性

这种特性既表现在部分旅行社产品结构方面，又表现在部分旅行社产品的服务过程方面。在有些旅行社产品的景点构成上，一些极有游览价值的景点并未入选，而一些不伦不类的景点却由于能提供高额的回扣堂而皇之地成为产品内容。在服务过程方面，一些国际旅行社产品出现了“零团费”与“负团费”现象，即接待旅行社提供“零利润”或“负利润”的产品。发团社交团给接待社，不但不用付各项费用，还可以收到接待社返还的一定数额的“人头费”。一些国内旅行社产品也出现了“低团费”现象，即接待社提供的服务价值大幅度低于其报价。但是，“堤内损失堤外补”“羊毛出在羊身上”，许多接待社为了获取利润，不惜损害游客权益，或强迫游客购物，或增加行程中的购物项目，使旅游团成了“购物团”，形成了产品的畸形性。

4. 专业性

伴随着旅行社市场竞争的深化发展，非价格竞争因素有日益突出的趋势，这体现在旅行社产品逐渐表现出的专业性上。从许多媒体刊登的旅游线路广告来看，旅行社市场细分为许多不同的层次和结构。比如，有些旅行社专营省内某条一日游或两日游短线产品；有些旅行社则长期专营某一条长线旅游产品；还有些旅行社成为某个景点的专业代理等。这种某个产品领域内的“专业户”呈现出递增趋势。

旅行社产品的专业性还表现在产品的操作方式上。例如，有些旅行社长期从事包机业务；有些旅行社则在火车专列旅游方面占有垄断优势；也有一些旅行社把目光集中在了豪华汽车游项目上。当然，专业性更充分地表现在旅行社的产品开发上，部分旅行社开发了种类繁多的专项旅游产品。比如，老年人专项游产品、婚庆旅游产品、豪华游轮旅游产品、节日旅游产品、中小学生夏令营产品等，体现出较强的专业性。这也是旅行社产品表现在市场上的令人振奋的特性。

5. 低附加性

国内大多数旅行社产品由食、住、行、游、购、娱和导游服务等部分组成，其中只有导游服务项是旅行社专有的。在具体操作中，导游服务的价值却在很大程度上被淡化了。按照国内旅行社行业的惯例，豪华团的导游服务费是每人每天 16 元，标准团的导游服务费是每人每天 12 元，经济团的服务费是每人每天 8 元。但旅行社为在业务往来中“拴住”客户，标准团的导游服务费经常降到每人每天 8 元，有时甚至不收取导游服务费。导游服务在产品构成中的比例本来就很小，这样一来就变得更加微不足道了，旅行社要想在产品中附加自身的特色，也就成了“空中楼阁”。当然，几乎所有的旅行社在产品附加上也有举措，比如，赠旅行包、接送站、上门服务、开通免费电话等，但这些附加的服务不是旅行社产品的主体部分，因此，难以弱化旅行社产品的低附加性。

6. 景点导向性

景点是旅行社产品的核心要素，几乎所有旅游线路的组合都围绕着景点进行，线路的选择是为了最经济地到达旅游点。旅游者通常在“点”上停留，人们一般的出游心理也是“旅”要快、“游”要慢。因此，旅游线路中所选景点的魅力如何和景点选择得当与否，成为影响旅行社产品市场价值的关键。近年来，市场上热销的旅游线路多因其中的旅游点有着强烈的吸引力，比如，桂林、张家界、九寨沟、昆明、北京、西安等。旅行社产品表现出了相当明显的景点导向性，而其创新和发展也依赖于线路中旅游景点的深度开发。

综上所述，旅行社产品的特性绝不仅受到产品自身因素的影响，它更受到产品的环境因素、市场因素和资源因素的影响。旅行社产品的特性表现出了旅行社产品长期存在的问题，也表现出了旅行社产品未来的发展方向。我们完全可以在这种喜忧参半的现状中正确认识旅行社产品的特性，在产品开发方面作出革命性的变革，促使旅行社的经营管理水平真正得到提高。

二、旅行社产品的类型

旅行社产品分类对于我们的开发和创新具有重要意义。根据不同的分类标准，旅行社产品呈现出不同的形态。

旅行社产品的类型有多种划分标准。

1. 按照旅游者的组织形式划分

按照旅游者的组织形式划分，旅行社产品可以分为团体旅游产品和散客旅游产品。团体旅游产品一般是指由10人以上的旅游者组成的旅游产品，旅行社团体旅游产品一般采用包价的形式；散客旅游产品是10人以下的旅游产品，旅行社散客旅游产品有时采用非包价的形式，有时也采用包价的形式。需要指出的是，旅行社组团人数的标准有时与产品的档次挂钩，如国内旅游豪华团10人成团、标准团16人成团、经济团30人成团；入境旅游则9人成团。另外，我国公民出境旅游必须以团队形式进行，3人即可成团。

2. 按照产品包含的内容划分

按照产品包含的内容划分，旅行社产品可以分为包价旅游产品和非包价旅游产品。包价旅游产品可分为全包价旅游产品、半包价旅游产品、小包价旅游产品、零包价旅游产品和组合旅游产品；非包价旅游产品指单项服务旅游产品（委托代办业务）。

（1）包价旅游产品

全包价旅游产品是指旅游者将涉及旅游行程中的一切相关服务项目费用统包起来预付给旅行社，由旅行社全面落实旅程中的一切相关服务项目的一种包价形式。全包价旅游产品中的一切相关服务项目，包括食、住、行、游、购、娱各环节及导游服务、办理保险与签证等。

半包价旅游产品是指在全包价旅游的基础上扣除中、晚餐费用（不含中、晚餐项目）的一种包价形式。半包价旅游的优点是降低了产品的直接价格，提高了产品的竞争力，也更好地满足了旅游者在用餐方面的不同要求。

小包价旅游产品，也称可选择性旅游或自助游。它由非选择部分和可选择部分构成。前者包含城市间交通（长途交通）和市内交通（短途交通）及住房（含早餐）；后者包括景点项目、娱乐项目、餐饮、购物及导游服务。小包价旅游产品具有经济实惠、手续简单和机动灵活等特点，深受旅游者的欢迎，是旅行社今后值得推广的产品。

零包价旅游产品是一种独特的产品形态。选择这种旅游产品的旅游者必须随团前往旅游目的地，返回时也必须随团离开旅游目的地。在目的地期间散团、自由活动，旅行社不安排项目，完全由旅游者自己来安排项目。零包价旅游产品的特点：旅游者活动自由，只受到行程期限的限制，行程内容自己安排；旅游者即使以散客的形式也能享受团体机票的优惠；旅行社统一代办签证和保险。目前，我国公民出境探亲旅游多采用此种方式。

组合旅游产品也称自由人旅游产品。这种产品是旅游目的地的旅行社把来自不同旅游客源地的零散旅游者汇集起来，组成团队进行旅游，旅游活动结束后，旅游团就地解散，各自返回客源地。组合旅游产品的特点：异地拼团，避免了一些客源地旅行社因组团能力不足而造成的客源浪费的弊病。另外，组合旅游产品的组团时间短，有利于目的地旅行社在较短的时间内招徕大量的客源。而且，组合旅游产品比通常的散客全包价旅游产品费用低，这对于散客旅游者来说是很有吸引力的。

（2）非包价旅游产品

非包价旅游产品主要指单项服务，也称委托代办业务，是旅行社根据旅游者的具体要求而提供的各种非综合性的有偿服务。旅游者需求的多样性决定了单项服务内容的广泛性，其中常规项目包括交通票务、订房、订餐、办签证、办边境证、伴游、租车、会务安排等。旅行社单项服务的对象主要限于散客。

3. 按照旅游者的目的和行为划分

按照旅游者的目的和行为划分，旅行社产品可以分为观光旅游产品、度假旅游产品、特种旅游产品。

观光旅游产品是指旅行社利用旅游目的地的自然旅游资源和人文旅游资源，组织旅游者参观游览的一种产品形式。观光旅游产品一般具有资源品位高、可进入性大、服务设施多、环境氛围好、安全保障强等特点。观光旅游产品长期以来一直是国际旅游市场和国内旅游市场的主流产品，深受广大旅游者的喜爱。观光旅游产品开发难度小、操作简易，是旅行社开发度假旅游产品和专项旅游产品的基础，是旅行社经营的主要产品。

度假旅游产品是指旅行社组织旅游者前往度假地短期居住，进行包括娱乐、休憩、健身、疗养等消遣性活动的一种产品形式。度假旅游产品中的旅游者在旅游目的地的停留时间较长、消费水平较高且大多以散客的形式出行。对旅行社来说，度假旅游产品是今后适应散客旅游、自助旅游日益增多的潮流，是值得开发的旅游产品。

特种旅游产品是一种具有广阔发展前景的旅游产品，具有主题繁多、特色鲜明的特点。特种旅游产品包括商务旅游、会议旅游、体育旅游、探险旅游、烹饪旅游、保健旅游、考古旅游、漂流旅游、登山旅游、自驾车旅游、品茶旅游、书画旅游、宗教旅游等。

4. 按照旅游产品的档次划分

按照旅游产品的档次划分，旅行社产品可以分为豪华等旅游产品、标准等旅游产品、经济等旅游产品。这是由旅游者的消费水平决定的。豪华等旅游产品旅游费用较高，旅游者一般住宿和用餐于四星级、五星级酒店或豪华游轮（或高水准的客房、舱位），享用中高级导游服务，享用高档豪华型进口车，享用高水准的娱乐节目欣赏等。标准等旅游产品旅游费用适中，旅游者一般住宿和用餐于二星级、三星级酒店或中等水准的宾馆、游轮，享用豪华空调车。经济等旅游产品旅游费用低廉，旅游者住宿和用餐于低水准的招待所和旅社，享用普通汽车。此外，在使用长途交通工具上，豪华等旅游产品往返往往使用飞机航线；标准等旅游产品大部分使用飞机、火车等；经济等旅游产品一般使用汽车、火车和普通轮船。

5. 按照产品的消费使用范围划分

按照产品的消费使用范围划分，旅行社产品可以分为国内旅游产品、国际旅游产品。国内旅游产品适用于旅游者在中国境内消费使用；国际旅游产品包括入境旅游、出境旅游、边境旅游。入境旅游是我国旅行社接待海外人士来中国大陆旅游；出境旅游又称海外旅游，目前，我国公民可组团赴海外旅游的热点旅游线路有东南亚新马泰游、日韩游、澳洲游和欧洲游等；边境旅游是随着边贸交易发展起来的旅游产品，热点旅游线路有中朝边境游、中俄边境游、中缅边境游、中越边境游、中老边境游等。

案例导入

"特种旅游产品"走俏　自驾徒步游受欢迎

来自全国各地的200多辆车的驾驶者以及100多家媒体记者，见证并感受了第二次"千车万人穿越塔克拉玛干大沙漠"之旅，这次活动是特种旅游产品走俏市场的一个证明。

据了解，"第二届中国新疆国际特种旅游文化节暨2011年千车万人穿越塔克拉玛干大沙漠"活动吸引了大批车友、自驾游者、徒步者参加。

自治区旅游局相关负责人表示，和去年相比，今年关注千车万人游的疆内外龙头媒体增加了一倍，说明千车万人游在国内的影响力和受关注程度越来越高，也正是这些媒体的参与，让新疆的特种旅游影响力扩展到全国。目前，前来新疆参与特种旅游的疆外游客每年以20%的速度增长，新疆旅游将带来传统观光旅游、特种旅游全面大发展的新时代。

此次活动途经乌鲁木齐市、达坂城、托克逊县、焉耆、库尔勒、轮台县、塔中石油基地、且末县、若羌县、哈密戈壁、哈密市、鄯善县、吐鲁番市，最后回到乌鲁木齐市，全程2920千米，是一次极具挑战性的大型特种旅游穿越活动。

据了解，今年参与千车万人穿越的疆外游客来自北京、上海、山东等地，人数超过80人，与去年相比有很大增长。

资料来源：http：//www. lvmama. com/info/outdoor/2012 －0206 －44372. html。

分析：

旅行社产品的类型是不是绝对的？是否可能存在交叉？

三、设计旅游线路

旅游线路是旅行社根据旅游者的需要，以旅游点或旅游城市为节点，以交通路线为线索，为旅游者设计、串联或组合而成的旅游过程的具体走向。

旅游线路设计是结合现有旅游资源的分布以及整个区域旅游发展的整体布局，采用科学的方法，使旅游者以最合理的旅游线路获得最丰富的旅游经历的一种预先计划。

对于旅行社来说，不少产品更多地表现为旅游线路。旅游线路包含了旅游者从离家出门旅游到旅游活动结束整个旅游过程的全部需求，即食、住、行、游、购、娱等各个方面。旅游线路是旅行社根据旅游消费者的需求，将一定区域范围内的旅游吸引物、旅游交通、旅游食宿等多项旅游产品，按照一定的目的、主题与方式联系起来而形成的一种综合产品。旅游线路的设计过程是一个分析市场需求，选择、采购、组合、优化各种旅游产品的过程。旅游线路设计水平的高低直接关系到促销销售的结果。在旅游线路的构成中，旅游目的地或旅游吸引物（城市、景区、景点等）和城市间的转移以及旅游者食宿的宾馆、饭店，是旅游者最为关心的。旅游目的地（城市、景区、景点等）通常被称为构成线路的节点。如果说整条旅游线路是一条珠链，则节点是珠链上的粒粒明珠，它反映的是旅游线路的核心内容，体现了旅游线路的等级、类型、特色，表达的是旅游产品的主题，是产品的精华所在。

1. 旅游线路的类型

根据不同的分类方法，旅游线路可以分为多种类型。

（1）以旅游线路的起止特征为标准划分

以旅游线路的起止特征为标准划分，旅游线路有流线型、环型、辐射型三种形式。流线型旅游线路只有一个起点、一个终点，旅游活动自起点开始至终点结束，如北京—西安—上海—桂林—香港的旅游线路。环型旅游线路从起点到终点是一个环节，起点即终点，如广州—桂林—西安—北京—南京—苏州—杭州—广州的旅游线路。辐射型旅游线路以一地为起点，而终点有多个选择，因而其旅游线路也有多条可供选择，如北京—南京—无锡—苏州—上海、北京—西安—上海、北京—西安—桂林—广州这三条线路都以北京为起点，但旅游路线却不一样，终点也不同，这样的旅游线路即辐射型旅游线路。

（2）以旅游活动的天数为标准划分

从时间上来说，旅游线路有一日游、二日游、四日游……多日游。采用这种方式划分旅游线路，在我国的国内游中是比较普遍的。其优点是旅游者一眼便可看出所需旅游时间的长短；对于旅行社来说，可根据时间长短来安排旅游内容，并且比较容易确定价格。从我国旅行社现行的操作情况来看，它的缺点是对旅游主题的表述往往不明确，体现不出旅游线路的特色。例如，北京—天津包机六日游、昆明—大理—丽江八日游线路，旅游消费者很难从中看出产品的核心利益。

（3）以旅游线路的等级来划分

旅游资源、旅游设施、旅游服务是有等级区分的，旅游景区（景点）有 AAAA、

AAA、AA、A 的区别；宾馆酒店也有五星、四星、三星等的区别。因此，由此构成的旅游线路也就有了等级之分。这种级别最直接的体现是价格。级别高则价格就高，反之则价格低。在行业中，一般把旅游线路的等级分为三个级别，即豪华、标准、经济。

2. 旅游线路设计的内容

旅游线路设计主要包括以下内容：

（1）确定线路名称

线路名称是线路的性质、大致内容和设计思路等内容的高度概括，因此，确定线路名称应考虑各方面的因素，并力求体现简约、突出主题、时代感强、富有吸引力等原则，如“北京美食巡游”这一线路名称，表示的是面向美食家或爱好美食的旅游者，既可尝遍北京名菜、欣赏烹饪技艺又可游览北京风光的旅游线路。

（2）策划旅游线路

因为旅游线路是由一定的交通方式将线路各节点进行合理的连接构成的，所以节点是构成旅游线路的基本空间单元。一个线路节点通常被称为一个有特色的旅游目的地。一般来说，同一条旅游线路中的各节点都有相同或相似的特点，用于满足旅游者的同一需求并服从于某一旅游主题，起着相互依存、相互制约的作用。节点可以是城市，也可以是独立的风景名胜区。线路的始端是第一个旅游目的地，是该线路的第一个节点；终端是线路的最后一个节点，是旅游活动的终结或整个线路的高潮部分；而途经地则是线路中除始端和终端外的其他节点，是为主题服务的旅游目的地。因此，策划旅游线路就是策划从始端到终端以及中间途经地之间的游览顺序，在线路上合理布局节点。一方面是对符合主题特色的节点城市或风景区的选择，另一方面是对节点游览顺序的安排，应以时间最短、费用最小、交通便利、合理搭配的原则进行全面考察、综合平衡、合理选择。

（3）计划活动日程

活动日程是指旅游线路中具体的旅游项目内容和地点，以及各项活动进行的日期，应体现劳逸结合、丰富多彩、节奏感强、高潮迭起的原则。

（4）选择交通方式

交通方式的选择要体现安全、舒适、经济、快捷、高效的原则。首先，要了解各种交通方式的游览效果，依次顺序为直升机、快艇、汽车、火车、轮船、客机；其次，要了解各种交通工具的适用旅程，其中，直升机、汽车、快艇适宜短途旅游，火车、轮船适宜中程旅游，客机、海上游轮适宜长途旅游；最后，要了解国内外交通现状，如类型、分布、形式、网络等。在具体选择交通工具时，要注意利用飞机，尽量减少旅途时间；少用长途火车，以避免旅游者疲劳；合理使用短途火车，选择设备好、直达目的地、尽量不用餐的车次；用汽车做短途交通工具，机动灵活。总之，要综合利用各种交通方式与工具，扬长避短，合理搭配。

（5）安排住宿餐饮

食、住是使旅游活动得以顺利进行的保证，应遵循经济实惠、环境优雅、交通便利、物美价廉、有特色等原则进行合理安排，并注意安排体现地方或民族特色的风味餐。

（6）预留购物时间

购物通常在旅游者总花费中占据30%左右。需要遵循时间合理、能满足大部分旅游者的需要，不重复、不单调、不紧张、不疲惫的原则进行适当安排，切记不可无视游客感受安排大量购物时间，特别是导游的加店行为，更要特别注意。

（7）筹划娱乐活动

娱乐活动要丰富多彩、雅俗共赏、健康文明，体现民族文化的主旋律和文化交流的目的。

知识链接

与西方国家相比较，我国旅游线路设计流程中的侧重点还存在偏颇：一是我国旅行社对市场调研很不重视。以“夏季旅游项目时间表”为例，西方国家旅行社设计一条夏季旅游线路的时间长达20个月，其中，市场调研所花费的时间近7个月，而我们国家轻调研、重市场。实践证明，没有经过详细市场调查而生产的产品是很难取得预期收益的。二是在旅游线路投放市场、开展促销方面，我国旅行社采用的手段多为打价格战，很多市场营销的手段还没体现出来。三是宣传资料的设计有待进一步完善。我国旅行社宣传品缺乏对旅游细节的描述，这使得宣传品的可信度大大降低。

任务二　开发与创新旅行社产品

任务认识

- 旅行社市场调研
- 认知旅行社新产品的类型
- 能够筛选旅行社现有产品
- 开发及创新旅行社产品

任务实施

旅游者是为了娱乐、休闲、求知等目的外出旅游，而旅行社产品是旅行社为旅游者的旅游活动提供一系列服务的。

与西方发达国家的旅行社相比，中国旅行社在产品开发过程中往往不进行或不注重进行市场调查，而是靠主观判断或跟风。旅游市场竞争激烈，旅游产品的组合与开发能力决定了一个旅行社竞争力的强弱，如果不进行产品创新设计，只是简单地组合别人现有的产品，最终必将被市场淘汰。

一方面，长期以来由于新产品开发短期内难以获得市场认知和效益，很多旅行社不愿意投资开发新产品。另一方面，旅行社产品是服务性产品，无法保护其专利，旅行社一旦新产品开发成功，其他旅行社便纷纷效仿，使先期开发者的利益受损。

一、旅行社市场调研

假如你是某旅行社市场部的工作人员，你所在的旅行社想针对在校大学生旅游市场开发一系列旅游产品。为了满足该市场的需求并提供适销对路的产品和服务，必须选择适当的方式进行调研并形成调研报告。旅行社市场调研不仅是旅行社产品开发的重要环节，而且通过市场调研可以了解当前旅游消费的热点问题、游客们的消费趋势，进而为产品开发打好基础。

1. **旅行社市场调研的工作流程**（见表3－1）

表3－1　　旅行社市场调研的工作流程

任务名称及流程	内容			成果
	程序	重点	标准	
市场调研计划的制订与审批	依据调研目标制订市场调研计划，编制《市场调研计划书》，内容包括信息收集的方法、调研人员的安排等，上报营销部经理和总经理审核	制订、审批《市场调研计划书》	旅行社市场调研管理制度	《市场调研计划书》
调研前的准备工作	依据旅游产品供应商提供的产品、目标市场、游客等方面的信息，明确调研目的、目标和对象，设计好调研问卷和访谈大纲	明确调研的具体事项	准备工作要充分、完善	相关资料和信息，《市场调研问卷》
市场调研信息的收集与汇总	依据市场调研计划安排市场调研工作，途径包括问卷调查、实地考察和访谈等，对收集到的有效信息进行整理、汇总和分析	市场信息数据的收集、整理、汇总和分析	保证数据的真实和准确	数据汇总、分析资料
形成市场调研报告	依据汇总的信息数据编写《市场调研报告》，并上报部门经理审核，通过后进行总结，为市场定位提供依据	市场调研报告	信息具有代表性、时效性，能提出合理建议	《市场调研报告》
使用、资料归档	经分管领导批示后，根据市场的实际情况进行改进工作，相关部门根据市场旅游产品状况和竞争对手情况设计开发新产品，外联部改进销售策略，接待部改进接待服务工作，然后将资料存档	有效利用调研	旅行社市场调研管理制度	产品设计初步方案

2. **旅行社市场调研的步骤**

旅行社市场调研是指旅行社运用科学的方法，有目的、有计划地收集、整理和分析、研究有关市场方面的信息，为企业的营销决策提供依据的活动。市场调研是旅行社推广产品的基础，不了解市场就无法顺利地将产品推向市场。

（1）确定调研目标

确定调研目标是开始市场调研的第一步，调研目标是旅行社营销人员和调研人员在某些方面达成共识的一种结果。一个完整的调研目标应该包括三个要素：问题界定、建立假设以及调研的范围。这样做的目的是使调研变得更加具体和可操作。

（2）制订调研计划

调研计划反映了如何开展市场调研，以及如何进行控制的一系列规划。任何一次市场调研都需要在实施之前做好完备的规划。

调研计划并没有明确的内容要求，旅行社可以根据调研任务、规模、经费、时间、人员配置等实际情况进行调整，但都要包含以下要素：

①调研目的。说明此次调查的起因、调查活动的背景和对象、准备取得的结果、该调研结果可能会带来的社会效益或经济效益、调查的必要性等。

②调研内容。说明此次调研的主要内容、需要获取的信息，列出具体的问题以及有关的理论假设，明确调查的范围和对象。

③调研方法。说明此次调研所使用的调查方法，与其他调查方法相比较的优缺点；说明资料的来源；数据收集的方法和调查的方式；问卷的形式及设计方面的有关考虑；准备数据处理和分析的方法等。

④调研进度和经费预算。尽可能列出完成每一步骤所需的天数以及起止时间。注意：整体计划应具有一定的弹性，应详细列出每一项所需要的费用，仔细估算单项预算和总预算。

（3）收集及分析信息

资料收集方法一般有观察法、实验法、询问法（访谈法）等。

（4）撰写调研报告

调研报告是整个调查活动的总结及成果，是所有调研人员劳动与智慧的结晶，也是整个市场调研活动最重要的书面结果。市场调研的结果需要传递给管理人员或其他相关人员。因此，市场调研报告的主要任务是分析调查结果，给出结论和经营建议。

二、旅行社新产品的类型

旅游中的新产品与科技领域所指的新产品在含义上是不同的。旅游中的新产品是相对未被满足的需求而言的。凡是对产品整体概念进行的任何一部分创新和改革，而且能很好地满足潜在消费者需求的产品，都属于新产品。其实，产品创新是多角度的，开辟新的目标客源群体、满足不同的消费需求、创造不同的旅游体验等，都属于产品的改进和创新。

1. **完全创新的旅行社产品**

完全创新的旅行社产品，是指以前从未开发过的全新旅游模式的旅行社产品。例如，新开辟的旅游线路、新开发的旅游景点、新建成的旅游饭店等。这些全新产品是不可能经常出现的，因为投资和风险较大、开发周期较长。

2. **换代型旅行社新产品**

换代型旅行社新产品，是指在现有产品基础上进行较大改革后生成的产品。例如，旅行社原来经营的纯观光旅游产品，这是第一代产品；第二代产品以文化性资源为主，将纯观光旅游改成文化观光旅游；第三代产品除了考虑对资源的全面利用之外，其重要特征是以“参与式”为主的体验式旅游，例如，特种旅游产品（冒险旅游）、专题旅游（赛马旅游）等，都必须游客亲自参与才能得到体验。

3. **改良型旅行社新产品**

改良型旅行社新产品，是指旅行社对其原有产品做部分调整或改进，而对原有的产品并不进行重大改革的旅行社产品。

调整和改进的方法有以下三种：

①扩展深度型：例如，在华东五市游的基础上加上黄山，丰富行程的内容。

②改进档次型：例如，将有购物的旅游线路改成纯玩团，增加旅游者的满意度和满足感。

③变换交通方式型：例如，将高原风情线路由原来的双飞改为双卧或卧去飞回，游客可以欣赏沿途的戈壁风光，增加了旅途的趣味性。

4. **仿制型旅行社新产品**

仿制型旅行社新产品是指旅行社以其他旅行社的产品为样品，对其模仿后经营的产品。

知识链接

从旅游经营者角度来定义旅行社产品创新，它是指旅行社根据旅游者的需求趋向，科学利用市场细分化原则，对旅行社现有的旅游产品进行新的创造性组合，或设计开发新的旅游产品，开拓新的经营领域和旅游线路。旅行社产品的生命周期理论蕴含创新。旅行社产品同其他产品一样，其生命周期具有五个不同的阶段，即产品开发阶段、引进阶段、成长阶段、成熟阶段、衰退阶段。目前，旅游市场逐步走向细分化，旅游市场容量日趋狭窄，主要体现为需求的个性化和旅游产品的定制化。现在许多发达国家正朝这个方向转化，而我国现在还处在大众化旅游阶段，市场发育程度还不健全，旅行社在相同的市场上销售相同的产品，拉相同的客户，为了获得更多的客源，纷纷把价格作为主要竞争手段，竞争十分激烈，市场秩序混乱。而要想真正扩大旅游市场的份额，在混乱中取胜，旅行社就必须积极研究客源市场的需要，推陈出新，开发出各种独具特色的产品。特色是旅行社产品的生命，有特色的产品，也就抓住了相应的市场，从而也就在激烈的市场竞争中站稳了脚跟，同时，也能为将来的市场细分化奠定基础。

三、筛选旅行社现有产品

虽然产品的创新可以使旅行社得到发展，但开发新产品失败也会带来经济损失。为了减少旅行社产品开发创新的风险，旅行社经营者必须慎重地选择和开发新产品，重视创新产品的筛选方法，尽量选择那些利润高、风险低的产品进行开发和创新。

筛选旅行社现有产品进行改良或换代，是旅行社产品创新的一项重要内容，也是开发完全创新的旅行社产品的基础。旅行社进行筛选时一般采用四象限评价法和矩阵评价法。下面介绍一下四象限评价法。

四象限评价法是在美国波士顿咨询团（Boston Consulting Group）设计的“市场导向型产品检测模型”基础上加以改进后提出的，用以对旅行社产品进行总体分析、比较（见图3－1）。

图3－1　四象限评价法

明星类产品是指利润率高并且非常受游客欢迎的旅行社产品。此类产品一经投放市场便会吸引较多的旅游者前来购买，从而形成较大的市场需求。针对明星类产品的特点，旅行社可以在产品投放市场一段时间后适当提高产品的售价，以试探旅游者的反应。如果旅游者在提价后仍然大量购买，说明旅游者对产品价格的提升幅度不敏感，产品的价格仍有上调的空间。旅行社可以继续提升产品价格，直到旅游者对产品价格的变化开始比较关注。旅行社应该将产品的售价保持在这个水平，以便获得最大的经营利润。明星类产品是旅行社获取长期利润的重要渠道和扩大市场份额的有力手段，因此，旅行社必须严格保证明星类产品的质量，并大力向旅游市场促销。例如，北戴河就是河北省的一个明星类产品。

金牛类产品的特点是产品的利润率低但很受旅游者欢迎。金牛类产品多为投放市场时间较长，已被公众所熟悉的产品，其质量一般比较稳定，价格也为旅游者所接受。金牛类产品是销售量比较稳定的产品，能够产生相对稳定的销售收入，是旅行社的重要收入渠道。旅行社应该采取维持生产和销售的策略，保证使金牛类产品继续为旅行社的经营和发展提供可靠的资金来源。例如，华东五市游等就是金牛类产品。

陷阱类产品是指利润率又低又不太受旅游者欢迎的旅行社产品。不太受游客欢迎表明此类产品缺少发展的空间，而利润率低说明它们不能成为旅行社经营的主要产品品种。旅行社对于陷阱类产品的策略应该是及时淘汰，不再继续促销地投入，将节省下来的资金用于明星类产品和问题类产品的促销，以增加它们的销售量和销售额，从而为旅行社带来更多的客源和收入。

问题类产品是指旅行社的利润率较高但眼下因为不太被游客熟知而受欢迎程度较低的旅行社产品。问题类产品的盈利水平较高，说明该类产品具有比较强的吸引力和发展前景；不受游客欢迎则表示产品在某些方面仍存在一定的缺陷，如促销力度不够、价格偏高等。旅行社应该对问题类产品做具体分析，找出问题的症结，并制定相应的对策。如果原因是产品价格过高，旅行社则可以将价格适当下调；如果是产品的促销力度问题，则应该加强产品促销投入和改进促销策略及手段。总之，问题类产品既可能发展成为明星类产品，也可能变成陷阱类产品。经营问题类产品需要承担一定的风险，但也可能在将来为旅行社带来丰厚的回报。

四、开发及创新旅行社产品

1. 旅行社产品开发设计的原则

旅行社不是凭空想象，而是遵循一定的原则才会开发出适合旅游者需求的产品。旅行社产品的形态多种多样，但不同形态的产品在其设计过程中却应遵循基本相同的原则。

（1）市场导向原则

产品的开发目的在于通过产品销售获得经济效益，因此，旅行社开发的产品必须满足旅游者需要。市场导向原则是指旅行社在产品的开发与设计中必须了解旅游者现在和将来的需求，始终坚持以旅游者需要为出发点，着眼于市场的潜在需要。随着国际、国内政治、经济、科技、社会等外部环境的变化，旅游客源市场也会相应地发生变化。旅行社产品开发设计人员要及时掌握这方面的信息，按照旅游者的需要开发旅游产品，最大限度地满足旅游者的需求，提高产品的使用价值。

（2）新颖特色原则

所谓产品的新颖性和特色性，是指旅行社产品应具有鲜明的特色，具有“新”和“奇”的特点，越是优秀的、传统的、民间的、独一无二的，就越具有特色和吸引力，就越能够在市场上对旅游者产生强烈的吸引力。所谓“人无我有，人有我优，人优我新”，是许多企业的产品战略目标。遵循新颖原则，就要求策划者既要客观冷静，又要热情洋溢，在对客观现实认真分析之后，努力寻找产品的亮点。新颖原则应贯穿整个产品的设计制作过程。与产品相关的所有因素，几乎都可以用新颖原则来进行新的架构。无论是产品名称、广告语、线路产品宣传单还是产品的销售场地、销售手段、范围营造等，均能在新颖原则的整体贯穿中产生出奇制胜的效果。例如，以昆明—大理—丽江—西双版纳为旅游线路的少数民族风情游、辽宁省大连市举办的国际服装节、黑龙江省哈尔滨市举办的冰灯节等，都属于按照这个原则向市场推出的产品。

（3）针对性原则

针对性原则是指旅行社产品设计人员应针对本旅行社目标市场的特点设计出符合市场需求的产品。例如，针对欧美地区在文化方面同我国存在较大差异的特点，设计具有浓厚中国文化特色的产品；针对我国南北方在自然风光方面的差异，设计出江南水乡风光游或塞北草原游等产品；针对毗邻我国的东南亚和东亚地区在文化传统方面同我国有着较大相似之处的特点，设计出佛教寺庙游、书法修学游等产品。这些都是针对性原则的体现。

（4）交通适宜性原则

交通适宜性原则是指在产品设计的过程中应充分考虑产品所涉及的地区和景点的交通情况。因为交通服务是旅行社产品的重要组成部分，产品的可进入性直接影响到产品的质量和价格，所以在产品设计过程中必须重视景点所在地区的基础设施和交通状况等因素。

（5）布局合理性原则

旅行社设计的产品有很多是旅游线路。在设计这些产品时，既要突出各地的特点，也要照顾到整条线路的布局，避免在同一条线路上安排风格相似或相同的旅游景点和旅游项目，以避免重复，影响游览效果。

（6）经济可行性原则

旅行社在设计产品时应考虑产品的经济可行性，一方面，产品必须能够为旅行社带来一定的经济效益；另一方面，产品的价格不能超过目标市场旅游者的经济承受能力。

（7）生态效益原则

生态效益原则是指旅行社产品必须考虑当地的生态环境。旅游线路既要为旅游者所接受，也要为当地社会所接受。旅行社产品设计人员在设计产品时必须充分考虑到旅游客源地区和旅游目的地地区的民族、文化、宗教、环境意识、风俗习惯、国家法令法规等方面的因素，不得设计和销售伤害旅游者或旅游目的地居民的民族尊严、宗教信仰、风俗习惯等的产品，以及违反国家法令法规的产品和危害生态环境与社会环境的产品。目前，很多旅行社都设计了生态旅游线路。

（8）时效原则

旅游者选择目的地时，很重要的一个心愿就是看到目的地最美的季节和最动人的景观。因此，旅行社在产品设计时必须对该产品在何种阶段投放最为合适进行考虑。遗憾的是，目前多数的国内旅行社产品对产品时效问题有所忽略。

知识链接

部分旅行社产品设计的现状特点如下。

（1）历史继承性：中国旅游产品最具优势的资源是文化性资源，这是几千年历史遗存凝聚的吸引力，是前人赋予今人的一笔极其宝贵的财富。

（2）体系残缺性：我国旅行社设计的旅游产品形成了以单一观光为主体的结构，

在产品体系上表现为残缺不全：一是形成了供给的不平衡、不配套；二是不能满足国际市场需求的多样化和个性化发展。

(3) 开发无序性：在过去的发展中，曾一度兴起了“全国办旅游”和“全民办旅游”的热潮，除了大量建设旅游饭店和创办旅行社之外，还兴起了修庙、建游乐场及一条街之风，使得全国各地的旅游产品结构趋同性越来越强。

(4) 更新滞后性：旅行社缺乏创新的意识和手段，由此造成旅游产品更新换代的滞后性。一是滞后于自身的结构完善和功能发挥，二是滞后于市场需求的变化，三是滞后于世界上竞争势头的加强。

2. 旅行社产品开发设计的流程

旅行社开发新产品需经过五个阶段，即创意阶段（寻求创意、市场分析、形成产品概念）、选择阶段、产品研制阶段（收集相关资料、实地考察、分析取舍、线路编排、制定市场营销战略）、产品试销阶段和产品商业化阶段。只要旅行社在其中任何一个阶段发现新产品存在问题，都必须对其进行修改或者将其放弃。图 3－2 显示了旅行社新产品开发的整个过程。

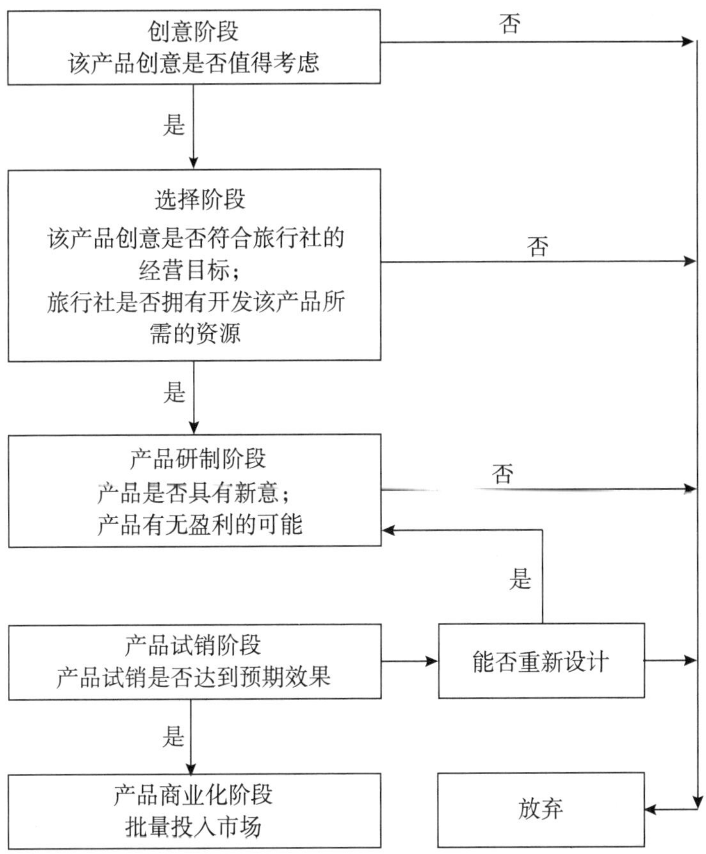

图 3－2 旅行社产品开发设计的流程

知识链接

认识市场是旅行社产品开发的基本依据，但我国旅行社在产品开发过程中轻视市场的认识，即使进行市场调研，也是运用一些落后的方法去了解顾客，这些落后的方法很难帮助旅行社真正认识顾客。正确的做法是了解游客需要解决的问题，而非单纯对游客本身进行了解，只有这样才能达到真正认识市场的目的。开发人员应着重把注意力放在了解消费者需要解决什么问题上。研发人员若能了解这些问题，据此开发能解决这些问题的产品及相关的购买和使用体验，并在产品宣传中强化产品的特定用途，那么顾客一旦发现需要解决某些问题他就会去购买。开发人员如果希望开发出受游客欢迎的旅游产品，就应该把游客想解决的问题而不是顾客本身作为分析的基本单位。

3. 旅行社产品开发与创新的新思路

（1）旅行社产品的内涵创新

很多人对旅行社产品的开发和创新有一些不全面的认识，其中最为典型的是把创新仅仅理解为对已有线路产品的重新组合或新产品的开发。实际上，创新还应该包括对已有产品内涵进行的深层次开发。

①服务设计创新。随着人们生活水平的改善和自身文化素质的提高，旅游者对服务质量的要求也越来越高，服务质量已成为影响游客选择旅游目的地的一个重要因素。因此，服务创新必须不断根据市场变化、游客需求开发出为其“量身定做”的服务项目，这要求旅行社大力开展“个性服务”“感情服务”，从而提升旅行社产品的市场竞争力。根据旅游者的不同类型设计出不同的旅游线路，并可利用自身的专业优势针对个别游客的特殊要求为其单独设计线路。体贴细微的服务不仅能为旅行社赚取更多的经济利益，更有助于其赢得良好的口碑。

②宣传设计创新。旅行社生产出旅游线路产品，其目的是把它们推销出去，让更多的旅游者了解并接受。因此，对新产品的宣传设计创新就显得尤为重要。除了借助传统的报纸、电视、广播等媒体外，旅行社还可以采取以下宣传手段：

一是旅游节庆活动，旅游目的地的节庆活动是宣传促销的关键环节，通过旅游产品的主题文化载体，强化旅游产品的文化品位，借以提升旅游线路的知名度，达到涉及面广、影响程度深的预期宣传效果。

二是开展网络宣传，信息时代的来临扩大了宣传促销的空间，网络无论是信息量还是信息传递速度，都大大超过传统的传播媒体。在这种背景下，旅行社可以通过网络扩大旅行社产品的知名度：①建立自己的企业网站，介绍旅行社的情况及其所经营的旅游线路的具体内容；②及时在网站上发布新产品信息并适时更新线路；③在一些知名度高的网站上做广告（不只局限于旅游网站）或与之建立友情链接，方便网民点击进入；④与受大众欢迎、使用率高的门户网站协商，利用电子邮件、网页插件广告等手段扩大企业产品的知名度，或推广独具特色的新线路；⑤适应社会发展趋势，鼓励网上报名，提供各种优惠政策，以提高在网民中的影响力。

（2）旅行社产品经营创新思路

①旅游线路专营。旅游线路专营就是指旅行社通过买断自己开发的某条旅游线路中的某些环节，全部或某类产品和服务在某段时间内的使用权而形成的对某条线路的排他性经营。旅游线路开发涉及多个旅游产品和服务的供应商，对这些产品和服务拥有产权的是供应商而不是旅行社。当某些新开发的线路获得成功时，很多旅行社便“搭便车”推出同条线路，导致线路开发商得到的经济效益难以抵上其开发成本，从而影响了开发商开发新旅游线路的积极性。旅行社通过实施旅游线路专营，买断多家企业相关旅游产品的使用权，实现了对旅游线路在价格上更大的控制权，因而可以在较低的价格上进行竞争，保证了旅行社之间竞争的良性循环。至于其在签约的有效性低、旅游旺季时线路专营很难得到保障等方面的消极影响，则可以通过保证签约的主体与履约的主体一致性、提前购买旅游产品和服务实现一体化等办法加以解决。

②品牌化经营。旅行社产品的特性决定了品牌对于旅行社经营的重要性。旅游者在选择旅行社产品时往往依赖其对品牌的认知，因此，旅行社产品要想在激烈的竞争中脱颖而出，必须实施品牌战略。而旅行社的品牌往往要依托于旅行社的特色产品，如极富特点的旅游线路、一系列主题旅游，也可以是一种服务的风格或企业文化的某一方面。旅行社产品的创新要建立在维护和保持品牌的前提之下，通过塑造企业形象、创造品牌服务商标、品牌旅游线路和品牌导游，提升旅行社产品的竞争力。品牌化经营一方面为旅行社创造了竞争优势，另一方面对旅游者来说也有效地降低了购买风险和决策成本。

③联合经营。随着境外旅行社凭借雄厚的资金、成熟的电子商务技术和完善的客源网络进入我国，实行区内甚至跨地域的联合经营成为不可抵挡的发展趋势。以资源共享、客源互流、整体促销、共同发展为原则组建跨区域的旅行社联合体，能更有效地增强各旅行社的实力。各成员可以共同筹集资金开展整体促销活动，开办“旅游超市”，即将各地旅行社的旅游线路、景点和特色服务集中展示于某一固定的大型场所，通过展示介绍、商务洽谈等形式，让游客拥有更多的出游选择和更好的配套服务。

除了以上创新思路外，我国大多数旅行社实力和规模都比较小，致使开发新旅游产品的平均成本都较高，同时，新产品成功率较低、风险极大。面对这种不利的状况，提高产品开发成功率应从以下几个方面着手：认真策划新产品开发计划；严格遵循产品开发的科学程序；引入团队导向的“同时型产品开发”组织体制。

【项目实训】

实训名称：设计、开发一条旅游线路；通过实例对旅行社创新产品进行分析。

实训方案设计：

（1）结合你自己家乡的实际，请你设计一套城市旅游线路。

（2）结合你自己学校的实际，请你设计一套校园旅游线路。

（3）通过调查了解全国其他省份和你家乡省份相仿的旅游资源，设计一条主题突出、新颖别致、线路科学、择点适量的新型旅游线路。

（4）通过当地报纸等媒体的旅游专版找寻一些旅游线路，看看是否有旅行社的创新产品，并对其加以分析。

实训成果：请你以报告的方式提出你的旅游设计方案或通过旅行社创新产品实例分析一下其相关类型和创新思路。

项目四　旅行社采购管理

任务一　认知旅行社采购

任务认识

- 认知旅行社采购的概念及原则
- 认知旅行社采购的类型
- 旅行社采购方式的运用

任务实施

旅行社采购是旅行社产品设计组合的核心因素之一，对于旅行社来讲，做好旅行社的采购工作，首先就是选择合适的旅行社采购方式组合，这取决于旅行社所面临的外部采购环境和内部相关条件。

一、旅行社采购的概念及原则

1. 旅行社采购的概念

采购是在需要的时间和地点，以最低成本、最高效率获得最适当数量和品质的物资或服务，并及时交付需要部门使用的一门科学。旅行社采购是采购的一种，目前旅行社采购的项目主要有交通服务、住宿服务、餐饮服务、景点游览服务、娱乐服务、保险、出入境手续等。

2. 旅行社采购的原则

（1）供给保证原则

供给保证原则是旅行社在其采购业务中必须遵循的首要原则。旅行社产品主要由购自其他部门或企业的旅游服务项目构成。因为旅行社的产品多数采用预售的方式，所以一旦旅行社不能从有关部门或企业购买到已经预售出去产品所包含的服务内容，就会造成无法履约的恶果，引起旅游者的不满和投诉，并给旅行社带来经济损失和声誉损害。因此，旅行社在旅游服务的采购工作中必须坚持保证供应的原则，设法保证采购到已售出的产品中所包含的全部内容。

（2）质量保证原则

旅行社在采购各项旅游服务时，不仅要保证能够买到产品所需的全部内容的数量，而且要保证其所购买的旅游服务全部符合产品所规定的质量。如果旅行社只是关心所购买的旅游服务项目的数量，而忽视这些项目的质量，将同样会造成旅游者的不满和投诉。因此，旅行社在采购各种旅游服务项目时，必须按照保证质量的原则，为旅游者购买到符合与其所达成的旅游合同中规定的产品。

（3）成本领先原则

旅行社产品中的主要成分是购自其他旅游服务部门或企业的旅游服务项目，所以购买这些旅游服务项目的花费便构成了旅行社产品的主要成本。换句话说，旅行社经营的成败在很大程度上取决于旅行社采购来的各种旅游服务项目的价格。如果旅行社的采购工作得力，采购到的旅游服务项目价格低于其竞争对手，则旅行社就能够在激烈的市场竞争中挫败对手，获得较多的利润。因此，旅行社必须在保证旅游服务的供应和旅游服务质量的前提下尽量设法降低成本。

（4）互惠互利原则

旅行社的产品质量和价格在很大程度上取决于所采购的旅游服务产品的质量和价格。相关企业的价值链和旅行社的价值链之间的各种联系，为旅行社增强其竞争优势提供了机会。旅行社与相关企业的关系，不应该是一方受益而另一方蒙损的零和游戏，而应该是一种双方都能受益的关系。因此，旅行社在采购活动中应该坚持互利互惠的原则，建立起与相关企业和部门之间互利互惠的合作关系，以实现合作最优化和降低总成本的目标。

二、旅行社采购的类型

旅行社与其他旅游服务供应部门或企业之间的关系是一种商品交换关系。在采购活动中，旅行社可以通过多种方式建立自己的采购模式。常见的采购类型有集中采购、分散采购以及建立采购协作网络等。

1. 集中采购

集中采购是旅行社在采购中经常利用的一种采购策略。集中采购包括两个方面的含义：一方面，旅行社将其各个部门的采购活动集中于一个部门，统一对外采购；另一方面，旅行社将其在一个时期（一个星期、一个月、三个月、半年、甚至一年）营业中所需的某种旅游服务集中起来，全部或大部分投向经过精心挑选的某一个或少数几个旅游服务供应部门或企业，以最大的购买量获得最优惠的价格和供应条件。集中采购的主要目的是通过扩大采购批量，减少采购批次，从而降低采购价格和采购成本。集中采购策略主要适用于旅游温、冷点地区和旅游淡季。

2. 分散采购

分散采购策略主要适用于两种情况：一是淡季市场，当旅游市场上供过于求十分严重时，旅游服务供应部门或企业无法通过其他渠道获得大量的购买者，而旅游服务又不能够加以储存或转移，这时就迫切需要将其大量空闲的旅游服务项目售出以获得急需的现金收入。在这种市场条件下，旅行社应该选择在旅游团队或旅游者即将抵达本地时以一团一购的方式进行采购，这样往往能够用较低的价格获得所需的旅游服务供给。二是旺季市场，当旅游服务因旅游旺季的到来而出现供不应求的情况时，旅行社无法从一个或少数几个旅游服务供应部门或企业那里获得其所需的大量旅游服务供应，在这种形势下，旅行社就应该采取分散采购的采购策略，设法从许多同类型旅游服务供应部门或企业那里获得所需的旅游服务。

3. 建立采购协作网络

旅行社通过与其他旅游服务供应部门或企业联系和协作，建立起广泛且相对稳定的协作网络，可以达到保证供应和降低采购价格及采购成本的目的。旅行社在建立采购协作网络的过程中，应该做到以下几点：

第一，协作网络必须比较广泛，覆盖面比较广。当一个地区存在大量的旅游服务供应部门和企业时，旅行社应该根据自身的需要和经营实力尽量同各种旅游服务供应部门和企业加强联系，设法获得它们的合作。这样，旅行社就能够获得比较理想的供应渠道，保证旅行社以比较合理的价格获得所需的旅游服务。

第二，运用经济规律，在互利互惠的基础上长期合作。旅行社建立采购协作网络的目的，是发展同相关部门和企业的长期合作关系。因此，旅行社在与这些部门或企业交往的过程中，必须坚持互利互惠的原则，因为只有合作的双方都能够获得利益，这种合作关系才能够长期保持下去。旅行社在采购活动中应该从长远利益着眼，不急功近利，不为图一时利益而伤害对方的利益，也不应该乘人之危，利用对方的不利处境迫使对方作出过大的经济利益牺牲。

第三，加强公关活动，建立良好的人际关系。旅行社的采购工作要靠本旅行社采购人员与旅游服务供应部门或企业销售人员及其他相关人员的通力合作才能完成。因此，旅行社的有关部门领导和相关人员应该加强公关活动，设法与对方的相关领导和部门建立起良好的人际关系，使旅行社的采购协作网络能够不断加强和发展。

知识链接

旅行社产品的销售是一种预约性的交易。旅游者在预订了旅行社的产品后，有时会因各种原因要求取消旅游计划。另外，对于旅游目的地的组团旅行社及各地的接待旅行社来说，它们同旅游客源地的旅行社之间签订的旅游合同并无法律上的约束力。在旅行社实际经营中，旅游客源地的旅行社以各种原因和理由要求临时增加或临时取消旅游计划的情况更是屡见不鲜。旅行社产品销售的预约性特点，使得旅行社必须提前制订旅游服务采购计划，并按照这些计划向相关的旅游服务供应部门或企业预订所需的各种旅游服务项目。这样，一旦出现临时增加旅游计划或取消旅游计划的情况，旅行社就必须向有关的旅游服务供应部门或企业提出临时增订或退订旅游服务项目的要求。临时性的增订或退订往往会给提供这种服务的部门或企业带来一定的压力或经济损失，因此这些部门往往要求提高临时增订旅游服务的价格或收取一定比例的退订损失费用。为了尽量减少损失，旅行社应该设法通过友好协商，尽量使对方降低提价的幅度或减少退订损失费用。

三、旅行社采购方式的运用

1. 旅行社集中采购

旅行社集中采购是指同一旅行社企业内部或同一旅行社企业集团内部的采购管理集中化的趋势，即通过对同一类材料进行集中化采购来降低旅行社采购成本。

（1）旅行社集中采购的“集中”功能

旅行社集中采购的“集中”功能必须要集中地体现在以下几个方面：

第一，旅行社集中采购要体现在财政预算的安排上。旅行社采购部门对相同的采购项目应尽量集中在一个时间周期里统筹安排，避免多次重复安排相同项目的采购而产生的降低旅行社采购工作效率、丧失旅行社采购效益等弊端。任何旅行社的采购项目最终都要由旅行社采购部门负责付款结账，对此，旅行社采购部门何时能安排采购预算资金，就成了决定采购工作何时才能开始和实施的重要前提，因为一旦旅行社采购部门安排了采购资金，相应的采购人就会随时去实施采购，要充分提高采购资金的使用效率、有效地扩大旅行社采购的规模，对采购人的采购项目，旅行社采购部门必须从源头上给予通盘的、宏观上的考虑，具体来说，就是要将各个预算单位想要采购的相同或功能相近的项目，或是可以连环配套采购的项目，尽量统一调度或筹集资金进行一次性的安排，否则，每个时间周期都安排几个相同项目的采购，不但浪费了时间、精力，还无法得到规模采购的效益。例如，在实际工作中，就有一些旅行社采购部门不会科学地调度和合理地安排财政预算资金，从而造成每个时间周期都安排几个预算单位去采购的情况，这就明显地失去了科学性和合理性，人为地增加了工作量。因此，旅行社集中采购的集中功能，首先就体现在旅行社采购部门的预算安排要有相对集中的科学性上。

第二，旅行社集中采购要体现在采购项目的具体操作上。旅行社集中采购机构对相同或功能相近的受托采购项目，应尽量集中在一次进行采购，以减少采购次数，提高工作效率和经济效益。对旅行社集中采购机构来说，不但委托的采购人众多，而且采购项目纷繁复杂，委托时间也有早有晚等，如果集中采购机构采取“随时委托、随时采购”的方式，势必会发生多次、重复采购相同项目的问题，进而出现重复劳动，增大工作量，降低工作效率。因此，如果旅行社集中采购机构能采取“定期、汇总”的采购方式，对采购人委托的采购项目进行归类，或按功能进行相互衔接、配套，每类项目每个月只集中采购一次，这样就会人为地做大批次采购规模，既可减轻工作量，又能获得更大的规模采购效益。

第三，旅行社集中采购要体现在采购项目的调试和验收上。旅行社集中采购机构应统一组织技术专家、采购人等进行集中验收把关，以节约人力、财力等。由于旅行社集中采购机构一批购进的采购项目涉及多个采购部门，对此，如果要求采购人各自去找专家验收，势必会增大困难，也会耗费更多的时间、精力和财力等，而如果由集中采购机构出面组织一个专家验收小组，将整批采购项目一次性验收完毕后再交付采购人，就会减少诸多采购人的验收工作量，节省大量的时间、人力等，同时，集中验收也会增强对验收人员的监督，更便于对采购项目进行质量把关。

（2）集中采购模式选择

为实现旅行社采购业务集中管控的业务需求，旅行社集中采购包括以下几种典型模式的应用：集中定价，分开采购；集中订货，分开收货付款；集中订货，分开收货，集中付款；集中采购后调拨等。采用哪种模式，取决于旅行社对税收、物料特性、进出口业绩统计等因素的考量，一个旅行社可能同时存在几种集中采购模式。

第一，集中订货，分开收货，集中付款模式。旅行社总部或采购部门负责管理供应商及制定采购价格等采购政策，并且负责采购订货工作。旅行社分支机构或部门提出采购申请，前者进行汇总、调整并根据调整结果下达采购订单，发收货通知单给旅行社分支机构或部门；旅行社分支机构或部门根据收货通知单或采购订单进行收货及入库；前者汇集后者的入库单进行与外部供应商的货款结算，并根据各旅行社分支机构或部门的入库单与旅行社分支机构或部门分别进行内部结算。

第二，集中采购后调拨模式。旅行社总部或采购部门负责管理供应商及制定采购价格等采购政策，并且负责采购订货工作。旅行社分支机构提出采购申请，前者进行汇总、调整并根据调整结果下达采购订单，前者完成后续的收货、入库、外部货款结算处理。之后，根据各分支机构的采购申请，前者启动内部调拨流程，制订调拨订单并作调拨出库，后者根据调拨订单作入库处理，两者最后作内部结算处理。

（3）旅行社集中采购的弊端

第一，容易受外来因素的干扰，如旅行社各业务有关部门人员、公司上级领导推荐等。

第二，旅行社内部人员分别推荐不同的单位，初选和评标时往往议而不决，工作效率低，会产生或增加内部矛盾。

第三，如果旅行社采购流程的任何一个环节不能按期完成的话，都会导致不能按计划完成采购，进而影响工期、施工单位索赔等。

第四，旅行社采购主管部门往往诱致性地推荐投标单位，致使更优秀的单位被瞒报。

所谓“集中时间、集中人力、集中采购”，就是在《采购供应计划》《合约规划》下，在某一个时间段内（如利用相对闲暇的时间），旅行社集中人员完成今后某一阶段（如半年、一年）的所有采购工作，与供方单位签订合同，并约定好供应的时间、价格等。这就是第二层含义的集中采购。

2. 旅行社分散采购

旅行社分散采购是集中采购的完善和补充，有利于旅行社采购环节与存货、供料等环节的协调配合，有利于增强基层工作责任心，使基层工作富有弹性和成效。与集中采购相对应，旅行社分散采购是由旅行社企业下属各单位实施的，满足自身旅行社生产经营需要的采购。

（1）旅行社分散采购的程序和方法

旅行社分散采购的程序与旅行社集中采购的程序大致相同，只是取消了集中决策环节，实施其他步骤。旅行社企业下属各部门的生产研发人员根据生产、科研、维护、办公的需要，填写请购单，由基层主管审核、签字，到指定财务部门领取支票或汇票或现金，然后到市场或厂家购买、进货、检验、领取或核销、结算。采购时一般借助现货采购方式。

旅行社选择分散采购时，应该考虑的标准有几个需要注意的地方：一方面，旅行社集中采购相对于分散采购规模大、效益好，易取得主动权，易保证进货质量，有利于统筹安排各种物品的采购业务，有利于物品的配套安排，有利于整体物流的规划和采购成本的降低，有利于得到供应商的支持和保障，有利于物品单价的降低，有利于集体决策。另外，旅行社集中采购也有利于增加采购过程的透明度，减少腐败的滋生和蔓延。另一方面，旅行社集中采购相对于分散采购又具有量大、过程长、手续多、容易造成库存成本增加、占用资金、采购与需求脱节、保管损失增加、保管水准要求增高的弊端，且容易挫伤基层的积极性、使命感和创新精神。旅行社在实际采购中要趋利避害、扬长避短。根据旅行社企业自身的条件、资源状况、市场需要，灵活地作出制度安排，并积极创新采购方式和内容，使本旅行社企业在市场竞争中处于有利地位。

旅行社在决定分散采购时，应该考虑下面的因素或标准：

第一，旅行社采购需求的通用性。旅行社经营单位对购买产品所要求的通用性越高，从集中或协作的方法中得到的好处就越多。这就是大型旅行社原材料和包装材料的购买通常集中在一个地点（公司）的原因。

第二，地理位置。当旅行社经营单位位于不同的国家或地区时，这可能会极大地阻碍协作的努力。实际上，欧洲和美国之间的贸易和管理实践存在较大的差异，甚至在欧洲范围内也存在着重大的文化差异。一些大型旅行社已经从全球的协作战略转为地区的协作战略。

第三，供应市场结构。有时旅行社会在它的一些供应市场上选择一个或数量有限的几个大型供应商组织。在这种情况下，力量的均衡肯定对供应商有利，采用一种协同的采购方法以在面对这些强有力的贸易伙伴时获得一个更有利的谈判地位，是有意义的。

第四，潜在的节约。一些类型的原材料的价格对采购数量非常敏感，在这种情况下，购买更多的数量会实现成本的节约。对于标准商品和高技术部件来说，都是如此。

第五，所需的专业技术。有时，有效的旅行社采购需要非常高的专业技术，例如，在酒店和交通的采购中。因此，大多数旅行社已经将这些产品的采购集中化。

第六，价格波动。如果物资的价格对政治和经济气候的敏感程度很高，则集中采购的方法就会受到偏爱。

第七，客户需求。有时客户会向旅行社指定其必须购买的产品。这些条件是与旅行社商定的，这种做法将明显阻碍所有以采购协作为目标的努力。

除了以上需要考虑的因素外，旅行社选择集中采购时还应该有利于资源的合理配置，减少层次，加速周转，简化手续，满足要求，节约物品，提高综合利用率，保证和促进生产的发展，以利于调动各方的积极性，促进企业整体目标的实现等。当然，集中采购和分散采购并不是完全对立的。客观情况是复杂的，仅一种采购方式是不能满足生产需要的，大多数旅行社在两个极端之间进行平衡：在某个时候采用集中的采购方式，而在几年以后也许选择更加分散的采购方式。

（2）旅行社分散采购的优缺点

旅行社分散采购的优点有以下几个：第一，旅行社分散采购能适应不同地区的市场环境变化，商品采购具有相当的弹性；第二，旅行社分散采购对市场反应灵敏，补货及时，购销迅速；第三，分部拥有采购权，可以提高一线部门的积极性，提高士气；第四，由于采购权和销售权合一，分部拥有较大权力，因而便于分部考核，要求其对整个经营业绩负责。

旅行社分散采购在拥有以上优点的同时也有一些缺点：第一，旅行社部门各自为政，容易出现交叉采购，人员费用较大；第二，采购权力下放，使旅行社采购控制较难，采购过程中容易出现舞弊现象；第三，计划不连贯，形象不统一，难以实施统一促销活动，旅行社整体利益控制较难；第四，各部门或分店的采购数量有限，难以获得大量采购的价格优惠。

知识链接

采购员必备能力要求如下。

1. 成本意识与价值分析能力

采购支出是构成销货成本的主要部分，因此，采购人员首先必须具有成本意识，精打细算；其次，必须具有“成本效益”的观念，并能随时将投入（成本）与产出（使用状况——时效、损耗率、维修次数等）加以比较。此外，对于报价单的内容，应有分析技巧，不可以“总价”比较，必须在相同的基础上，对原料、人工、工具、税款、利润、交货时间、付款条件等逐项加以剖析、评断。

2. 预测能力

在动态经济环境下，物品的采购价格与供应数量经常会调整变动，采购人员应能依据各种产销资料研判货源是否充裕，再与供应商接触，并可从其“惜售”的态度揣摩物品是否可能供应日绌。从物品原料价格的涨跌，也能推断采购成本将受影响的幅度。总之，采购人员必须扩充见闻，具备“察言观色”的能力，对物品未来的供应趋势预谋对策。

3. 表达能力

采购人员在与供应商沟通时，必须能正确、清晰地表达所欲采购的各种条件，例如，规格、数量、价格、交货期限、付款方式等，避免语意含混不清，滋生误解，尤其是忙碌的采购工作，采购人员更需具备“长话短说，言简意赅”的表达能力，以免浪费时间，而以“晓之以理，动之以情”来获取优惠的采购条件，更是采购人员必须锻炼的表达技巧。

4. 良好的人际沟通与协调能力

采购业务涉及范围广，相关部门多，欲使采购业务顺利进行，除了采购人员的努力外，尚需企业内部各有关部门的密切配合。

任务二　采购旅行社相关服务

任务认识

- 采购交通服务
- 采购旅游住宿服务
- 采购餐饮服务
- 采购游览与参观服务
- 采购购物和娱乐服务
- 采购地接服务
- 采购旅游保险

任务实施

旅行社的旅游交通服务采购业务是保证旅行社服务产品供应的核心内容，它一方面为实现旅行社产品的使用功能提供保障，另一方面也是游客实现旅游目的的基础和前提，主要包括航空、铁路、公路和水运交通服务采购。

一、采购交通服务

1. 航空交通服务采购

航空交通服务采购是指旅行社根据旅游团队的旅游计划或散客旅游消费者的委托，为旅游消费者和旅游团队的领队及全程陪同代购旅游途中所需的飞机票。航空交通服务采购分为两种形式，即定期航班飞机票的采购和旅游包机的预订。

旅行社采购航空服务，具体落实在飞机的订位上。计调部根据旅游接待预报计划，在规定的期限内向航空公司提出订位，如有变更，应及时通知有关方面。航空服务主要分为定期航班服务和包机服务两种。如遇客流量超过正常航班的运力，旅游团队无法按计划成行，则旅行社就要考虑包机运输。

（1）定期航班飞机票的采购

定期航班飞机票的采购业务包括飞机票的预订、购买、确认、退订与退购及补购与变更五项内容。

①飞机票的预订。无论是团体还是散客旅游者，旅行社采购人员在预订其飞机票之前都必须了解两个方面的信息：旅游消费者方面的信息包括旅游者姓名的全称、同行人的有关信息、旅游者的联系电话、旅游目的地、日期、支付方式、特殊要求等；航空公司方面的信息涉及飞机设施设备、机票价格等方面的信息。

②飞机票的购买。根据旅行社的经营业务，旅行社采购的飞机票主要为团体机票和散客机票、国内段机票和国际段机票。

团体机票的购买：团体游客机票的购票一般只开一张团体客票。团体游客误机，客票作废，票额不退。

国内客票：国内客票是指旅游者乘坐国内航班飞机旅行的客票，有效期为一年。

国际客票：国际客票包括国际旅行的单程客票、来回程客票和环程客票，有效期均为一年。

③飞机票的确认。有些旅游者事先已自行购买了机票，对于这类旅游者，旅行社提供的服务是为旅游者确认机位。

④飞机票的退订与退购。旅行社采购人员在为旅游团队或旅游者预订或购买机票后，有时会遇到因旅游计划变更造成旅游团队的人数减少或旅游者（团队）取消旅行计划等情况。旅行社退订或退购飞机票，应按照民航部门的规定办理。

⑤补购与机票变更。在旅游过程中，因为各种原因会发生机票丢失的情况，可以根据相关规定办理机票补购手续。按照规定，每张机票只能变更一次。

（2）旅游包机业务

旅游包机是旅行社因无法满足旅游者乘坐正常航班抵达目的地的要求而采取的一种采购方法。

①包机的手续。凡需要包机的旅行社应事先与民航联系，填写包机申请书，说明任务的性质、游客的人数和身份、包用机型和架次、使用日期及航程事项。旅行社的包机申请经民航同意后，应签订包机合同。

②包机变更。包机合同签订后，如果包机的旅行社要求取消包机，需按规定交付退包费。

③包机费用。按民航规定，包机费用根据包用机型的每千米费率和计费里程或包用机型的每小时费率和飞行时间计收。

知识链接

电子机票也称电子客票，是纸质机票的电子形式，是一种电子号码记录。电子机票将票面信息存储在订座系统中，可以像纸票一样执行出票、作废、退票、换开、改签等操作。电子机票依托现代信息技术，实现无纸化、电子化的订票、结账和办理乘机手续等全过程，在给旅客带来诸多便利的同时能为航空公司降低成本。

电子机票是电子商务初期市场化的最佳产品，其摆脱了物流配送环节，使广大用户可以体验到在线支付即刻拿“货”的消费过程，满足其电子商务的消费心理。

电子机票的主要优点就是，因为无须打印和邮寄纸张文件，它可以减少预订的费用。另一优点是它消除了在邮寄过程中丢失关键文件或者地址邮寄错误的可能性。

1. 购买

电子机票可以通过网络或者电话预订、购买。选择购票网站和机构，一定要选择有资质的单位。最好能够查看到是否具有正规的机票代理销售资格，是否能查到公司的备案信息。

2. 改签、退票

电子机票与传统机票一样，可以依据各航空公司规定更改、签转与退票。

3. 支付

预订电子机票以后，可以通过多种方式支付，具体的支付方式视预订机构的情况而定。最为便捷的方式就是通过网上银行、电话银行、第三方支付软件（如支付宝、财付通等）支付。

4. 验证

现在不少地方出现了伪造的电子机票，如何验证电子机票？在预订了电子机票，支付完成以后，可以将获取的电子机票信息输入网站的电子机票验证栏进行验证。

5. 优点

（1）方便快捷：在任何可以上网或者能够与预订中心联系的地方，任何时间都可预订。

（2）节约环保：无须纸质机票的印刷，一条编码即可登机，降低成本，保护环境。

（3）减少环节：电子机票无须物流配送，使广大用户可以体验到在线支付即刻拿“货”的消费过程，满足用户电子商务的消费心理。

（4）符合潮流：电子机票顺应了信息时代的市场需求，已成为航空旅行电子商务化的重要标准之一。国外发达国家机票电子化程度已经超过90%，未来中国机票电子化是必然趋势。

（5）安全省时：旅客无须拿到纸质机票，只凭身份证和电子机票订单号，在飞机起飞前1小时到机场航空公司专门的柜台，就可以直接拿到登机牌上飞机，从而避免了因机票丢失或遗忘造成的不能登机的尴尬。

6. 使用流程

（1）登录网站，查询某次航班的电子机票。

（2）填写机票预订内容，务必将乘机人信息填写准确。

（3）确认订单后在线支付票款。

（4）客服人员将在半小时内电话核实，发送电子机票订单号到邮箱或者手机。

（5）旅客持有效身份证件原件到机场电子机票柜台领取登机牌。

（6）通过安检顺利搭乘航班。如需报销可领取“行程单”作为报销凭证。

2. 铁路交通服务采购

旅行社铁路交通服务采购的主要内容是各种铁路交通客票的采购。

（1）火车票的种类

火车票包括客票和附加票两部分。客票部分为软座、硬座。附加票部分为加快票、卧铺票、空调票。附加票是客票的补充部分，除儿童外，不能单独使用。为了优待儿童、学生和伤残军人，中国铁路还发售半价票。

（2）火车票的采购业务

旅行社火车票的采购业务主要是火车票的预订与购买、改签、退票。

①火车票的预订与购买。火车票的预订与购买是通过铁路运输合同的形式实现的。铁路运输合同是明确运输企业与旅客、托运人之间权利、义务关系的协议。旅客车票、

行李票、包裹票和货物运单是铁路运输合同或者合同的组成部分。《中华人民共和国铁路法》规定：铁路运输企业应当保证旅客按车票载明的日期、车次乘车，并到达目的站。因铁路运输企业的责任造成旅客不能按车票载明的日期、车次乘车的，铁路运输企业应当按照旅客的要求退还全部票款或者安排改乘到达相同目的站的其他列车。旅客旅行的基本目的就是要到达旅行目的地。旅客到铁路车站购买车票，向铁路运输企业提出具体的车次、时间到站要求，铁路运输企业按照旅客的要求出售相应的车票，这时铁路旅客运输合同即告成立。旅客凭车票有权要求铁路运输企业按照票面载明的日期、车次及时安排旅行。铁路运输企业也有义务按照票面的规定组织旅客旅行，并提供条件，把旅客及时运送到旅行目的地。由于客观情况的变化，有时旅客并不能按时乘车。从实际来看，这种情况的发生主要是由两个方面所致：一是旅客自身的原因，如放弃或改变了旅行计划，也可能是误车等情况；二是铁路运输企业的原因，如列车晚点、车次取消等。这两种情况的法律责任是不同的。

②改签、退票。依据火车票改签、退票相关规定进行。

3. 公路交通服务采购

在我国沿海经济发达地区，旅行社采购公路交通服务主要是用于市内游览或近距离旅游目的地之间的旅行。而在内陆航空交通服务和铁路交通服务欠发达的地区，公路交通服务则是主要的旅游交通方式。

旅行社采购人员在接到旅游者或旅游团队用车计划之后，应根据旅游者的人数及收费标准向提供公路交通服务的汽车公司提出用车要求，并通报旅游者或旅游团队的旅游活动日程，以便使汽车公司在车型、驾驶员配备等方面做好准备。

4. 水运交通服务采购

旅行社采购人员在采购水运交通服务时，应根据旅游者或旅游团队的旅行计划和要求向轮船公司等水运交通部门预订船票，并将填写好的船票预订单在规定日期内送交船票预订处。

二、采购旅游住宿服务

旅游住宿服务是旅行社采购中的又一项重要内容。住宿服务的采购业务主要包括选择住宿服务设施、选择预订渠道、确定客房租住价格和办理住宿服务预订手续四项内容。

1. 住宿服务设施的选择

选择住宿服务设施是保证住宿服务质量的重要手段之一。旅行社采购人员应该从以下几个方面考察住宿服务设施：

（1）饭店位置

饭店所处的位置有这样两方面的意义：所处地段不同，饭店的价格往往不一样；不同类型旅游者对于饭店的位置有着不同的要求和偏好。

（2）市场定位

在卖方市场下，许多饭店都有自己的经营定位。必须考虑将要采购的饭店所接待的对象主要是哪类旅游消费者。

（3）饭店设备

如饭店是否配备会议室、商务中心、多功能厅、宴会厅、健身设施等。

（4）服务水平

采购饭店的服务水平和整个产品也关系密切。

（5）泊车场地

对于团队旅游来说，饭店是否拥有一定面积的泊车场地是必须要考虑的。

2. 饭店预订渠道的选择

旅行社主要通过组团旅行社、饭店预订中心、饭店销售代表和地方接待社四个渠道预订饭店。

（1）直接预订

它是组团旅行社直接向旅游目的地饭店提出预订要求，因此也叫组团旅行社预订。

直接预订的优点：①能够直接从饭店获得客房信息，及时掌握饭店客房的出租情况；②能直接同饭店达成预订协议，既能保证旅游者的住宿需要，又能免去中间环节所需的费用，降低采购成本；③能够不断加强和饭店的联系，可以与之建立起密切的合作关系，为采购业务的进一步开展打下一个坚实的基础。

直接预订的缺点：①采购人员必须同所要预订的各家饭店逐一打交道，不仅在预订时要同它们联系，还要在随后寄送预订申请、确认住房人数及名单、付房费等，占用大量时间和人力；②有时外地的饭店未必了解组团旅行社，因而不愿意向组团旅行社提供最优惠的价格，并可能在缴纳租房金、付款期限、客房保留截止日期等方面不给予优惠。

（2）代订

代订就是组团旅行社委托旅游目的地的地接社预订饭店，所以也叫委托预订。

代订的优点：①往往能够根据旅游者的要求比较称心地安排饭店；②能拿到组团社心理范围所能接受的价格；③有些时候，异地的组团旅行社只能通过当地的旅行社才能预订到该地区的饭店客房。

代订的主要缺点：①地接社往往截留饭店给予的一部分折扣，作为其代订的佣金；②如果组团旅行社不是选择具有一定经济实力和信誉的接待社或者选错了地接社，容易造成代订失约，从而导致组团社工作的失误。

（3）委托饭店预订中心预订

一些知名的国际连锁饭店往往拥有一个共享的客房预订中心。

委托饭店预订中心预订的优点是方便、可靠，缺点是选择手段单一、需多次操作。

在选择预订方式时，组团旅行社必须分析自己的长处、短处，做到扬长避短，选择最恰当的渠道。

3. 客房租住价格的确定

常见的饭店客房的价格形式主要有门市价格、团体价格、协商价格和净价格四种。

4. **饭店客房预订程序**

（1）提出住房申请

申请时，采购人员应提供旅行社名称、客房数量和类型、入住时间、离店退房时间、结算方式；旅游者国籍（海外旅游者）或居住地（国内旅游者）、旅游者姓名或旅游团队代号、旅游者性别、夫妇人数、随行儿童人数及年龄；旅游消费者的特殊要求，如楼层、客房朝向等相关信息。

（2）缴纳预订金

每个饭店都有关于预订金缴纳的时间、比例、取消预订的退款比例等规定，旅行社在进行相关预订工作时应以合同的形式按照双方约定缴纳预订金。

（3）办理入住手续

旅游团（者）在预订时间抵达饭店后，凭团号、确认函等办理入住手续。

三、采购餐饮服务

国内旅行社在采购餐饮服务时一般采用定点的办法。所谓定点，是指旅行社对采购的餐馆、酒店进行综合考察筛选后，与被选择的餐馆、酒店进行谈判，就旅行社的送客人数、各类旅游者、旅游团队的就餐标准、付款方式等达成协议。

四、采购游览与参观服务

旅游和参观是旅游者在目的地进行的最基本和最重要的旅游活动，旅行社一般以提前购买游览景点门票及签订购买合同等形式完成相关的采购工作。

五、采购购物和娱乐服务

在购物和娱乐的采购中，旅行社采购人员一定要树立正确的观念，全面认识购物、娱乐和旅游产品之间的关系，建立合理、高效的采购渠道。

六、采购地接服务

地接服务采购是指组团旅行社向旅游目的地旅行社采购接待服务的一种业务，在行业内通常称为选择地接旅行社。在地接服务的选择上，旅行社应该遵循诚信的原则，选择具有较强的接待能力并且收费合理的旅行社作为地接社。

总之，旅行社的采购业务涉及许多方面和许多企业、部门，旅行社应在确保服务质量的前提下，同相关的旅游服务供应企业和部门建立起互惠互利的协作关系，正确处理旅游服务采购中的各种关系，为旅行社的经营和发展建立起一个高效率、低成本、优质的旅游服务采购网络。

七、采购旅游保险

根据《旅行社管理条例》及相关法律，旅行社应该为旅游者提供规定的保险服务。由计调部门负责采购保险服务，为旅游者购买旅行社责任险。

1. 旅游保险的主要险种

（1）旅行社责任保险

旅行社责任保险是指旅行社根据保险合同的约定，向保险公司支付保险费，保险公司对旅行社在从事旅游业务经营活动中，致使旅游者人身、财产遭受损害应由旅行社承担的责任，承担赔偿保险金责任的行为。

（2）旅游意外保险

旅游意外保险，是指旅游者个人向保险公司支付保险费，一旦旅游者在旅游期间发生意外事故，由承保的保险公司按合同约定向旅游者支付保险金的保险行为。

（3）航空旅客意外伤害保险

航空旅客意外伤害保险简称“航意险”，属自愿保险的个人意外伤害保险。

（4）中国境外旅行救援意外伤害保险

中国境外旅行救援意外伤害保险属附加性保险，即附加在主保险合同上的保险险种。

2. 旅游保险的办理程序

旅游保险的办理程序：选择保险公司投保—办理保险手续—赔付程序。

（1）提供有关资料

①旅行社责任保险：旅行社或受益人应于知道或应当知道保险事故发生之日起5日内通知保险公司，并收集相关索赔证据或证明。

②旅游意外保险：旅游者（被保险人，下同）或受益人应于知道或应当知道保险事故发生之日起5日内通知保险公司。有关资料包括旅游者（被保险人，下同）死亡证书、旅游者致残证书、旅游者支出医疗费用票据等。

③航空旅客意外伤害保险。旅游者（被保险人，下同）或受益人应于知道或应当知道保险事故发生之日起5日内通知保险公司。有关资料包括旅游者身故证书、旅游者致残证书、旅游者支出的医疗费用票据等。

④中国境外旅行救援意外伤害保险。旅游者（被保险人，下同）或受益人应于知道或应当知道保险事故发生之日起5日内通知保险公司，并收集相关索赔证据或证明。

（2）办理索赔手续

根据《中华人民共和国保险法》和保险公司相关规定办理。

知识链接

旅游保险的主要内容如下。

1. 保险责任

（1）旅行社责任保险

因人身伤亡发生的经济损失、费用；因人身伤亡发生的其他相关费用；行李物品的丢失、损坏或被盗导致的损失；事先经保险公司书面同意的诉讼费用；发生保险责任事故后，旅行社为减少赔偿责任，抢救受伤的旅游者及施救旅游者的财产所支付的必要的、合理的费用。

（2）旅游意外保险

在下列情形之一发生后，保险公司应承担保险责任：旅游者急性病发作之日起7日内因同一原因死亡的；旅游者自意外伤害发生之日起180日内因同一原因死亡的；旅游者因意外事故下落不明，经人民法院宣告死亡的；旅游者自意外伤害发生之日起180日内因同一原因身体残疾的；旅游者在县级以上（含县级）医院或者保险公司认可的医疗机构诊疗所支出的、符合当地社会医疗保险主管部门规定的可报销的医疗费用；旅游者因急性病或意外伤害死亡后的死亡处理及遗体遣返所需的费用。

（3）航空旅客意外伤害保险

意外身故保险金；意外残疾保险金。

（4）中国境外旅行救援意外伤害保险

紧急救援保险责任；紧急门诊和牙科门诊保险责任。

2. 保险期限

（1）旅行社责任保险

旅行社责任保险的保险期限为一年。

（2）旅游意外保险

入境旅游；国内旅游、出境旅游；被保险人自行中止旅游行程。

（3）航空旅客意外伤害保险

航空意外伤害保险的保险期限自旅游者（被保险人，下同）持保险合同约定航班班机的有效机票到达机场通过安全检查始，至旅游者抵达目的地港走出所乘航班班机的舱门时止。

（4）中国境外旅行救援意外伤害保险

中国境外旅行救援意外伤害保险的保险期限，以合同保险单中列明的时日为准。保险期限超过90日的，保险公司通过授权的境外救援机构承担每次旅行连续不超过90日的保险责任。

3. 保险金额

（1）旅行社责任保险

旅行社办理旅行社责任保险的保险金额不得低于下列标准：

国内旅游每人责任赔偿限额人民币8万元，入境旅游、出境旅游每人责任赔偿限额人民币16万元；国内旅行社每次事故和每年累计责任赔偿限额人民币200万元，国际旅行社每次事故和每年累计责任赔偿限额人民币400万元；旅行社组织高风险旅游项目可另行与保险公司协商投保附加保险事宜。

（2）旅游意外保险

入境旅游为人民币30万元；出境旅游为人民币30万元；国内旅游为人民币10万元；一日游为人民币3万元。

（3）航空旅客意外伤害保险

每份保险金额为人民币40万元；同一旅游（被保险人）最高保险金额为人民币200万元。

(4) 中国境外旅行救援意外伤害保险

保险金额由合同双方约定并于保险单中载明，保险金额一经确定在保险期间不得变更；夫妻两人同行且均投本保险，其随行的未满18周岁的子女（限2名）可免缴本保险费参加本保险，但其保险金额以父母两人中保险金额较低的为准。

4. 责任免除

旅游者参加旅行社组织的旅游活动，应保证自身身体条件能够完成旅游活动。因下列情形之一造成旅游者身故、伤残或财产损害的，旅行社不承担赔偿责任：旅游者在旅游行程中由自身疾病引起的各种损失或损害；由旅游者个人过错导致的人身伤亡和财产损失，以及由此导致的需支出的各种费用；旅游者在自行中止旅行社安排的旅游行程后，或在不参加双方约定的活动而自行活动的时间内发生的人身、财产损害。

任务三　旅行社采购合同

任务认识

- 认知旅行社采购合同
- 签订各种旅行社采购合同

任务实施

旅行社采购合同是旅行社与供应方，经过双方谈判协商一致同意签订的供需关系的法律性文件，合同双方都应遵守和履行，它是双方联系的共同语言基础。签订合同的双方都有各自的经济目的，旅行社采购合同是经济合同，双方受经济合同法保护并承担相应的责任。

一、旅行社采购合同

1. 旅行社采购合同的条款

旅行社采购合同条款是旅行社采购合同条件的表现和固定化，是确定旅行社采购合同当事人权利和义务的根据。即从法律文书而言，旅行社采购合同的内容是指旅行社采购合同的各项条款。因此，旅行社采购合同条款应当明确、肯定、完整，而且条款之间不能相互矛盾，否则将影响旅行社采购合同的成立、生效和履行以及订立合同目的的实现，所以准确理解条款含义意义重大。旅行社采购合同其基本条款主要体现在以下五个方面：

(1) 旅行社采购合同标的

合同标的是合同法律关系的客体，是合同当事人权利和义务共同指向的对象。标的是合同成立的必要条件，没有标的合同不能成立。标的条款必须清楚地写明标的名称，以使标的特定化，从而能够界定权利、义务。旅行社采购合同的标的就是旅行社合同法律关系的客体，是旅行社采购合同当事人权利、义务共同指向的对象。常见的旅行社采购合同标的有旅行社购买旅游服务供应企业出售的旅游服务，如客房、餐饮、汽车运输等服务，以及各种用于旅行社运营销售的物料资源等。

（2）旅行社采购合同的数量和质量

因为旅行社采购合同是预购契约，所以有时候对于某些类目的旅行社采购合同不可能规定确切的购买数量，而只能由买卖双方商定一个计划采购量，或者是规定一个采购和供应幅度，以及由双方商定一个最低的质量要求。

（3）旅行社采购合同的价格和付款办法

旅行社采购合同的价格是旅行社采购商品同货币交换比例的指数，或者说，价格是价值的货币表现。旅行社采购合同价格是旅行社采购商品的交换价值在流通过程中所取得的转化形式。在实际旅行社采购合同订立的过程中，价格是一项以货币为表现形式，为商品、服务及资产所订立的价值数字，而付款办法则是对于旅行社采购合同价格的结算方法。

旅行社采购合同中应规定拟采购服务的价格。因为价格常常随旅行社采购量的大小而变动，而合同中又没有确定的采购量，所以可商定一个随采购量变动的定价办法，还要规定在合同期内价格可否变动及其条件。在国际旅游业中，还要规定交易所用的货币以及在汇率变动时价格的变动办法。此外，还要规定优惠折扣条件、结算方法及付款时间等。

（4）合同期限

合同期限指签订合同后开始和终止买卖行为的时间，一般是一年签一个合同，也有每年按淡旺季签两个合同的。

（5）违约责任

违约责任是违反合同的民事责任的简称，是指旅行社采购合同当事人一方不履行合同义务或履行合同义务不符合合同约定所应承担的民事责任。《中华人民共和国民法通则》第 111 条、《中华人民共和国合同法》（以下简称《合同法》）第 107 条对违约责任均做了概括性规定。按照我国经济合同法规定，违约方有承担支付违约金和赔偿金的义务。

知识链接

常见违约责任的类型如下。

1. 继续履行

继续履行也称强制实际履行，是指违约方根据对方当事人的请求继续履行合同规定的义务的违约责任形式。其特征：①继续履行是一种独立的违约责任形式，不同于一般意义上的合同履行。具体表现：继续履行以违约为前提；继续履行体现了法的强制性；继续履行不依附于其他责任形式。②继续履行的内容表现为按合同约定的标的履行义务，这一点与一般履行并无不同。③继续履行以对方当事人（守约方）请求为条件，法院不得径行判决。

继续履行的适用，因债务性质的不同而不同：金钱债务，无条件适用继续履行。

金钱债务只存在迟延履行，不存在履行不能。因此，应无条件适用继续履行的责任形式。非金钱债务，有条件适用继续履行。对非金钱债务，原则上可以请求继续履行，但下列情形除外：①法律上或者事实上不能履行（履行不能）；②债务的标的不适用强制履行或者强制履行费用过高；③债权人在合理期限内未请求履行（如季节性物品之供应）。

2. 采取补救措施

采取补救措施作为一种独立的违约责任形式，是指矫正合同不适当履行（质量不合格），使履行缺陷得以消除的具体措施。这种责任形式与继续履行（解决不履行问题）和赔偿损失具有互补性。

关于采取补救措施的具体方式，我国相关法律作了如下规定：①《合同法》第111条规定为修理、更换、重作、退货、减少价款或者报酬等；②《中华人民共和国消费者权益保护法》第44条规定为修理、重作、更换、退货、补足商品数量、退还货款和服务费用、赔偿损失；③《中华人民共和国产品质量法》第40条规定为修理、更换、退货。

在采取补救措施的适用上，应注意以下几点：①采取补救措施的适用以合同对质量不合格的违约责任没有约定或者约定不明确，而依《合同法》第61条仍不能确定违约责任为前提。换而言之，对于不适当履行的违约责任形式，当事人有约定者应依其约定；没有约定或约定不明者，首先应按照《合同法》第61条规定确定违约责任；没有约定或约定不明又不能按照《合同法》第61条规定确定违约责任的，才适用这些补救措施。②应以标的物的性质和损失大小为依据，确定与之相适应的补救方式。③受害方对补救措施享有选择权，但选定的方式应当合理。

3. 赔偿损失

赔偿损失在《合同法》上也称违约损害赔偿，是指违约方以支付金钱的方式弥补受害方因违约行为所减少的财产或者所丧失的利益的责任形式。赔偿损失具有如下特点：①赔偿损失是最重要的违约责任形式。赔偿损失具有根本救济功能，任何其他责任形式都可以转化为损害赔偿。②赔偿损失是以支付金钱的方式弥补损失。金钱为一般等价物，任何损失一般都可以转化为金钱，因此，赔偿损失主要指金钱赔偿。但在特殊情况下，也可以以其他物代替金钱作为赔偿。③赔偿损失是由违约方赔偿守约方因违约所遭受的损失。首先，赔偿损失是对违约行为所造成的损失的赔偿，与违约行为无关的损失不在赔偿之列。其次，赔偿损失是对守约方所遭受损失的一种补偿，而不是对违约行为的惩罚。④赔偿损失责任具有一定的任意性。违约赔偿的范围和数额可由当事人约定。当事人既可以约定违约金的数额，也可以约定损害赔偿的计算方法。

赔偿损失的确定方式有两种：法定损害赔偿和约定损害赔偿。法定损害赔偿是指由法律规定的，由违约方对守约方因其违约行为而对守约方遭受的损失承担的赔偿责任。根据《合同法》的规定，法定损害赔偿应遵循以下原则：①完全赔偿原则。违约方对于守约方因其违约所遭受的全部损失承担的赔偿责任，具体包括直接损失与间接损失、积极损失与消极损失（可得利益损失）。《合同法》第113条规定，损失“包括合同履行后可以获得的利益”，可见其赔偿范围包括现有财产损失和可得利益损失。前者主要表现为标的物灭失、为准备履行合同而支出的费用、停工损失、为减少违约损失而支出的费用、诉讼费用等；后者是指在合同适当履行后可以实现和取得的财产利益。②合理预见规则。违约损害赔偿的范围以违约方在订立合同时预见到或者应当预见到的损失为限。合理预见规则是限制法定违约损害赔偿范围的一项重要规则，其理论基础是意思自治原则和公平原则。对此应把握以下几点：合理预见规则是限制包括现实财产损失和可得利益损失的损失赔偿总额的规则，不仅仅用以限制可得利益损失的赔偿；合理预见规则不适用于约定损害赔偿；是否预见到或者应当预见到可能的损失，应当根据订立合同时的事实或者情况加以判断。③减轻损失规则。一方违约后另一方应当及时采取合理措施防止损失的扩大，否则，不得就扩大的损失要求赔偿。其特点：一方违约导致了损失的发生；相对方未采取适当措施防止损失的扩大；造成了损失的扩大。约定损害赔偿，是指当事人在订立合同时，预先约定一方违约时应当向对方支付一定数额的赔偿金或约定损害赔偿额。它具有预定型（缔约时确定）、从属性（以主合同的有效成立为前提）、附条件性（以损失的发生为条件）。

4. 违约金

违约金是指当事人一方违反合同时应当向对方支付的一定数量的金钱或财物。依不同标准，违约金可分为法定违约金和约定违约金；惩罚性违约金和补偿性（赔偿性）违约金。《合同法》施行之前，我国的违约金制度兼容以上各种形态，《合同法》则作了全新的规定。根据现行《合同法》的规定，违约金具有以下法律特征：①是在合同中预先约定的（合同条款之一）；②是一方违约时向对方支付的一定数额的金钱（定额损害赔偿金）；③是对承担赔偿责任的一种约定（不同于一般合同义务）。关于违约金的性质，一般认为，现行《合同法》所确立的违约金制度是不具有惩罚性的违约金制度，而属于赔偿性违约金制度。即使约定的违约金数额高于实际损失，也不能改变这种基本属性。关于当事人是否可以约定单纯的惩罚性违约金，《合同法》未作明确规定。通说认为此种约定并非无效，但其性质仍属违约的损害赔偿。

违约金是对损害赔偿额的预先约定，既可能高于实际损失，也可能低于实际损失，畸高和畸低均会导致不公平结果。为此，各国法律规定法官对违约金具有变更权，我国《合同法》第 114 条第 2 款也作了规定。其特点：①以约定违约金“低于造成的损失”或“过分高于造成的损失”为条件；②经当事人请求；③由法院或仲裁机构裁量；④“予以增加”或“予以适当减少”。

5. 定金责任

所谓定金，是指合同当事人为了确保合同的履行，根据双方约定，由一方按合同标的额的一定比例预先给付对方的金钱或其他替代物。对此《中华人民共和国担保法》作了专门规定。《合同法》第 115 条也规定：当事人可以依照《中华人民共和国担保法》约定一方向对方给付定金作为债权的担保。债务人履行债务后，定金应当抵作价款或者收回。给付定金的一方不履行约定的债务的，无权要求返还定金；收受定金的一方不履行约定的债务的，应当双倍返还定金。据此，在当事人约定了定金担保的情况下，如一方违约，定金罚则即成为一种违约责任形式。定金应当以书面形式约定，定金的数额由当事人约定，但不得超过主合同标的额的20%。

2. 管理旅行社采购合同

旅行社采购合同是当事人之间为了实现一定的经济目的而明确相互权利义务关系的协议。签订合同是当事人为避免和正确处理可能发生的纠纷而采取的行为，目的在于确保各自经济利益的实现。

旅行社采购合同属于买卖合同的范畴。根据《合同法》，买卖合同是出卖人转移标的物的所有权于买受人，买受人支付价款的合同。旅行社的采购合同与一般的采购合同不尽相同，主要原因是旅游采购具有预约性。旅行社的采购往往是一次谈判多次成交的业务，不是一手交货一手交钱的简单交易，而是一种预约性的批发交易，谈判和成交之间既有时间间隔又有数量差距。旅游采购的这种特点，使得旅行社与协作部门之间的经济合同显得更为必要，以预防各种纠纷的发生。因此，随着我国法制建设步伐的加快和旅游市场环境的不断改善，旅行社应积极推行合同制，利用法律来保护自己的合法权益，并推动旅行社的采购活动日益规范化。

二、签订各种旅行社采购合同

根据旅行社业务特点和旅行社产品生产需要，常见的旅游采购合同主要有中外旅行社组团合同、旅行社与饭店合同、旅行社与餐馆合同、旅行社与旅游景点合同以及旅行社与保险公司合同等。下面我们以合同范本的形式介绍几种主要的旅行社采购合同。

1. 中外旅行社组团合同范本

中外旅行社组团合同书

中国____旅行社（以下称甲方）与____国____旅行社（以下称乙方），为发展共同事业，双方愿在平等互利及友好的基础上，就双方的权利、义务关系达成如下协议，签订本合同。

第一条 乙方计划自____年____月____日至____年____月____日组织____个旅行团共____名旅行者到中国旅行。

第二条 双方商定的旅行团，乙方应于旅行团进入中国口岸日期的30天前向甲方确认，甲方应在接到乙方确认函后的3个工作日内予以确认。乙方至少应在每个旅行团入中国口岸日期的20天前，以书面形式向甲方提供下列资料：旅游人数、所需房间数、入境航班或车次、全团成员名单（含姓名、性别、出生年月、职业、国籍、证件号码）以及接待要求。

第三条 乙方可随时向甲方提出计划外新组织的旅行团计划，甲方在收到乙方函电后，应在3个工作日内发出答复函电；乙方在收到甲方的答复函电后，也应在3个工作日内予以确认（预报时间要求和报送资料与第二条相同）。

第四条 乙方同意至少在旅行团进入中国国境日期的 15 天前，用电汇方式把该团的全部费用汇入甲方账户。如乙方同时汇两个以上旅行团费，应在电汇单上注明每个旅行团的费用数额。旅行团费均不以人民币结算。

第五条 如乙方未按本合同第四条规定的日期付款，甲方有选择以下三种处理方式的权利：

1. 无论该旅行团是否已进入中国境内，甲方均可以不予以接待，乙方应负担由此引起的一切责任。

2. 向中国各级旅游管理机构报告情况并建议所有旅行社停止接待乙方未付旅行费用的旅行团。

3. 甲方向乙方加收未付的旅行费用的滞纳金。在中国的旅行结束后，如有尾欠，应在一个月内结算全部费用；未结算部分，从下月起加收滞纳金。滞纳金按日加收未结算部分的千分之____。

第六条 甲方应按照本合同和合同附件所确认的日程及包括内容提供服务。甲方应要求外联人员、导游、司机等工作人员按照规定标准提供服务，严格禁止向旅行者索取小费。

第七条 除人力不可抗拒的因素外，甲方如未向旅行团提供符合规定标准的服务，应为旅行者提供补偿服务或将低于服务标准的费用差额退还乙方。

1. 除人力不可抗拒的因素外，如因甲方之故变更旅行日程、交通工具、食宿等所增费用，由甲方负责。因下列原因变更旅行日程，甲方不予赔偿：

（1）如乙方临时改变旅行团入境日期，引起交通、住房及游览日程、项目的变更，使客人投诉、索赔的，应由乙方承担；由此造成的甲方经济损失，由乙方承担。

（2）乙方旅行团进入中国后，因旅行者要求修改日程而造成的经济损失应由旅行者自己承担，甲方不予承担。

（3）因民航、铁路、车船等交通部门的原因（如机械故障、气候等）改变日程所造成的损失，甲方不予赔偿。

2. 各项旅游设施（区）中受到的损害，不属甲方的责任，但甲方应尽人道主义的义务协助乙方处理。

第八条 由于甲方违反服务质量条款，造成旅行者直接物质损失，乙方保留向中国政府旅游管理机构投诉并要求赔偿的权利。

第九条 甲方如因特殊原因需调整双方已确认的旅行团报价，应在旅行团进入中国日期的三个月（九十天）前通知乙方。自通知之日起三个月（九十天）内甲方按原报价收费。

第十条 甲方有责任使乙方了解中国的法令和规定，乙方应要求旅行者遵守中国的法令和规定。旅行者违反中国的法令和规定的依法处理，甲方不承担责任。

第十一条 甲方按照中国价格政策规定，提出旅行团报价，经乙方认可后订立合同附件。本合同共有____份附件。

第十二条 甲方总代理乙方旅行团在中国各地的旅行活动安排，乙方不得另作分段委托。甲方可以将旅行接待活动委托给中国有接待资格的旅行社。甲方作为乙方直接代理商，对广告活动负有直接责任。

第十三条 为保证旅行者在中国旅行期间的安全，甲方为旅行者投保旅游意外保险。旅游团报价含此保险。甲、乙任何一方如违反中国政府关于旅行社接待海外旅游者在华旅游期间统一实行旅游意外保险的规定，责任自负。

第十四条 本合同的订立、变更、解除、违约责任处理，需遵守《合同法》的规定。未经双方共同同意，任何一方不得将根据本合同所享有的权利和承担的义务转给第三方。

第十五条 双方在执行合同过程中发生的争议应通过友好协商加以解决。不能协商解决时，双方同意将争议提交文化和旅游部协调处理。在处理本合同争议时，以中国法律为准据法。

第十六条 本合同自最后签字的一方签字之日起生效，有效期至____年____月____日。合同期满后，经双方同意，可以书面协议确定延长执行期限。

第十七条 本合同有中文和____文两种文本，两文本具有同等效力。在两种文本解释不一致时，以中文文本为准。

第十八条 本合同甲、乙双方签字后，甲方须将副本报所属旅游主管部门备案。

本合同和合同附件为不可分割的整体，合同正文与合同附件的条款具有同等效力。

甲方（盖章）：____　　乙方（盖章）：____

法定代表人（签字）：____　　法定代表人（签字）：____

签订地点：____　　签订地点：____

____年____月____日　　____年____月____日

2. **旅行社与饭店合同范本**

旅行社与饭店协议书

甲方：　　（以下简称甲方）

乙方：　　（以下简称乙方）

星级：____星

甲、乙双方就乙方加盟甲方运营平台：__________，乙方向甲方各成员单位提供优惠客房，并成为甲方网络平台的加盟会员酒店，经友好协商达成以下合作协议：

一、客房协议价格（酒店也可自附“房价表”等相关说明，无建议售价可不填）

1. 房间类型、门市价、结算价、建议售价：

（1）____ ____ ____ ____

（2）____ ____ ____ ____

（3）____ ____ ____ ____

（4）____ ____ ____ ____

（5）____ ____ ____ ____

（6）____ ____ ____ ____

早餐：____份；加床：____元。

2. 为了更好地推广乙方酒店，乙方应在签约价格上实行无倾斜政策，建议返佣金额在____元以上。

3. 奖励政策：甲方每月完成（　　）间次奖励____元/间次，完成（　　）间次奖励____元/间次，完成（　　）间次奖励____元/间次。

4. 团队含义：同进同出____间以上为团队接待，价格为一团一议。

二、关于客房预订

1. 甲方各成员单位免费为酒店进行客源招徕与必要的促销，乙方负责协调酒店销售部、预订部及前台，配合好甲方各成员单位预订单的落实确认与到店客人的入住安排。

2. 甲方各成员单位在客人抵店前通过传真方式通知乙方销售部、预订部，乙方按订单上传真号码回传各成员单位确认。

3. 对于遇销售部、预订部休息下班，在无法联系到乙方销售人员的情况下，甲方各成员将直接发传真到乙方前台，由乙方前台按甲方各成员传真内容先予以接待。总台或商务中心传真号码：____。

4. 因乙方原因造成甲方各成员单位预订客人不能顺利入住的，乙方应负责免费给客人升级或在客人同意的前提下将甲方客人安排同星级酒店，佣金应照常返还。

5. 甲方客人退房时间为中午____点，如客人要求延迟退房，乙方视当天房态情况尽量满足甲方客人的要求。

6. 当甲方客人直接向乙方要求延住时，乙方可按甲方原先的传真预订价格给客人续住，佣金应照常返还。

7. 乙方____点为正常保留时间（特殊情况请在预订单上注明），____点以后甲方成员单位取消预订客房，以传真或电话通知乙方。

销售部休息日期：____下班时间：____预订部休息日期：____下班时间：____。

三、关于夜审跟单

1. 为减少 noshow（预订之后未入住）给乙方酒店带来不必要的损失，甲方各成员单位每天在____前后，以电话形式直接与酒店前台或预订部联系，对保留至____的客房进行跟单，以便保留或及时取消，酒店应通知前台或预订部给予配合，正确告之甲方预订的客户是否到店、入住房号等情况。

2. ________________________________。

四、关于付款、结算

1. 当甲方客户入住酒店时，乙方总台按甲方传真所指定的协议价格直接向客人收取所有房费。房费差价（佣金）归甲方所得。乙方佣金差价税____%。

2. 甲方在每月____日前向乙方提供上月甲方各成员单位客人入住详细资料（包括客人姓名、入住房价、入住日期、离店日期、夜次及返佣金额），经双方核对确认后，订房佣金由乙方在每月____日前汇入甲方指定的账号，并由甲方向乙方开具发票，如果乙方未能按时汇款，甲方向乙方收取每日____‰的滞纳金。

备注：扣差价税的酒店，甲方只向乙方开具收款凭证（收据），未扣差价税的酒店甲方提供收款发票。

五、双方的权利和义务

1. 乙方应协助甲方接待好客人，为客人提供优质的全方位服务，做好预订、财务结算工作。

2. 甲方各成员单位的订房，乙方正常保留至当天____整（视当日房源情况可适当延长保留时间）。

3. 乙方遇门市散客价格调整或推出特惠价格时，应及时以传真形式提前____天书面通知甲方，并要确认好开展工作。

4. 双方签约人员如离开原工作岗位，应及时书面通知对方，原协议有效。

5. 在设置甲方名称时，请统一用“××××××”名称设置，以便于甲方成员单位客人查找预订信息。

6. 乙方若有装修、停业等影响会员入住的情况，务必提前通知甲方。

7. 甲方不为任何客人和各成员单位承担欠款和担保。

六、特别说明

1. 所有用《中国订房联盟——客房预订通知单》入住的佣金，由中国订房联盟法人单位：____________旅游服务有限公司负责统一结算。开户全称：上海××旅游服务有限公司，开户银行：____________，银行账号：____________。

2. 中国订房联盟平台已为酒店免费开通，无须传真确认，无通信费用的 e－booking 和 e－confirm（即时房态、即时确认系统）和移动商务平台（手机短信订房、即时短信确认系统）酒店可免费申请开通。

3. 为便于更好地合作，双方合作协议期长期有效，甲方各时段房价以乙方的调价通知为准。

七、管辖法律及仲裁

本协议一式两份，双方各执一份，盖章签字后生效。本协议受中华人民共和国法律保护。凡由于执行本合同而发生的一切争执，应当友好协商解决。如不能解决的，可诉诸仲裁。仲裁应当提交____仲裁委员会，按照____仲裁委员会的仲裁规则仲裁，该仲裁的裁决是终局的，双方必须遵守。此协议传真件同样有效。

甲方：____旅游服务有限公司（盖章）	乙方：____（盖章）
地址：	地址：
电话：	电话：
传真：	传真：

3. **旅行社与餐馆合同范本**

旅行社与餐馆合同书

____旅行社（以下简称甲方）与____餐馆（以下简称乙方）就旅行团（者）用餐事宜经双方友好协商一致达成如下协议：

一、客人便餐用餐标准

1. 标准等：10 人以上____元/人；6～9 人____元/人；2～3 人____元/人；1 人____元/人。

2. 豪华等：10 人____元/人，6～9 人____元/人；2～5 人____元/人；1 人____元/人。

3. 经济等：10 人以上____元/人。

4. 乙方须保证客人够吃，如菜不够吃，添菜不另收费。

二、客人风味用餐标准

最低标准：____元/人（酒水除外）。

三、陪同、司机用餐标准

1. 地陪、司机：____元/人（便餐）；____元/人（风味）。

2. 全陪与客人一同用餐，按客人标准计付；与地陪一同用餐，按地陪标准计付。

四、酒水

便餐酒水提供啤酒____元/瓶，可乐____元/瓶，汽水____元/瓶，矿泉水____元/瓶。除上述酒水外，饮用其他酒水，其费用客人现付。风味酒水，除上述几种外，可提供红、白葡萄酒及中档白酒（不提供茅台）。

五、结算

1. 甲方陪同以餐饮结算单向乙方结算每餐费用。

2. 甲方财务人员每次凭陪同填写的结算单核对发票向乙方结账付款。

六、报损

1. 两小时以上退餐，不收损失费。

2. 两小时内退餐，收取 50% 费用。

3. 订餐后未去用餐，收取 100% 费用（酒水不计）。

七、本协议有效期自____年____月____日至____年____月____日。

八、本协议正式文本一式两份，甲、乙双方各执一份，签字或盖章后生效。

甲方：____旅行社（盖章）　　　　乙方：____餐馆（盖章）

____年____月____日　　　　____年____月____日

4. **旅行社与旅游景点合同范本**

旅行社与游游景点的协议书

为给经营旅游业务的单位游览参观____提供方便，经____（以下简称甲方）和____旅行社（以下简称乙方）双方议定，采用入园交券记账，定期结算的办法，双方协议如下：

一、参观游览券由乙方印制。券面所列项目应含旅游者名称、旅游者人数、乘坐大、中、小车数。游览公园的名称、带队人姓名、____年____月____日。使用时需加盖公章。

二、参观游览券所列项目由乙方人员逐一填写，入园时交甲方服务人员验收。遇有项目填写与实际不符或未盖公章者，甲方可拒绝使用。如乙方未带参观游览券，一律凭现金购票入园（包括车票）。不得用白条赊欠。

三、参观游览券填入园人数应包括乙方带队、陪同、翻译、司机人员。门票价格为____元/人。

四、如参观和游玩园内其他收费项目，需另交参观游览券，需求同二、三条，但不收车费。

五、票价按甲方现行票价计算。入园车辆按大、中、小分别收费。大、中型车收费____元/车；小型车收费____元/车。

六、乙方应于每季度的第一个月上旬携带支票到____园财务科结算上一季度的账目。如乙方逾期结算，每半个月增收滞纳金____%。

七、协议自签字之日起生效，期限一年。期满后另作商定。

甲方（盖章）：____	乙方（盖章）：____
法定代表人（签字）：____	法定代表人（签字）：____
____年____月____日	____年____月____日
签订地点：____	签订地点：____

5. **旅行社与保险公司合同范本**

旅行社与保险公司合同范本

甲方：____________________

乙方：____________________

为了保证旅游者在旅游期间的人身安全和经济利益，促进旅游事业的发展，甲、乙双方经友好协商，就甲方协办乙方保险业务事项达成如下协议：

一、保险对象

凡身体健康、能正常旅行参加出境（含港、澳、台地区）、入境和国内团队旅游者以及随行的旅行社导游、领队，均可作为被保险人，由甲方代办投保。

二、保险期间

本保险的保险期间，入境旅游者自其入境后参加旅行社安排的旅游行程开始，至该旅游行程结束并办理完出境手续出境时止；国内旅游和出境旅游自其在约定时间登上由旅行社安排的交通工具始，至该次旅行结束离开旅行社安排的交通工具时止。被保险人自行终止旅行社安排的旅游行程，其保险期间至其终止旅游行程时止。

三、保险责任

按照《旅行平安保险条款》执行。

四、责任免除

按照《旅行平安保险条款》执行。

五、赔付比例

按照《旅行平安保险条款》执行。

六、投保手续

甲方每组织一个旅游团队，应在出团前向乙方办理投保手续。甲方将投保单传真至乙方专用传真机，乙方在收到甲方投保依据后，正常工作日应在当天出具承保确认书并传真给甲方，休息日及节假日在专用传真机收到旅行社传真时即自行确认，无须再发确认书。

七、保险费的结算与支付及劳务的支付

甲方为乙方代收的保险费每月结算一次。乙方在每个月 5 日前（节假日顺延）统计前一月保险费并通知乙方，经核对无误，甲方应在五个工作日内将款项划给乙方。乙方每月收取保险费后，按实收保险费的 5% 支付给甲方作为劳务报酬。

八、保险金的申请和给付

被保险人在保险期内发生本保险责任范围内事故时，甲方应在事发后三天内通知乙方，原则上在 10 个工作日内或结案后提供有关索赔单证（包括当地公安部门证明、医疗证明、原因、地点、估计损失或赔偿金额等），积极协助乙方处理赔付，做好事故的核查工作。乙方在责任明确、资料齐全后，应在七个工作日内按条款规定给付保险金。

九、本协议所称意外伤害，是指外来的、突然的、被保人无法预料和不可抗拒的，使被保险人身体受到剧烈伤害的事件。

十、本协议一式两份，自甲、乙双方签字之日起生效，有效期____年。有效期满如双方无异议则继续生效。

十一、对本协议未尽事宜，经双方协商可随时修改补充，并作为本协议组成部分。

甲方（盖章）：____	乙方（盖章）：____
代表（签字）：____	代表（签字）：____
____年____月____日	____年____月____日

［**项目实训1**］

实训名称：模拟火车客票预订。

1. 前期准备：将学生分为几个小组，提前对火车客票预订流程进行实地考察，了解旅行社的相关业务及人员调配。

2. 实训方案设计：每个小组模拟旅行社采购人员，参考学习的相关知识，模拟火车票预订流程。

3. 实训成果：要求提交文本资料，包括各小组实地考察过程、调查到的信息、各小组的采购计划书。

4. 能力考察：火车客票选择是否合适、预订流程是否熟练。

［**项目实训2**］

实训名称：模拟旅游采购合同签订。

1. 前期准备：将学生分为几个小组，提前对旅游采购合同流程进行研究分析，了解旅行社的相关业务及人员调配。

2. 实训方案设计：每个小组选派同学模拟旅行社采购人员与单项产品供应商，参考学习的相关知识，模拟旅游采购合同签订流程。

3. 实训成果：要求提交合同文本资料，包括各小组谈判过程、谈判结果以及双方在合同中各自实现的合同目的。

4. 能力考察：旅游采购合同选择是否合适、谈判流程是否熟练。

项目五　旅行社销售业务

任务一　旅行社产品价格的制定

任务认识

- 影响旅行社产品价格制订的因素
- 认知旅行社产品定价的策略
- 能够运用所学知识对旅游线路进行报价

任务实施

一、旅行社产品价格的构成及影响因素

1. 旅行社产品价格的构成

旅行社产品价格是旅游者为实现旅游活动需要向旅行社支付的费用，也是旅行社所提供的产品价值的货币表现。旅游产品的价格由成本、利润和税金三部分构成。

成本规定了制订产品价格的最低界限，因此是旅行社制订产品价格的主要依据。根据我国目前旅游价格体系和有关价格政策的要求，旅行社产品的成本包括生产产品时用于组织旅游活动及维持经营活动而发生的费用部分，例如，房费、餐费、交通费、参观游览费、文娱活动费等，以及导游服务费、营业费用、管理费用、财务费用等。

利润是指旅行社为旅游者提供服务所获得的报酬。

旅行社产品是一个完整的整体，缺一不可。如果缺少了任何一个部分，则说明这个价格已经出现了问题，必将引起旅游市场的混乱。

2. 旅行社产品价格的影响因素

旅行社产品价格范围一般由以下几个因素决定：产品成本规定的最低价格、竞争对手的同类产品价格以及由旅游者购买力决定的产品最高价格。合理的产品价格应该在最低价格和最高价格之间浮动，其中，成本是最直接的决定因素。旅行社产品覆盖跨度大，具有综合性的特征，从而决定了其价格受多种因素的影响。具体来说，影响其价格的因素主要如下。

（1）成本与利润

在正常的市场环境下，成本是定价的最低经济界限，是决定产品价格的基本因素。旅行社产品价格若低于这一下限，旅游经营者所付出的社会必要劳动就得不到合理的

补偿，其产品的再生产就难以继续。

利润是价格构成的又一组成部分，存在最高界限和最低界限。最高界限是以多数旅游者能接受为限，再高会导致购买力的减少，收入降低；最低界限一般由社会平均利润率决定，再低会使旅行社得不到正常的利润，导致其不愿再继续经营下去。

（2）供求关系

供求关系是旅行社产品定价的主要考虑因素，二者的关系表现为需求规律和供给规律。

具体来讲，需求规律是指一定时期内供给一定，如果需求增加则价格上升，需求减少则价格下降。供给规律是指一定时期内需求一定，若供给增加则价格下降，供给减少则价格上升。

例如，旅游旺季出行人数较多，机票价格飙升，而一到淡季，票价高位跳水，折扣从七折、五折降至三折不等。除此以外，在旅游淡季，一些宾馆在食宿方面往往也有较大程度的优惠，住宿折扣甚至高达50%。因此，淡旺季出游费用相差很大。

前沿速递

节后旅游价格最高降一半

2018 年“十一”黄金周刚过，旅游价格随着客流减少而应声“跳水”。各热门旅游目的地的机票、酒店等资源的紧张情况得到缓解，旅游产品价格普遍下调，欧洲 12 天跟团游价格最低降至 6000 多元。游客错峰出行性价比很高。

出境游最高降四五成

记者在携程网看到，国庆节后到 10 月中下旬、11 月，境内跟团游、自由行产品平均价格下降 20% 至 30% 不等，境外旅游产品降价区间在 10% 至 30%。加上网上的大规模淡季促销，热门线路特别是适合蜜月游的海岛游价格近乎腰斩。以热门海岛目的地沙巴为例，降价幅度超过 40%，前往沙巴最低价格不到 2000 元。据携程产品部负责人介绍，进入 2018 年最后一个季度后，旅行社的促销力度不断加大，热门海岛及欧洲深度游都有三成以上的降幅，部分促销路线降价超过 50%。以“德国 + 法国 + 瑞士 + 意大利 12 日跟团游”为例，相较国庆节期间动辄过万元的价格，选择在 10 月下旬及 11 月错峰出行，只需 6399 元起。

日本同样是秋季出境游的热门目的地。途牛网上“日本京都—大阪 5 晚 6 日自由行”产品“十一”期间平均报价在 9000 元，节后部分团期价格仅需 4000 元左右。

“日本、东南亚热门海岛降幅更大，部分线路降价甚至超过四成。从目前错峰游预订情况来看，国庆节后到 11 月中上旬的线路预订人次，相比去年有较大增幅。”驴妈妈旅游网负责人告诉记者。

银发族成了出游主力

随着国庆假期的结束，市场上旅游价格回落，不少年假族、银发族闻风而动，选择在国庆节后开启“上山”“下海”错峰游模式。例如，10 月下旬从成都入藏深度游，打卡网红景点，携程网上可以查询到，一条拉萨与羊卓雍措5日线路人均仅需4781元，直降50%。

“国庆节后，三亚、丽江、桂林、厦门、西安、重庆、张家界等方向依旧热门，相关产品报价降幅达30%至50%，其中，丽江和三亚方向的旅游产品降幅超四成。赏秋、泡温泉成为国内错峰游主要体验内容。”途牛国内游产品相关负责人告诉记者，从出游预订客群分布来看，“十一”过后，闲暇时间较为充裕的银发族和年假族是出游主力军。随着重阳节的临近，越来越多的银发族约上老友一起踏秋。

门票降价推动出游热情

“十一”前，景区门票普遍降价，这也助推了节后出游的热情。据悉，秦始皇兵马俑博物馆门票销售量同比增长高达400%，都江堰门票销量同比增长178%，乌镇国庆门票销量增长了30%。在自由行和自驾游行程中，游客之前可能只计划了2个景点，但是景区降价后，不少客人就会选择去3个或者更多的景点，也可以把门票节省下来的开支用到其他方面，提升整体出游体验。目前，这一消费趋势正在带动当地玩乐产品的销售，比如演出门票、餐券、一对一导游服务等。

资料来源：北京晚报，2018年10月15日。

（3）竞争因素

旅游市场竞争通过旅游产品的供给者之间、需求者之间和供给者与需求者之间的竞争决定市场成交价格。供给者之间的竞争使市场成交价格在较低的价位上实现；需求者之间的竞争，使市场成交价格在较高的价位上实现。因此，当旅游产品供过于求时，旅行社产品价格只能体现旅游经营者的生存目标即较低的供给价格；当旅游产品供不应求时，其价格可以体现旅游经营者的利润最大化目标，从而体现了较高的交易价格，但不能超过旅游需求的价格。

（4）经济因素

经济环境是指一个国家或地区的经济发展状况，它从宏观上约束着旅行社产品的定价，主要包括以下因素：

①社会生产的发展状况。一般情况下，社会生产发展较快时，社会需求量大，人们可自由支配的收入较多，购买力水平提高，导致旅游者数量增加，而供给量没有相应增加，则旅行社产品的价格会上涨；反之，社会生产处于萎缩或衰退时期，社会需求量减少，购买力水平降低，造成旅游者数量减少，旅行社产品价格必然下降。

②汇率变动。汇率是两种不同货币之间的比价，即一国货币单位用另一国货币单位所表示的价格。如果本国与外国的货币比价下调，同等外国货币购买力增强，则对外国旅游者来说等于旅游价格下跌，从而可以吸引更多的旅游者。旅行社为避免因汇率变化带来的损失，可以适当提高对外报价；反之，汇率下调，旅行社应调低报价，维持原有市场或考虑开辟新的市场。

③货币发行量。若货币发行量超过了商品流通中所需的货币量，产生了通货膨胀，货币贬值，则旅行社产品价格会上升，反之则会下降。

④政府价格政策。尽管价格变化主要受商业性因素影响，但旅游价格也经常受到政府的管制。由于公众健康和安全的原因，也为了保证供应商之间的有序竞争，保护消费者，几乎所有国家的政府都会经常干预或影响价格决策。

案例导入

价格标准战略定乾坤

某年7月，深圳人纷纷打电话到深圳旅游集团海外部询问："报纸广告上的盘子和刀叉是怎么回事?"原来，这是该公司推出的庐山自助游的形象广告。这种表现方式在当时的旅游广告中还是挺新奇的。这年夏天，深圳计划开通庐山（九江）直航班机，面对这一商机，深圳旅游集团海外部成功地实施了一套保护自己的价格策略，从而保障了产品开发者的利益。以往去庐山旅游，均由南昌进出，在路上耗费不少时间，往往在山上住一晚就匆匆离去，现在，面对即将开通至庐山脚下九江的航班，如何做才能形成自己的相对优势，不至于转瞬又陷入价格战的旋涡?经营者首先对目的地作了分析，庐山是一个很适宜休闲度假的地方，和黄山相比，虽然风景可能略逊一筹，但山上的度假条件却得天独厚，拥有各种档次的酒店，还有一个上万人的小镇，交通良好；同时，经营者对市场作了分析，深圳人很忙，工作节奏快，喜欢直航。深圳人容易接受新事物、新概念，易被引导。对航空包机人而言，需要有市场推动人。经过分析，经营者决定在市场上以"专业"和"全面"的形象出现，根据目的地特色和市场情况设计出几种套餐。

庐山的接待条件，非常适合自助游，这在当时还是较新的旅游概念，对于平日紧张惯了的深圳人而言，早上不用按时起床，想走就走，想停就停，无疑是很有吸引力的。更重要的是，山上拥有从各类疗养院到星级酒店多种住宿选择，适合不同客人的需求，这样，只需要酒店派车到机场接送，无须增加地接成本。在价格上，从疗养院的1380元起至三星级酒店的1780元，形成了无敌价，竞争对手很难切入。

同时推出的有各种全包团，由于在市场上是率先推出的，并有酒店和航空公司的支持，其产品也就成了市场上的标准，而谁制定了标准，谁就有了优势。

有此一系列的策划和强有力的推广，该公司很快取得了庐山直航线的绝对优势。这样，当年该公司在庐山线上成了最大的赢家。

分析：

深圳旅游集团成为庐山线赢家的原因。

二、旅行社产品的定价方法

旅行社产品的定价方法，是旅行社在特定的定价目标指导下，根据企业的生产经营成本，面临的市场需求和竞争状况，对旅行社产品价格进行计算。其中，成本是价格的最低界限，竞争对手与替代产品是定价的出发点，顾客对旅游产品持有的评价是价格的最高界限，因此就形成了成本导向、需求导向和竞争导向三种最基本的定价方法。

1. **成本导向定价法**

成本导向定价法是以旅游企业的成本为基础来制订旅游产品价格的方法。这种方法简单易行地将成本与价格直接挂钩，有利于保持价格的稳定。但此种方法以生产为中心，忽视了供求及竞争等因素的影响，只能适应卖方市场的条件，对于买方市场则难以适应，缺乏竞争性。在成本容易确定且对于旅游者和旅游企业都公平的情况下，成本导向定价是较受欢迎的定价方法。因此，旅行社可以考虑以成本为中心确定产品价格。

（1）成本加成法

这种方法就是在产品单位成本的基础上，再加上一定比例的预期利润来制订销售价格，其计算公式是：

单位产品的价格 = 成本 + 成本 × 成本加成率（成本利润率） = 成本（1 + 成本加成率）

例如，某旅游线路成本为 3500 元，成本加成率为 20%，其价格 = 3500 ×（1 + 20%） = 4200 元。

成本加成率即预期利润占产品成本数的百分比。不同时期、不同地点、不同市场环境，加成率并不相同。实际上，对旅行社来说，加成率可以是旅行社预期的利润率，也可以是旅行社经营管理人员的经验数据，但在我国，大多数旅行社采取的都是行业平均的利润率。

（2）目标利润定价法

这种方法是先确定旅行社本期（如一个价格年度）内获得的利润，并预测本期内可以销售的产品数量，再把预期总成本与预期总利润的和除以预期销售量而定出单位产品的销售价格。其计算公式是：

单位产品成本价格 = （预期总成本 + 预期总利润）/预期销售量

2. **需求导向定价法**

需求导向定价法是根据旅游者的需求、需求特点和旅游者对旅行时产品价值的认识和理解程度来制订价格的方法，需求强度大时定高价，需求强度小时定低价。常用的需求导向定价法主要有以下类型：

（1）理解价值定价法

理解价值定价法是指以消费者对产品价值的理解和认识不同为依据来制订产品价格的方法。旅行社用这种方法定价的关键在于利用各种手段使顾客从心理上对产品产生高附加值的感知，提高产品在旅游者心目中的形象。

（2）差别需求定价法

差别需求定价法又称差别定价法，是指在产品成本相同或差别不大的情况下，根据旅游者对同一产品的效用评价差别来制订差别价格的方法。例如，同一旅行社产品针对不同旅游者、不同地点、不同时间分别有不同的价格。

①同一旅游产品对不同旅游者的差别定价。不同消费者其收入不同，消费水平也不同，针对他们实施不同的价格，可以增加企业的销售量。

②同一旅游产品在不同地点的差别定价。同一旅游产品，如果销售的地理位置不同，经营环境发生改变，旅游产品的价格也可相应地作出调整。

③同一旅游产品在不同时间的差别定价。例如，淡旺季价格的不同，旅馆在周末与平时的价格不同等。

3. 竞争导向定价法

竞争导向定价法是旅游企业在市场竞争中为求得生存和发展，参照市场上竞争对手的价格来制订旅游产品价格的定价方法。在这种定价方法中，竞争是定价要考虑的中心，竞争对手的价格是定价的出发点，而产品的成本、市场需求的强度不会对企业定价产生直接的影响。

（1）率先定价法

率先定价法是指旅游企业根据市场竞争环境，率先制订出符合市场行情的旅游产品价格，以吸引旅游者而争取主动权的定价方法。

（2）随行就市定价法

这种定价法是以同行业的平均价格水平或领导企业的价格为标准来制订旅游产品价格的方法。

（3）排他性定价法

这种定价法是以较低的价格排挤竞争对手、争夺市场份额的定价方法。如果说随行就市定价法是防御性的，那么排他性定价法则是进攻性的。

①绝对低价法。本企业旅游产品价格绝对低于同种旅游产品的价格，这样可以争取更广泛的旅游者，排挤竞争对手，还可以使一些参与竞争的企业望而生畏，放弃参与竞争的念头。

②相对低价法。对某些质量好的名牌旅游产品，可以适当降低价格，缩小名牌旅游产品与一般旅游产品的价格差异，以促使某些低质的同类旅游产品降低价格，直至这些企业无利可图而退出市场。

在定价方法上，我国旅行社普遍采用成本导向定价法和竞争导向定价法。但正如前面所说，由于旅游产品同质化，降价成为竞争的唯一手段，从而导致竞争表层化，竞争空间狭小。事实上，虽然价格对旅游产品的销售非常重要，但由于大家普遍采用成本导向定价法和竞争导向定价法，旅游产品价格也趋于雷同且都降无可降。

三、旅行社产品的定价策略

在确定了基本定价方法后，旅行社就要在日常经营管理过程中运用一定的定价策略和技巧，灵活运用价格手段，实现自身的营销目标了。

旅游定价策略是旅游企业在特定的经营环境中，为实现其定价目标所采取的定价方针和价格竞争方式，具体表现为对各种旅游定价方法的有效选择上。旅游定价策略与旅游定价方法二者相辅相成，共同为实现旅游定价目标服务。定价策略决定定价方法的选择，定价方法影响定价策略的落实，没有明晰的定价策略，定价方法的选择和调整就会变得僵化、呆滞或盲从，就很难准确地把握竞争时机，实现定价目标和经营目标。

1. 新产品定价策略

新产品的定价问题关系到该产品是否能及时打开市场、占领并获得满意的利润。

新的产品投入市场后能否受到旅游消费者的欢迎，除了产品自身的因素外，其定价策略也起着十分重要的作用。研究、制定和选择有效的旅游定价策略，是实现旅游定价目标的重要环节。在不同的生命周期阶段，旅游企业应该根据不同的市场特征和产品特征采取以下策略。

（1）撇脂定价策略

撇脂定价策略是一种高价进入市场的策略，即在新产品投放市场时采用高价，以便在短时期内获得高额利润的定价策略。新产品刚上市时，由于需求弹性较小，旅游者对产品价格的反应不敏感，竞争对手也较少，因而可能在短时期内获得最大的利润。撇脂定价策略一般适合于旅游产品特点明显、垄断性强且其他旅游企业短期内难以仿制或开发的产品。

这种策略的优点主要表现为：①利润大，可及时回收成本投资；②有利于树立高质量的产品形象；③因为初始定价高，旅行社可以有步骤地降低价格以吸引对价格敏感的旅游者。

撇脂定价策略的不足：①最初定价太高，不利于开拓市场；②会引来大批竞争者加入，竞争激烈会造成利润下降。

因此，撇脂定价策略是一种短期的价格策略，旅行社若想长期使用这种策略，就必须不断进行产品创新。

（2）渗透定价策略

与撇脂定价策略相反，渗透定价策略是一种低价进入市场的策略，即将新产品以低价投放市场，以便尽快扩大产品的销售量，获得较大的市场份额的定价策略。这种定价策略有利于旅游企业尽快打开销路，缩短导入期，争取旅游产品迅速成熟、完善；同时，还可以阻止竞争者进入市场参与竞争。但这种定价策略不利于尽快回收投资，影响后期进一步降价销售，而且遇到强劲对手时可能遭受重大损失。

渗透定价策略的优点：①能够迅速打开新产品的市场销路，增加产品销售量；②低价能够有效阻止竞争者进入市场，保证企业长期占领市场。

渗透定价策略的不足之处：①由于产品定价很低，在短期内无法获得足够的利润来弥补新产品的投资；②价格变动余地小，不利于新产品后期降价竞争；③不利于新产品品牌形象的树立。

（3）满意定价策略

满意定价策略是一种介于撇脂定价策略和渗透定价策略之间的价格策略。它所定的价格低，但比渗透价格要高，是一种中间价格。这种定价策略由于能使生产者和消费者都比较满意而得名，按这种定价策略定的价有时又称“君子价格”或“温和价格”。这种定价策略由于兼顾了供给者和需求者双方的利益，既能使企业有稳定的收入又能使消费者满意，产生稳定的购买者，因而各方面都会满意。但是，采用这种定价策略也有不足之处：产品的定价是被动地适应市场而不是积极主动地参与市场竞争，因此可能使企业难以灵活地适应瞬息万变的市场。

案例导入

产品的竞价流程

苹果 iPad 是近几年来最成功的消费类数码产品之一。第一款 iPad 零售价高达 399 美元，即使对于美国人来说，也属于高价位产品，但是有很多“苹果迷”既有钱又愿意花钱，所以纷纷购买；苹果公司认为还可以“撇到更多的脂”，于是不到半年又推出了一款容量更大的 iPad，定价 499 美元，仍然销路很好。选择撇脂定价策略时，要考虑以下因素：第一，市场上存在一批购买力很强并且对价格不敏感的消费者；第二，这样的一批消费者数量足够多，也就是消费者足够多，企业有厚利可图；第三，暂时没有竞争对手推出同样的产品，本企业的产品具有明显的差别优势；第四，当有竞争对手加入时，本企业有能力转换定价方法，通过提高性价比来提高竞争力；第五，本企业的品牌在市场上有传统的影响力。

苹果 iPad 在最初采取撇脂定价法取得成功后就根据外部环境的变化而主动改变了定价方法。2004 年，苹果公司推出了 iPad shuffle，这是一款大众化产品，价格降低到 99 美元 1 台。之所以在这个时候推出大众化产品，一方面是市场容量已经很大，占据低端市场也能获得大量利润；另一方面是竞争对手也推出了类似产品，苹果公司急需推出低价格产品来抗衡。但是，苹果原来的高价格产品并没有退出市场，而是略微降低了价格，苹果公司只是在产品线的结构上形成了“高低搭配”的良好结构，改变了原来只有高端产品的格局。

分析：

请分析苹果 iPad 的定价策略。

2. 心理定价策略

心理定价策略是在充分考虑旅游消费者不同的消费心理，特别是对产品价格的心理反应的基础上，区别不同旅游产品而采取的灵活的定价策略。

（1）声望定价策略

声望定价策略也称整数定价策略，是指旅行社用高价位或整数价来显示产品的高品质形象的定价策略，比较适用于高质量的旅游产品和崇尚高消费的旅游者。购买这种产品的旅游者常产生“货真价实”“一分钱一分货”的感觉，并将此作为一种身份或社会地位的象征。旅游产品是一种高档消费品，所以大多数旅游线路的价格都是整数。例如，北京某旅行社推出的五台山、常家庄园、乔家大院、平遥古城三日游，对外报价为 500 元，而非 478 元。

（2）尾数定价策略

尾数定价策略又称零头定价策略，是相对整数定价策略而言的。尾数定价策略是指旅行社在确定产品价格时采用低于但又非常接近下一个整数的数字作为产品的销售价格的一种定价策略。例如，定价为 998 元而非 1000 元，虽然两者之间只差 2 元，却给旅游者一种价格低廉、旅行社定价认真的感觉。

（3）吉祥定价策略

吉祥定价策略是采取诸如888、999、666等具有吉祥意义的数字作为产品售价的定价策略。由于不同国家、地区的民族习惯、社会风俗、文化传统和价值观念不同，消费者对某些数字有不同的偏好或忌讳，比如，西方人忌讳“13”，东方人喜欢“6”“8”“9”等。旅行社会根据不同消费者的不同心理特点，有意识地选择消费者偏好的数字，定出使其称心如意的价格。比如，广东、港澳地区比较喜欢“8”这个数，因其与广东话中的“发”字谐音，故价额中有“8”的价格更受该地区旅游消费者欢迎。

（4）招徕定价策略

招徕定价策略也称特价定价策略，旅行社采取该定价策略的目的是用低价、减价等方法吸引旅游者购买。这种策略主要是为迎合多数旅游者求廉价的心理，提供特价旅游路线，吸引游客，游客购买时可以推荐其他产品，扩大连带销售。

（5）系列定价策略

系列定价策略也叫分级定价策略，即旅行社根据不同层次旅游消费者的消费心理，将一系列功能相近的旅游产品分成几个不同的档次，每个档次制订一个价格，以满足不同旅游者需要的定价策略。例如，旅行社可将所有的产品分为“豪华”“标准”“经济”或更细分等的几种价格，形成一系列价格档次。这样既可以使旅游者按照需求购买，又容易使旅游者对产品质量产生信任，同时也提高了旅行社的管理效率。

在使用分级定价策略时，要注意使不同档次的产品在质量、性能方面体现出差别感，使旅游者确信这种价格的差别是合理的。同时，还要注意分级不宜过细或过粗，价格差别不宜过大或过小，否则将不利于销售。

3. 折扣定价策略

折扣定价策略是指旅行社为了扩大产品的销售量、加快资金的周转，根据不同的交易方式、数量、时间及条件，在确定旅游产品的基础价格的基础上，对旅游者或中间商实行一定幅度的折扣或减让的定价策略。这种折扣策略可不必改变产品的价格，有较强的灵活性。采用折扣定价策略，可以稳住老客户，吸引新客户，是旅行社扩大旅游产品销售量、提高市场占有率的有效方法。折扣的形式繁多，旅行社常用的主要有以下几种：

（1）数量折扣

数量折扣也称“批量折扣”，是指旅行社为鼓励中间商大量购买，根据购买的数量或金额而给予中间商不同折扣的优惠的一种折扣定价策略，又可分为累计数量折扣和非累计数量折扣两种。

①累计数量折扣。累计数量折扣是指在一定的时期内，旅行社按照旅游产品和服务的购买者累计购买达到的数量或金额的大小，在价格上给予不同的折扣。一般情况下，折扣随旅游者购买数量的增多而增多，购买数量越多折扣越大。在旅游市场中，旅游批发商对旅游零售商常常采用累计折扣。这种做法的日的在于鼓励旅游零售商到一个批发商那里购买，在运用时要注意确定好基点量和各数量档次的折扣率。

②非累计数量折扣。非累计数量折扣又称“一次性数量折扣”，是指旅行社根据购

买者一次性购买的数量或金额给予折扣优惠，一次性购买数量越多、金额越大，折扣就越大。采用这种定价策略，目的在于鼓励旅游者一次性大量购买，减少双方的交易次数与时间，从而节约人力、物力等开支，增加盈利。

（2）现金折扣

现金折扣又称提前支付折扣或付款期限折扣，是指旅行社在赊销情况下，对那些按期或提前付款的旅游产品购买者按原价给予一定比例的价格折扣优惠。这种折扣可鼓励购买者提前付款，以便使旅行社能尽快收回货款，加速资金周转，减少因赊欠造成的利息损失和坏账损失。应用现金折扣时应考虑三个方面的因素：一是折扣率的大小；二是给予折扣期限的长短；三是付清款项期限的长短。例如，某条旅游线路的价格为360元，旅游合同中注明“3/20 净价 30”，意思是如果在成交后20天内付款可享受3%的现金折扣，但最后应在30日内付清全部货款。

（3）功能折扣

功能折扣也叫交易折扣，是指旅行社对提供某些宣传、推销、服务等营销功能的中间商给予一定的价格折扣。旅行社采取此种策略，可减少营销费用，从而省下成本费用，以折扣的形式转让给客户。一般来说，旅行社给批发商的折扣较大，给零售商的折扣较小，这有利于促使批发商大量进货，并有可能进行批转业务。采用功能折扣的目的，在于刺激各类旅游中间商充分发挥各自组织市场营销活动的功能。在具体操作中，其实现形式各不相同，有的体现在价格上，有的以佣金形式支付。

（4）季节和地区折扣

季节和地区折扣，是指旅行社为吸引、鼓励旅游者或客户在淡季或冷点旅游线路购买本社的旅游产品而给予的折扣优惠，可以使旅行社产品生产与销售保持相对稳定，减少淡季时造成的设施与人员闲置。在淡季，客源不足是很多旅行社都会遇到的一个突出问题，为吸引旅游者、增加消费，旅行社往往会制订低于旺季时的旅游产品或服务价格，以刺激旅游消费者的消费欲望，鼓励购买，减少旅行社的损失。

此外，除了上述折扣策略外，旅行社还可与促销方式结合，采用积分卡和贵宾卡的形式，变相折扣，既可以争取潜在顾客，又有助于留住老顾客，培养顾客忠诚。这样的促销活动比单纯的降价竞争更能吸引消费者。

前沿速递

旅行社博弈淡季游　去库存拉低价格

旅游业资源开始出现过剩，与此同时，人均消费则出现下降趋势，供过于求背景下的价格战已不可避免。

国庆节黄金周刚过，出境游旅游线路立刻进入淡季促销阶段。

驴妈妈数据显示，受国庆节后交通、酒店价格大幅下降的影响，许多旅游线路甚至出现价格腰斩现象。

驴妈妈出境游事业部总经理邹庆龄告诉《21世纪经济报道》记者，目前来看，包括驴妈妈在内的OTA（Online Travel Agency，在线旅行社）基本还是以代售为主。十一国庆节后，代售、自营线路像欧洲、美国、澳新等长线，以及短线非热门目的地，降幅多在两到三成，日本、东南亚热门海岛则降幅比较大，少数线路降幅甚至超过四成。

从出境游的人群规模来看，我国出境游快速发展始于2010年，当时出境游人数约5000万人次，到2017年已达1.31亿人次。2018年上半年，中国公民出境游人数是7131万人次，比2017年同期增长15%，实现了增速持续上升的势头，2018年全年有望突破1.5亿人次。

需求增加的同时，出境游产品的供给也在大幅增长，包括各航空公司也增开航线与航班。但大量资本的注入导致整体呈现供大于求的状态。对于旅行社来说，在这种情况下，买断资源获得较低成本优势的发展模式面临着一定风险。通过降价，甚至以亏本价格加快去库存，减少损失成为一些中小旅行社面临的窘境。

在这背后，更深层次则是旅行社行业增长放缓，中小企业出现负增长，行业开始洗牌。

促销力度大

对于国庆节后促销，各大OTA都给出了相似的数据。

携程对平台上百万级跟团游、自由行产品数据进行分析统计发现，国庆节后到10月中下旬、11月，境外旅游产品降价区间在10%至30%。其中，俄罗斯、新加坡、欧洲、美国、泰国、澳大利亚、印度尼西亚、马尔代夫和南非是节后出境游降幅最大、性价比较高的目的地，降幅从28%到62%不等。

途牛旅游数据显示，国庆假期后东南亚出境游中部分热门产品价格较黄金周回落近50%。

国庆节旺季之后旅游线路降价是正常现象，众信旅游（7.050，0.47，7.14%）数据显示，今年国庆黄金周，出境游产品价格和平日价格相比有不同程度上涨。其中，长线出境游产品涨幅不大，约在10%，短线产品价格上浮较为明显，约在30%。

但与提价幅度比，降价幅度的腰斩有些超过预期。另外，旺季时间转瞬即逝。

岭南控股（6.650，0.00，0.00%）广之旅发布《2018年国庆黄金周出境游趋势报告》，中秋节到国庆假期短短十多天内，出境游价格呈现“过山车”行情：9月22日起价格阶梯式走高，直至10月1日达到价格最高峰；价格高峰持续到10月4日，随后逐步回落，10月7日恢复平日周末价。

旺季变短更明显地体现在暑期出境游上。

驴妈妈旅游网数据显示，8月下旬出境游价格普遍下调，尤其是泰国、日本、越南、新加坡等出境短线游热门目的地，降幅集中在20%～30%。另外，欧洲、澳洲等出境长线目的地价格也出现下滑，下滑价格动辄过千元。携程数据显示，从8月下旬开始，泰国各大热门旅游线路价格下降15%～45%。

可以看出，无论是暑期还是国庆后，东南亚旅游线路都是降价幅度较大的。对此，邹庆龄指出，东南亚度假市场整体比较成熟，所有国内各大OTA和旅行社都在加码布局。

“对于非旺季或者预控资源比较多的企业来说，在成本可控前提下，通过价格适当优惠以吸引更多游客出游；此外，东南亚海岛游属于高频次消费，价格优惠也可以提高复购率，整体来看也是不错选择。”邹庆龄表示，但自去年年底以来，受巴厘岛火山喷发、普吉覆船、印尼地震等影响，东南亚出游人次比往年增幅放缓，价格优惠，所以也成为今年旅行社吸引游客的方式之一。

成也资源，败也资源

记者通过采访多位业内人士了解到，造成低价的原因可以从直接和间接、主观和客观等方面分析。

首先，个别特低价路线产品的出现，可能是旅行社尾单销售或者限定条件优惠的结果。实际上，低价的旅游尾单和临时掉位团一直存在。

旅游尾单主要是由于旅行社通常采用大规模提前采购，在成团前向航空公司包位或将酒店包房买断，但截至报名日或临发团前仍有少量余位未满，或是有客人临时退团，旅行社为降低损失将余下位置以优惠价售卖。这种低价团位在旅行社销售人员的朋友圈里经常可见，特别是东南亚的海岛游产品，容易出现这种情况。

邹庆龄表示，这种低价出境游产品的出现与旅游市场行情有一定关系，对于旅行社或线路批发商来说存在阶段性的去库存需求。

“尤其是淡季。无论是国内包机商，还是泰国当地地接等，都会尽可能的销售掉预控资源。”邹庆龄说。

对于旅行社来说，提前集中采购可以获得价格优势，规模越大则议价能力越强，通过集中供采，可以做到价格最低且部分项目实现资源垄断。

但是，在这种模式背后有着明显的风险。特别是在近年供应方远远大于需求方、各大包机航线上座率严重不足、酒店入住率不升反降的情况下，很多时候核心优势变成了负担，并且风险开始扩散。

深圳中国国际旅行社副董事长吴斌接受记者采访时表示，在大宏观经济形势下，虽然整体出境游消费数据是上升的，从结构来看，过去欠发达省市或者内陆的三四线城市客源消费是增加的，但其实那些一二线城市或者已经比较成熟的城市，游客消费其实是有下降趋势的。

虽然一线城市依然是出境游的主力，但二三线城市已经呈现出迅猛的增长速度。

2017 年数据分析发现，赴欧洲游人群在二线城市和四线城市实现了同比 47% 和 69% 的高增长，其中二线城市的市场占比在第三季度达到了 53% 的占有率，成为市场的引领者；而一二线城市占欧洲整体出境游市场的 82%。在二线城市中，苏、宁、杭、蓉、汉位列欧洲游规模前 5 位，而在四线城市中，廊坊、惠州、龙岩、大同、柳州位列欧洲游规模前 5 位，市场格局正在悄然发生变化。

根据携程发布的《2018 国庆出境签证报告》，2018 年国庆期间，我国游客办理签证的数量同比增长超五成，二线城市需求激增，其中南京、成都、苏州、杭州、天津的签证订单量位列二线城市的前 5 名。

但是，从人均消费来看，北京、上海十一出境游人均花费达到八九千元，与其他城市拉开差距。一线城市的增速不及二三线城市，但消费能力依旧保持高位，所以可能出现人均消费下降的情况。

“线上旅行社的规模还在涨，但是竞争越来越激烈，多了很多竞争对手，特别是前几年已经进行了 A 轮 B 轮 C 轮融资的创新企业，它们到了要交功课的时刻。”吴斌指出，这样一来，它们最快的方式就是买断一些好的资源投放市场，用价格杠杆去撬动市场份额。但是这个时候遇上了消费意愿下降，可能它们又急着去减亏，到时候就变成了跳水，这个是旅行社出境游产品价格下降的直接原因。

“很多已经是负团费了，也就是能卖出好过全亏的心态，也就是要‘活下去’，特别是中小企业。”吴斌说。

“我相信这种情况会在很长一段时间内存在，可能一直会延续到明年春节。”吴斌表示，这反映出一些旅游业的资源开始过剩。无论是航空公司还是邮轮企业，因为有提前配置，但偏偏黄金周以后又出现了人均消费下降的趋势，所以出现了供过于求的情况。

邹庆龄表示，一些低价团出现有可能再次引发强迫购物事件发生。但其同时表示，近年来由于国家重视、行业自律逐步增强，强迫购物现象逐渐消失。

另外，间接原因在于旅行社产品缺乏创新，如果没有新产品，激烈的市场竞争势必会催生一些低价游产品。

吴斌指出，过去几年旅行社的产品创新、服务创新举措成效确实没有太大的变化。

四、旅游线路的报价

旅游线路是旅行社产品的具体表现形式，其报价是旅行社制定产品价格方法和价格策略的最终体现，是实施销售的重要环节。旅游线路的报价不仅仅是数字的概念，它将在很大程度上影响旅游者和旅游中间商作出决策。

1. 旅游线路报价的含义及类型

（1）含义

旅游线路是指旅行社或其他旅游经营部门以旅游点或旅游城市为节点，以交通路线为线索，为旅游者设计、串联或组合而成的旅游过程的具体走向。所谓旅游线路报价，就是将旅游线路产品的内容结合价格，以信息的形式传播给旅游者或旅游中间商，做到产品质量与销售价格相符。

（2）分类

①根据报价对象不同分为组团报价和地接报价。组团报价主要用于组团社向旅游者的报价。地接报价主要用于地接社向组团社的报价。

②根据报价内容的详略不同分为总体报价和单项报价。总体报价主要针对旅游者的咨询，指能反映线路产品整体性的内容和整体性的价格。单项报价主要针对旅游中

间商或组团旅行社，这种报价不仅是整体性的内容和整体性的价格，还有各种细分的、具体的单项内容和价格。

③根据报价方式不同分为针对旅游者的报价和针对中间商的报价。针对旅游者的报价包括媒体报价（电台广播、电视、网址主页）、门市报价（办公地点醒目的线路价格宣传板）。针对中间商（或组团旅行社）的报价包括网络在线报价、邮寄报价（旅行社行业组织的定期刊物，主要针对同业）、传真报价、上门报价（新奇线路推出时外联人员派发）、展销报价（参加综合性会议时推出的具有竞争力的旅游线路和价格的宣传品）。其中，门市报价、邮寄报价、传真报价、网络在线报价运用得最普遍。

④根据旅游者年龄和客源地不同分为成人报价、儿童报价和外宾报价、内宾报价。一般情况下，儿童报价相当于成人报价的1/2或2/3。

2. 旅游线路报价的计算

一条完整的旅游线路报价应该考虑以下内容：

（1）旅游线路报价的计算项目

①大交通费。大交通费指国际往返和城市间往返的交通费，一般指飞机、轮船、火车、长途客车的费用。入境团的客人大都已经提前订好国际往返的交通机票。国内段的飞机票通常由组团社在航空销售部门预订并提前购出，一般来讲10人以上可享受折扣价格。而火车、轮船票几乎没有什么优惠。

②车费。车费指一地旅游的接待用车的费用。旅游团用车规定是按照人数的多少配备的，1~3人配备小轿车，4~12人配备面包车，13人以上分别配备19座、25座、33座、45座、55座客车，其费用按车型、车价和使用的天数及距离计算。也有的豪华团，10人要求坐25座车，16人要求坐33座车，在这种情况下，车费要按实际用车的情况而定。

车费/人=区域内总车费/人数

③房费。房费指旅游全程的住宿费。其费用根据星级酒店的合同标价、是否单男、单女的补差，以及有否加住、加床与延时等费用组成。

房费/人=房费/（人·天）×入住天数

④餐费。餐费指旅游一日三餐的费用。早餐一般含在每日房费中，不单独计算。正餐即午、晚餐的费用按旅游天数的顿数与标准计算，还要考虑是否包含各地的风味餐。

餐费=餐费/（人·餐）×用餐次数

⑤门票费。门票指游览参观的门票费，包含计划内的景点门票及景区内的专用车、观光索道等费用。但通常来讲，旅行社只包含首道门票，其余客人自理，并在旅游行程单上有详细的注明。

⑥导游服务费。根据提供的服务不同，主要分为全陪劳务费和地陪导游费。

全陪劳务费指跨省市的全程陪同的服务费，其费用按旅行天数与团队的人数及具体标准综合计算。全陪的差旅费仅指大交通费和半价房费。国内团全陪房费一般住二星级以下予以减免。

劳务费 = 总劳务费（服务费和差旅费）/人数

地陪导游费按旅游天数与人数计算：

导游费 = 总导游费/人数　或

导游费 = 额定费用/（团・天）×天数

⑦综合服务费。综合服务费包含旅游者的一日三餐、区域内车费、导游服务费。

综合服务费 = 综合服务费/（人・天）×实际接待天数

（2）旅游线路报价的计算方法

①一般团队旅游线路的报价：

一般团队旅游线路报价 = 大交通费 + 房费 + 餐费 + 车费 + 门票 + 导游服务费

②“四种人”（港澳台同胞及外籍华人）旅游线路的报价：

“四种人”旅游线路的报价 = 综合服务费 + 大交通费 + 房费 + 门票

3. 旅游线路报价说明

（1）地接报价

地接报价的主要对象为旅游中间商。

①国内线路报价组成。下面以“大连、旅顺2天2夜精华游”（人数34+1人）为例予以说明。

- 行程

D1：16：58 接 T454 次火车沈阳/大连，晚餐后入住酒店休息。

D2：早餐后游览金石滩风景区，套票66元，含中华武馆、奇石馆、中外名人蜡像馆、毛主席像章博物馆、金石园、黄金海岸、西部高尔夫球场（每人3杆球）、狩猎场、婚礼教堂等。晚餐品尝海鲜自助火锅（含饮料，不含酒水）。

D3：上午参观棒棰岛风景区（20元）、老虎滩海洋公园（15元）、中山音乐广场、人民广场、女骑警训练基地（20元）。下午游览俄罗斯一条街、滨海路（JL大桥、群虎雕塑），晚餐后送大连港乘船赴烟台，21：40 乘海洋岛号豪华船。

- 提供标准

a. 住标准三星级房：××大酒店，100元×2天=200元/（间・人）。

b. 用餐：5正餐×20元=100元/人，补海鲜自助火锅餐的餐差28元/人。

c. 安凯合资友谊新款豪华大巴，47座，车费：2100元÷34人≈60元/人。

d. 景点门票：121元/人。

e. 优秀导游服务：10元/人。

f. 船票三等B舱：170元+5元手续费=175元/张。

- 报价

694元/人。

总团款为694元/人×34人=23596元。

全陪费：船票175元。

合计23771元/团。

• 计价说明

如该团无特殊要求，只要按照组团社的行程一项项列出明细，计算出报价即可，但以下几个细节要切记。

a. 团体报单人价，以方便计价。

b. 房费计价公式：合同双标间房价/2×天数。如出现单男单女，则要按实际房间数补上0.5间/天的房差。如2天2间单房差，房价180元/间，应补180元/2×2间×2天=360元。

c. 车费的计算有两种方法：一是按人数核计单人车费，二是直接报地接团用车的全额车价。如上述车费为2100元/团，单人价为60元，60×34人=2040元，则余下的60元就作为旅行社的订车劳务费，也可直接报出车价2100元/团，还应标明车型、车座。

d. 船票包括每张5~10元的手续费。

e. 有风味餐，如上面行程，风味餐费48元/人，正餐已含了20元/人的餐标，应补餐差48元/人-20元/人=28元/人，这要在餐费项目中标明，并要特别提醒"海鲜自助火锅含饮料，不含酒水"，以免引起疑义。

②入境旅游团的地接计价。按上述行程，计算入境团的地接价，则应按下列顺序计价。

a. "四种人"综合服务费：100元/（人·天）×2.33天=233元/人。

b. 标准三星级房费：100元/（间·人）×2天=200元/（间·人）。

c. 景点第一门票：121元。

d. "海鲜自助火锅"风味餐的餐差：28元/人。

e. 船票三等B舱：170元+5元手续费=175元/张。

f. 行李托运费：15元。

报价：772元/人。

团款：772元/人×34人=26248元。

全陪费：船票175元。

合计总团款：26423元。

计价说明：入境旅游团的地接价与国内旅游团地接价的计算，有如下不同。

a. 入境旅游团地接价的计算较为简单，综合服务中已含有正餐费、车费、导游费、行李托运费。

b. 综合服务费按国际的餐标方式计价。一天综合服务按100%的比例划分为早餐33%，午餐34%，晚餐33%，上述行程2天加1晚餐，则为2.33天/人。

c. 上述综合服务费是按"四种人"标准计算的。如果入境旅游团的国籍为日本、美国、澳大利亚、欧洲国家的客人，则要按外国人的标准计算。外国人的综合服务费比"四种人"高20%~40%，因为餐饮及用车的标准不同。"四种人"10人以上团体每人餐标20~25元/（人·餐），外国人10人以上团体每人餐标30~35元/（人·餐），"四种人"用车每人一个正座即可，但外国人8人以上就应配备22座车，16人以上就要配备33座车，25人以上就要配备45座车。

（2）组团报价

组团报价主要是针对旅游者，下面以“张家界奇山异水双飞四日游”（人数：18人+1全陪）为例予以说明。

- 行程

D1：大连乘CZ6335次航班（15：40/19：40）飞张家界，入住酒店。

D2：早餐后，茅岩河漂流一日流，人间瑶池宝湖（62元自理）。

D3：早餐后，游张家界森林公园、黄石寨、六奇阁、南天一柱、天书宝匣、金鞭溪、千里相会、水绕四门。

D4：早餐后游天子山、贺龙公园、天台、仙女散花、玉笔峰、十里画廊、黄龙洞、百丈峡，晚餐后乘CZ6336次航班（20：40/23：50）返大连。

- 报价

2200元/人。

- 服务标准

①交通：往返飞机，小交通为国产旅游车。

②住宿：二星或同级双标。

③导服：全程优秀导游服务。

④用餐：正餐八菜一汤。

⑤门票：行程内第一景点门票（含天门山往返索道）。

⑥保险：旅游保险及旅行社责任险。

- 报价构成经与张家界地接旅行社某国旅询价，得知的地接费用

①二星或同级房费：25元×3晚=75元。

②餐费：35元/（人·天）×3天=105元/人。

③车费：52元。

④景点门票：漂流82元+天子山160元+黄龙洞61元=303元/人。

⑤导游费：20元/人。

合计地接单人价：555元。

再来分析18人的团体单人价2280元：

①张家界地接价：555元/人。

②全陪费：机票1320元+全陪补助费200元=1520元，18位客人均摊1520/18=84元。

③每人利润：200元/人。

④代办人身意外保险：20元/人。

⑤旅游帽：5元/人。

核算每人成本：555+1320+84+20+5=1984元，每人200元利润，即1984+200=2184元。

- 报价说明

①自组旅游团的价格由地接价、往返大交通、利润、全陪费、全陪补助费、保险

费等内容组成。不可漏项计价，不可错误计价。

②团队成员达16人以上应派一名全陪导游。如10人以上，不足16人，客人也要求派全陪导游时，计价也要按客人实际人数均摊全陪劳务费和全陪补助费。

③自组团人均利润的额度要适度，通常在10～300元/人。短线人少利润少，人多则利润高；长线人少利润也偏高，人多则利润可观。自组团是旅行社创收的“重头戏”。

案例导入

天津××旅行社在西柏坡村包租客房的策略

2001年年初，天津××旅行社的周凯总经理在做市场分析时发现，当年是中国共产党成立80周年，一些高等学校打算组织学生到革命老区进行革命传统教育。周总经理认为，应该抓住这一契机，设计和开发“革命传统教育游”产品。由于这种产品未曾面市，究竟能否成功，周总经理并非十分有把握。于是，他首先到革命老区——河北省平山县西柏坡村进行实地考察，了解当地的景点、参观线路、接待设施、导游水平以及往返于天津和西柏坡所需的时间。同时，他还与当地的乡、村干部及接待单位的负责人座谈，了解景点门票、食宿的价格。通过实地考察，周总经理认为新产品有较大的市场需求，能够吸引较多的旅游者前来，但由于西柏坡村及附近地区可用于接待旅行者的住宿设施数量较少，必须提前预订，才能保证在旅游旺季时的供给。于是，他便同当地的旅馆和招待所签订了客房包租协议，以较低的价格包租了当年的全部客房。同年4月，新产品开发成功后，天津××旅行社并没有立即大张旗鼓地刊登广告进行宣传促销，而是先在较小范围进行试销。到了6月底，市场上一些旅行社已经开始推出同类产品时，周总经理认为时机成熟，决定大规模进行促销宣传。广告刊出后，由于该旅行社在价格、线路、包含的内容方面均具有较大优势，吸引了大量旅游者。此时，由于北京、天津等地的旅游者报名踊跃，各家旅行社应接不暇。但是，由于西柏坡村及其附近地区的住宿设施已经被天津××旅行社全部包租，其他旅行社只好将旅游者安排到平山县甚至石家庄住宿。这样既增加了往返的交通费用，也减少了旅游者在西柏坡的停留时间，从而引起一部分旅游者的不满。

周总经理及其同事充分利用对本旅行社十分有利的市场形势，一方面，他们向前来咨询的旅游者介绍该旅行社在提供旅游者住宿方面的优势，吸引更多的旅游者报名参加由该旅行社组织和接待的团队；另一方面，他们又在其包租的旅馆和招待所出现空闲客房时，将其转租给其他旅行社，从而增加收入。这一年，天津××旅行社因新开发的“革命传统教育游”产品获得了丰厚的经营收入，为来年的经营和企业的进一步发展储备了更多的资金。

分析：

该旅行社成功的原因。

任务二　旅行社销售渠道的选择

任务认识

- 认知旅行社产品销售渠道的类型
- 能够运用所学知识选择适合的旅行社产品销售渠道

任务实施

旅行社产品的销售渠道是联系旅行社产品开发与将产品最终转移到旅游者手中的途径，销售渠道的畅通与否决定着旅行社的发展，所以要选择合适的销售渠道，及时地将产品送至“合适的地点”，在“合适的时间”以“合适的价格”出售给旅游者。

一、旅行社产品销售渠道的类型

旅行社产品的销售渠道是指旅行社将其产品提供给最终消费者的整个流通途径，也叫销售分配系统。旅游产品销售渠道的选择是否合理，直接影响到旅游产品的销售。在市场经营中，由于旅游市场、旅游企业、旅游中间商以及旅游消费者等多种因素的影响，旅游产品营销渠道也就形成了多种多样的状态，即便是同一种旅游产品，也可能通过不同的营销渠道销售。一般来说，根据产品从旅行社到旅游者手中是否经过中间环节来划分，旅游产品的营销渠道可以分为直接销售渠道和间接销售渠道两种类型。

1. 直接销售渠道

直接销售渠道又称零环节分销渠道，是指在旅行社和旅游者之间不存在任何中间环节，旅行社将产品直接销售给旅游者的一种分销渠道。

直接销售渠道一般分为两种形式：旅行社采用人员推销、门市销售等方式直接在当地旅游市场上销售其产品；旅行社在主要客源地区建立分支机构，通过这些机构向当地居民销售该旅行社的产品。

这是一种最简单、最短的销售渠道，有利于降低流通费用，及时了解市场行情，并迅速将产品投放到市场上去。但是，因为客源市场太大、距离太远，旅行社自身的人力、财力等条件不允许在所有的主要客源地都设立分支机构，所以这种渠道运用范围较窄，只适合在本地或其他最主要的客源地使用。

我国在出境旅游产品的销售方面，国际旅行社主要采取直接销售渠道策略，同时也采用通过其他旅行社代理销售的间接销售渠道策略。

在国内旅游方面，我国经济发达地区的国内旅行社目前多采取直接销售渠道策略，就地招徕客源；而旅游资源相对丰富的地区，则多通过横向联系获得旅游接待的机会。

2. 间接销售渠道

间接销售渠道是指旅行社通过旅游客源地旅行社等中间环节将旅行社产品销售给旅游者的途径。按照销售渠道所包含的中间环节数量，间接销售渠道又可划分为单环节分销渠道、双环节分销渠道和多环节分销渠道。

间接销售渠道具有许多明显的优点：①影响面广。旅游中间商往往在客源地区拥有销售网络或同当地的其他旅游机构保持着广泛的联系，能够对广大的潜在旅游者施加影响。②针对性强。旅游中间商对所在地区旅游者较了解，能够有针对性地推销最适合旅游者需要的产品。③销售量大。旅游中间商是以营利为目的专门经营旅游业务的企业，具有较强的招徕能力，能够成批量地购买和销售旅行社的产品。

间接销售渠道的主要缺点是销售成本高。间接销售渠道中存在着一个或多个中间环节，导致旅行社产品的最终价格被提高，这容易对旅行社产品的销售量造成某些消极影响。

我国的旅行社在经营入境旅游业务中大多数采用的是间接销售渠道，通过客源国的旅游批发商或零售商向旅游者出售产品。虽然采用间接销售渠道增加了销售的中间环节，旅行社要付一定的佣金，表面上看来价格会比旅行社直接销售价格要高，但是由于中间商特别是批发商的实力较强，往往可以从航空公司、饭店等单位获得数量折扣，并且中间商还可以根据自身经验和对客源地的了解，将旅行社产品加以包装、加工或与第三国或地区的产品一起组合再出售，如美国的批发商推出的“中国—中国香港—泰国—新加坡”旅游线路，常常能吸引更多的当地旅游者。

二、旅行社销售渠道策略

在国际旅游市场，大的旅游经营商都十分重视对销售渠道策略的研究，他们认为这是影响旅行社产品销量的关键因素之一。

1. 直接销售渠道策略

（1）与客源市场的距离

与客源市场的距离指旅行社所在地与目标客源市场所在地之间的距离。

当目标市场距离旅行社较近或者与旅行社同在一个城市或地区时，旅行社应选择直接分销渠道，以达到节省销售费用、准确把握旅游者的需求变化动向和及时提高产品质量的目的。当目标市场距离旅行社较远时，旅行社应选择间接分销渠道。具体原因如下。

①销售渠道更为熟悉市场。由于生产产品的旅行社远离目标市场，很难对那里的潜在旅游者有充足的了解，而当地的旅行社长期与该地区的旅游者打交道，比较熟悉所在地区情况，能够根据当地旅游市场的特点进行有的放矢的宣传促销，从而会吸引更多的潜在旅游者购买旅行社的产品。

②节省销售费用。旅行社如果派遣销售人员到远离其所在地的旅游客源地直接销售其产品，需要花费包括长途交通费、食宿费、销售人员工资或销售佣金等大量的销售经费，而利用目标市场所在地旅行社进行销售，则只需付出一定比例的销售佣金，一般低于直接销售的费用。

（2）客源集中程度

旅行社应该在客源集中的旅游市场上选择直接分销渠道，以获得降低销售成本和直接招徕旅游者的效果。对于范围广、潜在旅游者非常分散的客源市场，旅行社则应选择间接分销渠道，以广泛招徕旅游者。

（3）旅行社自身条件

旅行社的自身条件包括旅行社的声誉、资金、管理经验和对销售渠道的控制能力等重要因素。如果旅行社拥有良好的声誉、丰富的管理经验、充裕的资金和较强的分销渠道控制能力，则应该选择直接分销渠道；反之，则应该选择间接分销渠道。

（4）经济效益

旅行社还应该根据不同销售渠道带给旅行社的经济效益来决定选择哪种分销渠道。一般来说，旅行社通过旅游中间商销售其产品所获得的销售收入要低于由旅行社直接进行产品销售所获得的收入，因为旅游中间商要将产品销售的部分收入留下，作为其帮助旅行社销售产品的报酬，使旅行社的产品销售利润降低。然而，旅行社通过旅游中间商进行产品销售，可以为其节省数目可观的销售费用，降低了旅行社产品的销售成本，从而提高了旅行社的利润。因此，旅行社应该对实际经济效益进行对比，以选择经济效益比较好的分销渠道。

2. 间接销售渠道策略

除采取直接销售渠道策略直接向旅游者销售产品外，还有可供旅行社选择的间接销售渠道策略，主要有以下三种。

（1）广泛性销售渠道策略

对经营国际旅游业务的旅行社来讲，广泛性销售渠道策略是指通过旅游批发商把产品广泛散布到各个零售商，以便及时满足旅游者需求的一种销售渠道策略。对经营国内旅游业务的旅行社来说，广泛性销售渠道策略是指广泛委托各地旅行社销售产品、招徕客源的一种销售渠道策略。

旅行社产品的销售和其他日用消费品的销售一样，人们希望迅速、方便地满足自己的需求，特别是在旅游发达国家，人们外出旅游频繁，有众多的零售商方便旅游者购买产品。广泛性销售渠道策略的优点是采用间接销售方式，选择较多的批发商和零售商销售产品，可方便旅游者购买。这种销售渠道策略销售渠道广泛，便于旅行社联系广大旅游者和潜在旅游者，在旅行社开始向某一市场推销产品时，采取这种渠道策略有利于旅行社发现理想的中间商。这种渠道策略的不利之处在于成本较高，而且由于产品销售过于分散，会给旅行社的销售管理增加一定的难度。

（2）选择性销售渠道策略

选择性销售渠道策略是指旅行社只在一定市场选择少数几个中间商的渠道策略。在旅游市场中采用广泛性销售渠道策略的旅行社，在经过一段时间后，往往可以根据中间商在市场营销中的作用、组团能力以及销售量变化情况，选择其中有利于产品推销的几家中间商。这种策略的优点是有目的地集中少数有销售能力的中间商进行产品推销，可以降低成本；缺点是如果中间商选择不当，有可能影响相关市场的产品销售。

（3）专营性销售渠道策略

专营性销售渠道策略是指在一定时期、一定地区内只选择一家中间商的渠道策略。

通常情况下，作为旅行社总代理的中间商不能同时代销其他竞争对手的产品。专营性销售渠道策略的优点在于可以提高中间商的积极性和推销效率，使其更好地为旅游者服务。此外，旅行社与中间商联系单一，可以降低销售成本，而且产销双方由于利害关系紧密，能更好地相互支持和合作。这一销售渠道策略的缺点在于，如果专营中间商经营失误，就可能在该地区失去一部分市场；若中间商选择不当，则可能完全失去该市场。

三、旅游中间商的选择与管理

目前，我国的旅行社广泛采用间接销售渠道策略，这就必然涉及旅游中间商的选择与管理问题，对中间商的选择与管理，关系着旅行社间接销售渠道策略的成败。

1. 旅游中间商

旅游中间商是指介于产品生产者与旅游消费者，专门从事销售旅行社产品的组织或个人，是产品从生产者到消费者分销链条上的连接环。中间商包括旅游批发商或经营商、旅游零售商等。

（1）旅游批发商

旅游批发商是指专门从事各种旅游产品的组合，然后通过零售商网络或航空公司向公众进行推销的旅行社。世界旅游组织指出，旅游批发商是一个销售企业。它在旅游消费主体提出要求之前，准备好旅游活动和度假地，组织好旅游交流，统计好各类客房，安排好各种活动及提供整套服务，并事先确定价格以及出发和返回日期，即事先做好完备的旅游产品，由其下属销售处或作为零售代理商的旅行社将产品出售给团体或个体旅游者。

（2）旅游零售商

旅游零售商又称零售旅行代理商，是指从事旅游产品零售业务，直接面向广大旅游者销售旅游产品和提供旅游咨询等旅游服务的组织或个人。

2. 旅游中间商的选择

在选择旅游中间商之前，旅行社应首先进行综合分析，明确自己的目标市场、建立销售网的目标、产品的种类、数量和质量、旅游市场需求状况和销售渠道策略，在此基础上才能有针对性地选择适合自己需要的旅游中间商。旅行社可以通过有关专业出版物、参加国际旅游博览会、派遣出访团、向潜在的中间商寄发信件资料或通过接团等方式发现合适的旅游中间商，并主动与中间商进行接触和联系。但旅行社无论采用哪种方式选择中间商，都必须首先对旅游中间商的情况进行详细的调查与分析，待时机成熟时，再向旅游中间商明确表示合作愿望。旅行社对旅游中间商的考察应从以下几个方面进行：

（1）中间商可能带来的经济效益

旅行社选择中间商的目的在于扩大销售、增加收益。因此，旅行社应选择成本相对较低、利润相对较高的销售网和中间商，对经济效益的追求，要求注重风险与利润的对称。一般来说，利润相同的情况下，风险最小的销售渠道便是最理想的销售渠道。

但是，风险小，利润往往也低；风险大，利润往往也高。因此，旅行社应根据自己的经营实力，在利润高低和风险大小之间进行平衡与选择。

（2）中间商目标群体与旅行社目标市场的一致性

中间商的目标群体必须与旅行社的目标市场相吻合，而且在地理位置上应接近旅行社客源较为集中的地区，这样便于旅行社充分利用中间商的优势进行产品推销。例如，美国是我国国际旅行社的主要目标市场之一，而美国只是一个大的地理概念，美国出国旅游市场并非均匀分布，而是相对集中地分布在有限的区域。据美国旅行与旅游局的统计，美国50%的出国旅游者集中在加利福尼亚、纽约、新泽西、佛罗里达、得克萨斯和伊利诺伊6个州。日本的出国旅游者相对集中在东京都、京阪神和东海三大城市圈，比例高达68%。在德国，北威州的杜塞尔多夫、多特蒙德等城市，巴伐利亚州的省府慕尼黑和斯图加特，以及北部的汉诺威、不来梅等城市，都是出国旅游较集中的地带。英国出国旅游者的13%来自伦敦，27%来自英格兰东南部，2%来自英格兰西北部。因此，旅行社选择的旅游中间商在地理位置上应接近这些客源相对集中的地区，并在此基础上考虑旅游中间商的目标群体与旅行社的目标市场是否一致。

（3）中间商的商誉与能力

旅游中间商应当有良好的信誉和较高的声誉，并具有较强的推销能力和偿付能力。讲究信誉是旅行社利益不受侵害的保证；中间商的声誉将决定旅游者对其的信任程度，从而直接影响中间商的推销能力；而中间商的偿付能力是双方合作的经济保障。

（4）中间商对旅行社的业务依赖性

中间商的业务范围各不相同，对旅行社的依赖程度也存在差异。有的国外中间商专营中国旅游业务，对我国旅行社具有相当大的依赖性，如英促进旅行社、日中旅行社等，全部经营赴中国旅游业务。而有的中间商则同时经营许多国家、许多旅行社的产品，对某个具体旅行社依赖性较小，甚至不存在任何依赖性。

（5）中间商的规模与数量

旅行社在同一地区应选择适当数量、适当规模的中间商。因为中间商过多，会造成促销方面不必要的重复与浪费，中间商本身也会因“僧多粥少”而影响推销积极性；中间商过少有可能形成垄断性销售或销售不力的局面。中间商规模大，实力雄厚，组团能力强，往往机构庞大，层次较多，会形成垄断性销售的局面，使旅行社受制于人；中间商规模太小，往往组团能力差，不利于旅行社的产品推销。中间商规模与数量的选择，取决于旅行社的经营实力和销售渠道策略。

（6）中间商的合作意向

旅行社应通过不同的渠道了解中间商是否有意与旅行社合作，因为在旅行社选择中间商的同时，中间商也在选择旅行社，这是一个相互选择的过程。旅行社在选定中间商后，便可以经过协商签订合同并开展业务合作了。

因为旅游中间商的重大作用，所以在分销渠道的建设中必须详细了解、谨慎选择旅游中间商。

3. 旅游中间商的管理

科学地选择旅游中间商只是旅行社销售工作的一个方面，对旅游中间商的管理同样是旅行社销售工作不可缺少的组成部分。旅游中间商的管理包括建立中间商档案、及时沟通信息、实施中间商评价和适当调整中间商四项内容。

（1）建立中间商档案

旅行社应该建立起完整的客户档案，客户档案应按照旅游中间商的名称建立。旅行社在档案中记录每一个旅游中间商的历史和现状、输送旅游者的人数、频率、档次、欠款情况、付款时间等信息。通过对这些信息的分析和研究，旅行社销售人员能够对不同旅游中间商的能力、信誉、合作程度、合作前景等作出判断和预测，并据此分别采取相应的对策。

（2）及时沟通信息

及时沟通信息是旅行社加强对旅游中间商管理的重要措施之一。旅行社及时向旅游中间商提供各种产品信息，有助于旅游中间商提高产品推销的效果。同时，旅行社也能够根据旅游中间商提供的市场信息改进产品的设计，开发出更多适销对路的产品。

（3）实施中间商评价

旅行社应对客户档案中的信息进行评价，以掌握每一位旅游中间商的现实表现及合作前景。客户评价应包括：①积极性。客户的积极性是配合旅行社销售工作的最好保证。许多旅行社产品都是由旅游中间商卖出去的，其积极性直接影响到销售效果。②经营能力。经营能力的强弱标志着旅游中间商销售能力的大小，也直接影响着旅行社产品销售业绩的好坏。旅行社在衡量客户经营能力时，应重点考察其经营手段的灵活性、经营管理能力和市场覆盖面等各项指标。③信誉。旅游中间商的信誉是旅行社与其合作的基础，旅行社必须密切关注客户的信誉状况。

（4）适当调整中间商

旅行社在管理旅游中间商的过程中还可以根据旅游市场、旅游中间商和旅行社的自身发展等因素的变化，对与之合作的旅游中间商作出适当的调整。当出现下列情形之一时，旅行社应该对旅游中间商进行调整：

①旅游市场发生变化。旅行社应根据旅游市场的变化，及时调整与之合作的旅游中间商。例如，在旅游市场，散客旅游发展迅速，成为一种主要的旅游客源。旅行社根据这一市场动态，可选择某些具有一定经营实力并确定有合作意向的专营或主营散客旅游业务的旅游中间商作为合作伙伴。

②旅游中间商发生变化。当同旅行社合作的旅游中间商发生变化时，旅行社应对其进行适当的调整。例如，某旅游中间商在同旅行社合作期间，出于其自身的原因长期拖欠应付的旅游接待费用。旅行社在发现这一情况后，可相应地采取减少接待该中间商输送的旅游者，必要时停止与其合作等措施，以避免遭受更大的经济损失。又如，某旅游中间商违反与本旅行社达成的谅解，擅自将大量旅游者输送给本旅行社的竞争

对手，从而急剧地减少了为本旅行社输送的客源。旅行社应针对这一情况，及时采取应对措施，在该旅游中间商所在的旅游市场上积极寻找新的合作伙伴，以逐步取代该旅游中间商。

③旅行社自身发生变化。旅行社自身发生变化的主要原因：旅行社产品的种类和档次发生变化；旅行社开辟新的市场或扩大产品销售范围；旅行社的客源结构发生变化。旅行社在自身发生变化并影响与旅游中间商的合作关系时，应适当调整旅游中间商。例如，由于旅游市场的变化，旅行社将其经营的产品种类从以文化观光型的团体旅游产品为主转变为以度假型散客旅游产品为主。根据这一变化，旅行社应选择专营度假旅游产品或散客旅游产品的旅游中间商作为新的合作伙伴，以逐步取代经营文化观光旅游产品或团体旅游产品的旅游中间商。

任务三 旅行社市场促销策略

任务认识

- 认知旅行社产品的促销方法
- 能够运用所学知识采用适当的促销手段对旅行社产品进行宣传促销

任务实施

一、旅游促销

旅游促销是旅行社通过各种营销宣传手段，及时地向旅游者传递产品与服务的有关信息，以实现产品生产市场与消费市场的有效沟通，从而影响旅游者购买行为和消费方式的活动。其实质是要实现旅行社与产品购买者之间的信息沟通。为达到这一特定目的，旅行社可通过发布广告的形式传播有关产品信息，可以通过公共关系的手段树立或改善其在公众心目中的形象，也可以通过推销员当面说服潜在的旅游者，还可以通过网络传递有关信息等。

二、旅游广告

旅游广告是由旅游目的地国家或地区、旅游组织或旅游企业，以付费的方式由媒介发布经过选择和加工的有关部门旅游信息，以达到影响和提高知名度，树立旅游企业和产品形象，促进旅游产品销售目的的一种广告形式。旅游广告属于传统的直接推销手段。旅游广告的信息性和说服性功能，决定了旅游广告是促销组合中普遍受到重视和应用的促销形式。

广告媒体种类很多，旅行社为达到广告目标，必须根据自身的情况正确选择广告媒体。广告媒体的分类及优缺点见表 5 - 1。

表 5-1　广告媒体的分类及优缺点

广告媒体	优点	缺点
报纸	传播及时，时效性强，可选择性强，可信度高，费用较低	延续时间短，广告表现力差，不易被记住
杂志	表现力强，保留时间长，易于传播，选择性强	广告周期长，发行量少，价格偏高
广播	覆盖面广，选择性强，费用低，信息传播不受时间和地域限制，及时、灵活	缺乏视觉吸引力，不易记忆
电视	视听并存，图文并茂，富有感染力，传播范围广，速度快	费用高，时间短，观众记忆相对困难
户外广告	灵活性强，可重复展示，成本低，醒目	针对性不强，内容局限大

进行旅游广告决策，需要综合考虑目标顾客的视听习惯、旅游产品的特点、广告信息的特点、费用等各种因素，以便正确选择媒体的类型和传播时间。

知识链接

公众虽然对广告多有厌烦心理，但生活中却又无法离开广告。在各类广告中，旅游类别的广告远比其他产品广告受欢迎得多。从一份来自“法国民意测验中心”的调查资料中，我们可以看到法国公众对各类商品平面广告的关注程度。

法国公众对平面广告的关注程度

类别＼性别	男人	女人
旅游专栏	35%	25%
汽车专栏	24%	6%
家具和装饰专栏	23%	51%
香水首饰专栏	3%	16%

在这份调查中，可以清楚地看到，旅游类别的广告在男人喜欢阅读的广告中名列前茅。原以为女士会把更多的关注点放到香水首饰上，但调查显示，女士对旅游广告的兴趣也仅排在家具和装饰之后，列于第二位。

中国一家调查机构在对中国近年的广告研究中，也证实了这样的结果并表示：男性受众会更留意广告，25~34 岁的男性人群看见并记住广告的可能性最大。

这样的调查结果，对于我们进行广告投放和广告制作，都具有重要的指导意义。

案例导入

无锡旅游发展之路

20 世纪 80 年代，虽然苏州在日本的知名度甚高，然而同样具有丰富旅游资源的近邻——无锡，却在日本民众心中“默默无闻”。无锡市旅游界在日本市场调查基础上得知其原因：唐代诗人张继描写苏州的千古名诗《枫桥夜泊》曾被选入日本的中学课本。他们经过分析提出一个大胆创意——既然一首诗可以使一座城市出名，那么如果编一首歌唱无锡的歌并能在日本流行起来，无锡的知名度就将大大提高。按照这一创意，无锡市旅游局与有关旅行社合作，在日本物色知名词曲作家为无锡写歌谱曲，创作了《无锡旅情》。这首歌不仅体现了无锡的风土人情，而且歌词、曲调也是日本人喜闻乐见的，再加上由当时日本当红歌星演唱，歌曲开始在日本传唱起来。为了达到“人人开口唱无锡”的目的，无锡市旅游局联合相关旅行社在日本从 1986—1989 年历时 3 年进行大量的促销活动。第一，1986 年 7 月 2 日，在东京召开了“无锡旅情”发布会，各大报纸杂志刊登了消息和照片，同时还散发旅游线路宣传品；第二，在日本各大电台每天的黄金时段播放《无锡旅情》歌曲；第三，1986 年 9 月在无锡的友好城市相模原市和明石市召开歌曲发布演唱会，同年 10 月 1 日在无锡市举行歌曲发表纪念演唱会，第二年在东京又举办了歌曲发表一周年演唱会，1989 年 6 月在日本东京再次举行歌曲周年演唱会；第四，1988 年 12 月 31 日《无锡旅情》获得日本著名“红白歌赛”金奖，当晚日本六大电视台现场直播。歌曲推介活动历时 3 年，但在日本市场上流行了 7 年，这首歌在日本家喻户晓。1993 年在名古屋进行的市场调查显示，想去无锡旅游的人占到调查人数的 43%，在市场拓展方面，这一个极大的飞跃，说明无锡开发日本市场获得巨大成功。从 1987 年起到 1992 年，来无锡旅游的日本旅客每年都以两位数递增。

分析：

无锡旅游获得巨大成功，运用了哪些促销手段？

前沿速递

14 线路齐促销　十城千人游香江

2018 年广深港高铁旅游红利释放，高铁赴港游在刚刚过去的国庆假期集中爆发，大大鼓舞了香港业界。为了延续高铁效应，香港旅游发展局联动海洋公园、杜莎夫人蜡像馆、香港迪士尼等香港知名景区，于 10 月 26 日在广州举行“高铁新‘礼’程·速达最香港”十城千人高铁体验团活动，周末广州旅行社将推出最高五折优惠的 14 条线路产品促销活动，进一步刺激内地游客赴港旅游的热情。

新高铁以及“一地两检”的便利，正是香港高铁游的魅力所在。岭南控股广之旅粤港澳游总部副总经理李念阳表示，快速和便捷使珠三角游客到达香港腹地的用时是之前大巴、动车等方式的 1/4。从国庆赴港游产品销售情况中可见，点菜式的高铁定制产品最受欢迎，其中香港 1 日游拉动最为明显。

港知名景点群推优惠

为使高铁带来的旅游红利持续翻倍，香港旅游业界联手内地旅行社推广促销吸客。10月26日，香港旅游发展局将联动包括海洋公园、杜莎夫人蜡像馆、香港迪士尼、天际100、昂坪360、诺亚方舟主题公园等一众香港知名景区，举行“高铁新‘礼’程·速达最香港”十城千人高铁体验团活动。该活动将联动广州、贵阳、武汉、长沙、南昌、厦门、福州、汕头、深圳、东莞10个内地高铁沿线城市，每城指定一家优质旅行社、组织100名游客参与。

作为广州地区的指定旅行社，广之旅表示，参与本次高铁体验团的游客，将获赠由香港旅游发展局赠送的价值超过港币500元的“最香港”大礼包，包括香港迪士尼乐园米奇/米妮头饰、香港海洋公园吉祥物“德仔”证件挂绳、天际100香港观景台高铁限量版水晶球、杜莎夫人蜡像馆精美钥匙扣、诺亚方舟护照套等多款限量版好礼，以及多张吃喝玩乐优惠券。

美酒佳肴伴维港美景

李念阳表示，广之旅还将在本周末举行线路促销活动，针对参与高铁体验团的游客推出共计14条线路产品，优惠力度最高可达五折。据介绍，此次线路涵盖跟团游和自由行套票，优惠方式包括买1送1、买2送1、现金立减优惠3种，行程包括海洋公园、杜莎夫人蜡像馆、香港迪士尼等知名景点，同时还参加由香港旅游发展局主办的第十届“香港美酒佳肴巡礼”活动。

其中，售价为人民币559元的“广深港高铁、美酒佳肴巡礼、香港海洋公园精选纯玩之旅1天”产品，游客可乘坐广深港高铁直达香港九龙西站，游览经典景点，并参与“香港美酒佳肴巡礼”活动，以维港美景相伴，享用世界级美酒佳肴，还有机会参与音乐表演、手工作坊等特色活动。而且，现场购买享受买1送1优惠，性价比相当高，预计将吸引一些美食达人和红酒爱好者前来捧场。

资料来源：大公网，2018年10月。

三、旅游公共关系

旅游公共关系是指以社会公众为对象，以信息沟通为手段，树立、维护、改善或改变旅游企业或旅游产品的形象，发展旅游企业与社会公众之间良好的关系，采取一系列措施和行动，营造有利于旅游企业的经营环境。旅行社主要的公关活动方式：与新闻界建立良好的关系，并通过新闻媒介传播产品信息；以品牌的形式开展节事活动和公益活动；出版杂志、刊物，或通过出版物定期、不定期地进行企业宣传等。

公共关系的任务是“内求团结、外求发展”，具体的活动方式有开发型、引导型、调整型等。开发型公关活动重视加强旅行社与社会的交往，以提高知名度、扩大影响，它的主要特点是以做好实际工作为基础，如旅行社可以利用新闻发布会、经验交流会、参观访问等形式树立形象，开拓市场。引导型公关活动指通过各种有效形式，建立旅行社内外协调关系，实现与公众的双向沟通，其特点是具有很强的引导性，如旅行社举办的信息交流会、恳谈会、各种联谊活动等。调整型公关活动指采取一些特殊的方式协调旅行社内外部各种关系，化解矛盾，调整公关目标，以维持企业形象，如旅行社与旅游者之间的交易谈判会、座谈会、调解会等。

对旅行社而言，公关营销具有明显的促销作用。旅行社通过与社会公众的双向沟通活动，不仅可以向各类相关公众传播企业的有关信息，与旅游者、旅游供应商、新闻界、政府机构、金融机构、广告媒体甚至市场竞争者等建立彼此信任与合作的关系，而且可以提高自身的美誉度，在目标市场心目中树立和保持富有魅力的旅游形象，从而使旅行社的计划和行动得到公众的理解和支持。一般而言，旅行社所采用的公关营销活动形式大致包括以下 4 种。

1. 新闻发布会

旅行社公关营销活动的最常用方法是向新闻媒体发送消息，通报有关的特殊旅游产品及其他旅游方面的消息。旅行社在开发出新的产品后，可采取新闻发布会的形式向旅游者及客户进行介绍，所发送的消息必须及时、富有新闻价值且能够吸引听众对产品的注意力，以便刺激他们产生购买这种产品的兴趣。

2. 熟识旅行

熟识旅行是指旅行社邀请旅游新闻记者或旅游专栏作家免费旅行的一种公关活动，旨在使他们对旅行社的产品产生浓厚的兴趣和深刻的印象，回去后撰写有关旅行社产品的介绍性文章和报道。

3. 邀请旅游中间商

旅行社邀请旅游中间商前来对旅行社的有关产品进行实地考察，是一种行之有效的营销公关活动。通过这种公关活动，旅行社既能够促进同旅游中间商之间的合作关系，又能够使他们加深对旅行社产品的认识，以便在今后的推销活动中对旅行社的产品做更加有利的宣传和促销。

4. 专题讲座、学术会议

旅行社可以通过举行专题讲座或赞助学术会议的方式宣传旅行社最新设计和开发的产品，并吸引公众对这些产品的关注。这种方法尤其适用于推销公众不熟悉的自然景观和人造景点。

四、人员推销

旅行社人员推销是通过销售人员与旅游者的直接沟通来达成交易，是一种最直接的促销活动。旅行社人员推销是最古老的一种促销方式，也是成本较高的一种方式。旅行社人员推销在消费者购买过程的某些阶段（如引起注意阶段和从信任发展到购买阶段）是最有效的手段。

1. 旅行社人员推销的特点及作用

（1）旅行社人员推销的特点

①推销的针对性强。人员推销通过推销人员直接面对潜在顾客销售旅游产品，是旅游消费者和旅行社之间最直接的沟通桥梁。人员推销针对性强，能够充分利用推销

人员对产品的熟悉程度，并根据旅游消费者的不同欲望、要求、动机和行为采取不同的解说和介绍方法，促成旅游消费者购买。

②有利于加强旅游服务。旅游产品是无形性产品，具有生产和消费同一性的特点，这就使旅游消费者在购前难以确切了解产品情况。采用人员推销，旅行社往往要为推销人员提供必要的旅游宣传品，培养他们的推销技巧。这样，可以让推销人员在推销产品的同时做好一系列服务工作，从而创造更多的销售机会。

③推销的成功率较高。由于推销人员事先拟订了推销方案，研究了旅游产品的市场动态，确定了推销对象，因而可以把精力有选择地集中在真正可能成为现实旅游购买者的顾客身上，使可能的失败率降到最低，从而提高推销的成功率。

④有利于信息反馈。人员推销的双向沟通方式，使得旅行社在向顾客介绍旅游产品、提供信息的同时能及时得到消费者的信息反馈，从而确保旅行社及时掌握市场动态，修正旅游营销计划。

（2）旅行社人员推销的作用

①传递信息。旅行社人员推销是推销者与旅游中间商和潜在旅游者的直接交流。通过面对面的交谈，旅行社人员能够详细地介绍自己的产品和服务，及时反馈信息并回答询问，易产生亲切感和信任感。

②销售产品。旅行社人员推销的最终目的是将旅游产品卖给旅游者，同时，推销人员有责任解答旅游者提出的问题。

2. 旅行社人员推销的程序

（1）寻找旅游者

旅行社销售人员利用各种渠道和方法为所推销的旅游产品寻找旅游者，包括现有的和潜在的旅游者。通过调查了解旅游者的需要、支付能力，筛选出有接近价值和接近可能的目标旅游者，以便集中精力进行推销，提高推销的成功率。

（2）接近前的准备

旅行社销售人员在推销之前应尽可能地了解目标旅游者的情况和要求，确立具体的工作目标，选择接近的方式，拟定推销时间和线路安排，预测推销中可能产生的一切问题，准备好推销材料，如景区、景点及设施的图片、模型、说明材料、价格表、包价旅游产品介绍等。在准备就绪后，销售人员需要与目标旅游者预约，用电话、信函等形式讲明访问的事由、时间、地点等。

（3）接近目标旅游者

旅行社销售人员经过充分的准备后就要与目标旅游者进行接洽了。接近目标旅游者的过程往往是短暂的，在很短的时间里销售人员要充分发挥自己的聪明才智，灵活应用各种技巧，引起目标旅游者对所推销产品的注意和兴趣，达到接近目标旅游者的最终目的。

（4）产品介绍

接近目标旅游者与产品介绍是同目标旅游者接触过程中的不同阶段，但二者之间没有绝对的界限。接近目标旅游者侧重于让旅游者了解自己，沟通双方的感情，创造良好的推销氛围，而产品介绍侧重于推销产品，需要销售人员利用各种面谈方法和技巧向目标旅游者传递旅游产品的信息，强调给旅游者带来的利益，强化旅游者的购买欲望。

（5）处理异议

在产品介绍过程中，旅游者会对旅游产品提出各种各样的购买异议，如价格异议、产品异议、服务异议等。这些异议是旅游者的必然反应，它贯穿于整个推销过程。推销人员对各种异议应采取不同的方法、技巧，有效地处理和转化，最终说服旅游者，促成交易。

（6）达成交易

达成交易是整个销售工作的最终目标。经验丰富的销售人员要密切注意成交信号，把握成交机会，采取有效的措施促成交易，并完成成交手续。

（7）售后服务

要让旅游者满意并使他们重复购买旅游产品，售后服务是必不可少的。达成交易后，销售人员应认真执行所保证的条款，做好服务，妥善处理可能出现的问题，从旅游企业的长远利益出发，与旅游者建立和保持良好的关系，树立旅游者对旅游企业及产品的信任感，促使他们重复购买，同时，利用旅游者的宣传，争取更多新的旅游者。

知识链接

适度促销中的“度”是哲学上的概念，指的是一定事物保持自己质的数量界限，在这个界限之内，量的增减不会改变事物的质，超过这个界限，就会引起质变。在适度促销中就要警惕促销出位。

一家旅行社的销售人员，不停地以手机干扰客户，不管客户是在开会还是吃饭，结果使得客户不胜其烦，对这家旅行社厌烦透顶。这就是没能在“度”上掌握好的结局。还有的促销做法，由于不顾及社会影响及专业上和道德上的限制，以致被认为“不适当”或者“品位太差”。2003 年 7 月 22 日《中国商报》以《“出位促销”将恶俗当卖点》为题报道，乌鲁木齐一家舞吧模拟 20 世纪 30 年代上海滩的生活场景，工作人员扮成汉奸，穿长衫，挂盒子炮，对客人点头哈腰，以此招揽生意，引起了市民的极大反感。这就是典型的促销出位。

案例导入

小记者们的愉快旅行

某市电视台办了一期“三色光”小记者培训班。在培训班即将结束时，暑假到了，电视台打算组织孩子们去旅游。该市的 ×× 旅行社得知此情况后，联系到了这次组团业务。针对电视台、家长及孩子们的需求，该旅行社开发设计了以江浙地区为目的地的“小记者修学七日游”产品。电视台的这期培训班人数不多，为扩大客源，旅行社决定将“修学游”产品推向市场。

他们首先做了市场调查和预测，了解到：该市的中小学生以及家长、教育机构，普遍赞同孩子暑假出行，但对“修学游”这种出行方式了解不多。根据这些调查情况，该旅行社制订了“修学游”产品的推广方案。

“修学游”的参加者是中小学生，但是，参加旅游活动的决策权，相当一部分掌握在家长手里。于是，旅行社邀请家长们参加了“修学游说明会”，与家长们相互沟通，充分了解情况，为家长们答疑解惑，使他们安心、放心地送孩子们去“修学游”。

该旅行社还了解到：暑假里有很多培训机构招收了大量的中小学生学习。当培训学习告一段落后，有些培训机构打算组织一次带有总结和奖励性质的活动。该旅行社的外联人员就分别来到这些培训机构，向其介绍“修学游”产品。有些培训机构对“修学游”产生了兴趣，但是，对“游什么”和“怎么游”不太清楚。外联人员详细地向他们说明行程及活动安排。培训机构普遍认为，溪口蒋氏故里游、参观宁波电视台并与该台青少年部联欢、游“东方明珠”电视塔等旅游项目，不仅适合青少年的旅游需求，而且符合培训初衷，表示将认真考虑“修学游”产品。另外，外联人员还就培训机构较敏感的组团价格提出了切实可行的合作方案。

该旅行社还有一个得天独厚的优势，就是与电视台的良好关系。于是，该旅行社在电视台进行广告宣传，打出的广告主题是“修学游，暑假生活真不同”，以更迅速、及时、生动直观的方式，在更大的范围内宣传、推广“修学游”。

在第一个团出发前，家长们提出，是否可以让导游员在发团前先跟孩子们见见面。这样，孩子们不但可以熟悉导游员，家长也放心。旅行社觉得这个提议很好，就组织了简短而热烈的“发团见面会”。导游员们个个年轻活泼，很快就跟孩子们打成了一片。

对报名参团的孩子，旅行社都做了详细登记，留下家长和培训机构的联系方式，让各方面都放心。第一个团的孩子们回来后，有的人拍了照片，还有的人拍了 DV（数码摄像机）作品。旅行社灵机一动，搞了“修学游”图片展和“我的难忘经历”作品征集，让孩子们的“修学游”更值得回味。

当孩子们结束愉快的旅程后，都惊喜地收到了导游员的一份小礼物。该旅行社的“修学游”产品成功地打开了市场。

资料来源：梁智，刘春梅，张杰．旅行社经营管理精选案例解析［M］．北京：旅游教育出版社，2007.

分析：

××旅行社成功促销的原因。

五、网络销售

互联网作为信息双向交流和通信的工具，已经成为众多商家青睐的传播媒介，被称为继报纸杂志、广播、电视之后的第四种媒体——数字媒体。近年来，网络的功能和作用也引起了旅行社界的广泛重视，利用国际互联网促销，已成为旅行社新兴的促销方式。旅行社不仅可以利用网络广告传播范围广、交互性强、成本低的特点为企业和产品作宣传，还可以在因特网上建立起自己的网站，开展网络营销和电子商务。在我国，各大旅行社公司在国际互联网上纷纷建立了自己的主页，以推销特色旅游产品，树立企业形象。一些中小旅行社则委托网络服务供应商建立并维护自己的网站。据不完全统计，目前我国已有 300 多家旅行社在网上开设了自己的网站。

我国旅行社应用国际互联网促销尚处于初级阶段。许多旅行社对互联网促销的重要性缺乏必要的认识，认为网络促销比较遥远，促销效果也不如传统手段。在实践中，不少旅行社仍依靠传统的通信手段做业务，计算机主要用于内部的文字处理、财务核算等工作，总体上我国旅行社入网比例还不高。

事实上，利用互联网促销对旅行社来说具有下列优势。

1. 适应国际旅游散客潮的需求

随着旅游设施的不断完善和旅游者自主意识的增强，散客旅游日益成为潮流。由于每一个计算机网络终端都联系着潜在的散客市场，旅行社网络促销为招徕散客提供了直接的便利。实践证明，在旅行社的客源开发中，国际互联网对客源市场的促销作用越来越明显。

2. 促销成本较低，效果强大

旅行社只需花相对低廉的入网费就可以开展网上促销，大大节省了促销成本。更为重要的是，网络上的宣传活动是没有时间限制的。只要旅行社信息发送到了网上，就 24 小时生效，随时可接受网络用户的访问。而且，促销信息可以根据旅游市场供求信息变化及时调整和补充，并可定期更换。这不仅有助于旅游者及时了解最新产品信息，而且有助于增强旅行社促销的效果。

3. 宣传面广，覆盖全球

互联网具有跨时空、覆盖全球，以多媒体形式双向传送信息和信息实时更新等特点，是其他传播媒体和传统促销手段所无法与之相比的。旅行社利用互联网来进行促销宣传，可以不受时间和地域限制。

4. 为满足旅游者个性化的旅游需求创造条件

随着社会经济的发展，个性化的消费日益成为人们的追求目标，反映在旅游消费上，就是追求个性化的旅游线路、个性化的旅游经历等。网上促销是一种旅行社与潜在旅游者的双向交流，旅行社可清楚地了解每一位旅游者的旅游要求与偏好，从而有可能为其提供“度身定做”的旅游产品。国外的许多旅游网站都提供个性化的定制服务。用户登录网站后，网站会提供一些功能选项，记录客户的基本信息、信用卡信息和旅游需求等。服务器将这些信息储存之后，就会根据这些信息帮助客户寻找相关的服务信息，并且这些信息是可以随时修改和删除的。当没有找到满意的解决方案时，客户还可以委托服务器监视和跟踪，当有符合要求的信息出现时，及时用电子邮件告知客户。

由此可见，互联网促销和传统的促销手段相比有多方面的优势。尽管在现阶段国际互联网只是我国旅行社辅助的促销手段，但网上促销的优势和作用将日益显现，并将成为旅行社重要的促销方式。

前沿速递

旅行社拥抱互联网实体店经营迎来新生

2017年年初，去哪儿网宣布进军线下，以“零加盟费，扶持年轻人创业创新，共享经济”为口号打开线下渠道加盟。据了解，目前已在包括陕西在内的19个省市全面铺开实体门店的建设。为此，实体店在转型和升级中是否迎来了新的春天？如何让传统旅游行业发光发热成为新的话题。

线上线下齐上阵　享受大品牌号召力

近日，去哪儿网实体门店以陕西西安为首站开业发布会及促销活动正式拉开了序幕。据笔者了解，不足两个月的时间，去哪儿网已在陕西、重庆、四川、江浙等19个省市签约了超过200家门店，平均每天就有4家门店落地。尤其是在陕西、重庆等省市的门店拓展，最为神速。而OTA作为在线旅行社，为西安市民带来了看得见摸得着的旅游贴身服务。市民不仅就自己感兴趣的产品进行咨询，还享受到了大型OTA带来的标准化旅行服务。

市民小张告诉笔者：“大型互联网旅游平台走线下，对于我们来说是件好事。报名旅游除了掏出手机上携程、去哪儿预订，还能在几百米范围内找到门店和专业服务人员面对面咨询，订购几十万种在线国内游、出境游产品，让我们更放心。”

线上出行平台开设大量实体店，对旅行社市场带来不小冲击。

不过业内人士认为，这也有助于旅游市场更加透明，而对市民而言，旅游报名不仅更便利，出游线路选择也将更为丰富。无可否认，电商肆虐，如今实体店闭店潮比任何时候都汹涌。但这同时也是优胜劣汰的时代。中产阶级崛起，消费升级，消费者拥有更多的品牌选择，只有更用心、更加关注消费者需求和体验的优质品牌，才能赢得消费者的认可。

深度开发产品　私人化定制更走心

“因为网络生活，人们的视野扩大了，对于产品、品牌颜值的要求，质感的要求，性价比的要求会更高一些，绝对不是一味追求便宜。除了线上、线下完美的结合，实体店的转型和升级必然离不开服务和旅游产品。”某旅行社负责人介绍。未来，商业争夺的是出生于20世纪八九十年代的消费群，这群人生下来就不缺物质、不缺产品，他们需要的是一种“关怀”，这种关怀更需要面对面的交流与触觉才能体现，而这恰恰就是“实体店”最大的机会！

为此，众多省市地区纷纷推出高端私人定制旅游产品。据了解，三亚针对西安旅游市场特点，推出了以会奖旅游、亲子游、婚庆游、乡村游等为特色的高端旅游度假产品。围绕“精彩三亚、四季乐享”的主题，多角度、全方位地向西北市场的潜在客源进行推介，为线下实体店提供更多优质的旅游产品。同时，三亚与西安完全依托各自地缘、资源和客源优势，根据两地国际游客客源结构呈“太极式”差异，即三亚俄罗斯游客相对较多，欧美游客相对较少，西安则刚好相反的特点，深度开发旅游产品，让旅游产品更加私人化和走心。

业内人士表示，实体店的体验功能结合线上平台的便捷性，实体店经营将迎来新的春天，实体店给游客的服务也将更加多元化和便捷。

资料来源：搜狐网，2018 年。

［**项目实训 1**］

实训名称：对旅游线路进行地接报价和组团报价。

实训方案设计：了解所在地的旅游市场情况，选择一条常规线路进行地接报价和组团报价，并进行说明。

［**项目实训 2**］

实训名称：选择适当的销售渠道销售旅行社产品。

实训方案设计：通过课后查阅资料、走访企业等方式，选取本市的三家旅行社，以小组为单位分析其市场定位、销售产品的策略及方案。

［**项目实训 3**］

实训名称：广告设计。

实训方案设计：某旅行社正准备推出一项沙漠探险旅游产品，现已确定旅游时间大致为半个月，目标市场主要是青年人，主要促销手段是广告。请你协助他们确定产品推出时间、选择广告媒体和时间、频率，并确定广告主题。

［**项目实训 4**］

实训名称：旅行社如何促销。

实训方案设计：选择当地一家具有代表性的旅行社，分析其针对不同旅游者所选择的促销策略。

项目六　旅行社接待服务管理

任务一　旅行社门市接待管理

任务认识

- 设立旅行社门市
- 认知门市服务人员的职责
- 运用门市的对客服务流程及技巧

任务实施

一、设立旅行社门市

旅行社门市又被称为旅行社服务网点，是指旅行社在注册地的市、县行政区以内设立的不具备独立法人资格，为设立社招徕旅游者并提供咨询、宣传等服务的分支机构。旅行社门市接受旅行社统一管理，并以旅行社的名义与旅游者签订旅游合同。

1. 门市的选址

旅行社选择门市部的地址时，一般要考虑下列因素：一是要选择目标市场容易到达的地点；二是要方便客人，尽量将门市部的地点设在商业区、居民区、机关企业等较为集中的地方，而且一般应设在临街的门面房或楼房的一楼；三是位置要醒目。旅行社门市部的设计布局，应该能体现出入口及等候区、接待咨询服务区和后勤工作区等几个部分，这样做是为了有效吸引旅游者和提高门市部的工作效率。此外，门市部的设计与装饰，要体现出企业文化。门市的物品陈列与宣传张贴，要分类明确、主题突出。

2. 设立程序

旅行社门市的设立，应征得拟设地县级以上旅游行政管理部门的同意；在办理完工商登记注册手续后的30个工作日内，报原审批的旅游行政管理部门、主管的旅游行政部门和门市所在地的旅游行政管理部门备案。

设立社向门市所在地工商行政管理部门办理服务网点设立登记后，应当在3个工作日内，持下列文件向门市所在地与工商登记同级的旅游行政管理部门备案：①设立社的旅行社业务经营许可证副本和企业法人营业执照副本；②门市的营业执照；③门市经理的履历表和身份证明。

没有同级旅游行政管理部门的，向上一级旅游行政管理部门备案。门市备案后，受理备案的旅游行政管理部门应当向旅行社颁发《旅行社服务网点备案登记证明》。

3. 地域要求

旅行社设立门市，应当在设立社所在地城市的行政区划内。

4. 其他要求

服务网点应当设在方便旅游者认识和出入的公众场所。服务网点的名称、标牌应当包括设立社名称、服务网点所在地地名，不得含有使消费者误解为旅行社或是分社的内容，也不得使用易使消费者误解的简称。

二、门市服务人员的职责

1. 介绍旅游产品

熟悉主要旅游目的地的有关情况；掌握本旅行社的主要旅游产品情况。

2. 提供旅游咨询服务

提供旅游咨询服务应做到热情接待、细致解答、引导销售。

3. 销售旅游产品

当旅游者决定购买时，门市服务人员应抓住时机，及时为旅游者办理有关手续，并抓住机会向旅游者推荐其他相关旅游产品，以扩大旅行社的销售收入。另外，门市服务人员要认真整理业务过程中的各种文件，并将这些文件存入相应的档案，妥善保存。

三、门市的对客服务流程及技巧

1. 进门问候

微笑问候，进一步判断旅游咨询者的意向，为旅游咨询者提供相关帮助。

2. 出示旅游产品

通过旅游线路宣传单、报价单、旅游图片等，出示几种行程相似或价格相近的旅游产品，供其选择。

3. 旅游产品说明

列举旅游产品的卖点和特色，实事求是地说明和介绍相关信息，确定能满足旅游咨询者的需求，以及购买此项旅游产品所能获得的利益，刺激旅游咨询者的购买欲望。

4. 进一步说明，提供建议

可以采用特价、促销等方式向旅游咨询者提供其所能得到的优惠，使旅游者更乐意购买。

5. 签订合同

明确双方权利和义务，写清补充条款，加盖公章，签好经办人及旅游咨询者的姓名、电话等。

6. 收取费用

要做到“三唱一复”，即唱价（确认旅游咨询者所购旅游产品的价格）、唱收（确认所收旅游咨询者的金额）、唱付（确认找给旅游咨询者的余款金额），一复（确认所付旅游产品与收进费用相符）。

7. **收尾工作**

开好发票，提示旅游注意事项、出发时间、地点等。

任务二　旅行社组团产品运行

任务认识

- 产品运行准备
- 组团业务流程及管理技巧

任务实施

旅行社要运作和营利，最终都要落实到产品的销售和服务的提供上。而组团实际上是旅游产品销售和旅游服务提供的过程，因此，组团业务在旅行社的整个业务流程中占有非常重要的地位。

组团是指组团社将通过各种招徕手段形成的旅游团队委托给指定的旅游目的地（或目的国）接待社（如果是出境旅游，就要委托境外的一家组团社），并由其负责完成合同中所规定的旅行游览活动的过程。旅行社的组团业务包括旅游计划的制订、与接待社的洽谈、对团队旅行游览全过程的质量监督和旅行结束后的总结控制。

发团是指组团社将通过各种招徕手段形成的旅游团委托给指定的旅游目的地地接社，并由其负责完成合同中所规定的旅行游览活动的过程。组团社将团队发往地接社时，应按照作业流程进行操作。旅行社发团工作流程及标准如表 6－1 所示。

表 6－1　　旅行社发团工作流程及标准

工作任务	工作流程	标准化
选择地接社	收集、整理地接社的基本资料；对地接社进行筛选；与选定的地接社进行联系	翔实、准确
编制旅游计划	计调部为前台或外联工作人员联系的旅游团设定编号，建立旅游团档案；根据旅游团的日程安排符合要求的交通工具；前台或外联根据计调部交通工具的安排编制旅游计划	翔实、准确、全面
发出预报计划	前台或外联向地接社以传真或邮件方式预报旅游接待计划；计划预报发出后，地接社尽快给予书面回复，对预报内容做进一步确认	及时、准确

续 表

工作任务	工作流程	标准化
计划变更	如果行程变化或游客方面有变化，应及时书面告知地接社，并要求对方书面确认，不需要更改计划则直接发送最终旅游接待计划；地接社得到变更通知后，尽快给予确认	变更计划要及时发出
发团	预报计划经过确认后，在团队出发前将正式计划打印、盖章传真给地接社；地接社确认无误，立即盖章传真回组团社；接待部在旅游团发出之前，指定专门全陪，负责旅游团服务事宜；在旅游团出发前 24 小时，做最后的确认，然后组织发团	发团前各项准备工作全部完成
账单审核	团队旅游结束后，对各种账单进行汇总，提出结算申请；计调部在收到地接社的结算申请后，对旅游接待过程中发生的账单进行审核，纠正差错，并申请财务部门按协议付款；计调部在发团流程结束后进行总结	审核工作准确、无误

一、产品运行准备

1. 掌握游客需求及信息

组团计调人员在发团前必须充分了解所接待的旅游者的需求和基本信息，以便于制定合理行程，科学地选择接团旅行社，顺利开展旅行社产品的运行。可以说，旅行社组团产品运行顺畅程度，在很大程度上取决于旅行社工作人员对于游客需求及信息的掌握程度。

仔细阅读游客与旅行社签订的《旅游合同》，特别是要对合同中“内容与标准”一栏的相关陈述加以分析、归纳，总结出游客的需求及其他有效信息。其中，包括人口统计学信息和游客需求信息。

人口统计学信息包括游客姓名、身份证及其他有效证件号码、性别、年龄、民族、人数、客源地、职业等内容。计调人员需要保证旅游者这些信息的准确性，为顺利订票、订房、办理护照和签证、合理预订及分配客房、行程安排、餐饮口味选择、交通工具的选择提供重要的依据。

游客需求信息体现在《旅游合同》中，旅游者在各个旅游目的地需要开展哪些游览、参观、娱乐、购物、会议等活动，计调人员必须充分了解，计调人员还要掌握游客在各旅游目的地停留的时间、交通方式、相关的接待标准及游客的特殊要求，与地接社密切合作，为旅游活动的顺利开展提供条件。

2. 制定规范团号

团队编号简称团号，团号由一串英文字母及数字组成，是这个旅游团前往目的地、交通等级、旅游天数、出发日期及组团团队数量等相关信息的浓缩。团号属于一种行业术语。在编制团号时，应该按照国际标准规范来设定，在信息流通中做到简单明了、正确易懂。举例如下。

例1：XNC05－1F1W1120A 国内区域团“成都一飞一卧五日游”，出发日期11月20日，此团为系列团中的第一个团。

例2：SKB07－2F0214B 出境团“新马泰双飞七日游”，出发日期2月14日，此团为系列团中的第二个团。

例3：HDS03－2T1226 国内区域团“苏州三日游”，全程汽车，发团日期12月26日。

根据上述举例，可以看出规范团队编号中：如果是国内团，则前两位为中国区域代码，比如，西南XN，东北DB，华南HN，第三位是目的地城市拼音的首字母。如果是出境旅游团，则以前往目的地主要城市三字代码中的首字母相连组成开头。字母后出现的第一组数字为出游天数，例如，05代表五日游。短横线后的数字与字母代表交通等级，如双飞2F、单飞1F、一飞一卧1F1W、双卧（或船）2W、双座2Z、全程汽车2T。最后四位数字为出发日期，如1226代表12月26日发团；1001则代表10月1日发团。最后一位字母按照其在字母表中的顺序代表此团是系列团中发出的第几个团（当天仅有一个团的不再排序）。

二、组团业务流程及管理技巧

团队经旅游者确认并交付团费后，组团社就应该开始作业了。其主要作业流程如下：

1. 制订接待计划

接待计划是组团社向接团社发出的关于旅游团队或旅游者旅游活动的契约性安排，也是接待社安排旅游团队或旅游者在当地活动日程的文字依据以及在接待工作结束后向组团社结算的凭据之一。

制订接待计划的程序：

（1）整理业务洽谈记录

旅行社业务人员在制订接待计划时应首先将业务洽谈记录加以整理和总结，提出旅游团队或旅游者的特点及游览参观、生活起居和专业活动等方面的特殊要求。

（2）落实交通事宜

根据旅游团队或旅游者的旅游活动日程，安排和落实交通事宜。应认真查阅民航、铁路、长途汽车、水上客运等交通部门印制和发行的最近一期时刻表，并对航班、车次、船次及飞机机型、列车座席、卧铺、汽车车型、轮船舱位等级情况进行核对。在计划中，应尽量避免安排机型小、航次不多的航班和长途、过路的列车。如果所安排的航班、车次、船次和洽谈时有差别，应及时通告对方。

（3）落实各地的接待项目

在制订接待计划时，应向各地地接社通报旅游团队（者）在住宿、餐饮、游览、参观、文娱活动、专业活动等方面的要求，以便及时做好落实工作。

（4）落实旅游保险

旅游保险是旅游活动得到可靠社会保障不可忽视的重要因素，是指对旅游团（旅游者）在旅游活动中因发生各种意外事故造成经济损失或人身伤害之时给予经济补偿的一种制度。旅游保险不仅有利于保护旅游者和旅行社的合法权益，而且有利于旅行社减少因事故、灾害所造成的损失。一般组团社的对外报价中包含了旅游保险费，而且是一次付清。

接待计划至少应该包括以下三个方面的内容：

（1）旅游团（者）基本情况和要求

旅游团（者）基本情况和要求包括旅游团（者）的名称、团号、组团社的名称；旅游团（者）的人数和服务等级；旅游线路和经停地点；下榻饭店名称（如果系委托地接社代订，应注明所需客房的单、双间客房数量）；用餐要求和标准；所要求的导游员语种、等级；费用结算方法；联系人姓名、电话、时间。

（2）日程安排

接待计划中应对旅游团（者）的活动日程进行安排，并应注明下列事项：旅游团（者）的抵离日期、时间、航班号（车次、船次）、抵达或离开的地点；旅游路线中所经停的城市名称、交通工具类型、航班号（车次、船次）、抵离地点；在各地安排的参观游览单位、景点、品尝风味、文娱活动、专业活动要求等。

（3）旅游团（者）名单

接待计划中应附有旅游团（者）的名单，包括旅游者的姓名、性别、年龄、职业、领队或全陪的姓名、性别。如果是出入境团，还应标明旅游者的护照号码。

2. 预报计划

以传真、电话或 E－mail（电子邮件）的形式向接待社预报计划，预报的内容包括团号、人数、行程、到达日期、离开日期、食宿要求等，特别应标明抵离的交通工具、车次、航班等，并请接待社确认行程及价格。

案例导入

小王在旅游管理专业实习过程中做过导游员，刚刚拿到毕业证的他决定尝试一下计调工作，经过竞聘他进入了 A 旅行社，主要负责组团至四川省的观光旅游。某天他接了一个组团任务，将 46 名游客安排至九寨沟和黄龙旅游。

首先，他拨通了旅行社长期合作伙伴成都 B 国际旅行社的电话：“你好！我们将有一行 46 人的奖励旅游团发往贵社，时间是在 2018 年 6 月 22 日，具体事宜将通过传真随后发送。”

预报传真：

成都 B 国际旅行社：

我社组织的 XN11－2W0622 一行 46＋1 人（中宾）将于 2018 年 6 月 22 日乘 T190 次列车于 23 日上午 9：32 抵达成都火车站，请按常规行程安排去九寨沟、黄龙游览，并请预订6月27日上午K113次硬卧去昆明。此团系重点客户，请务必保证晚上硬卧离蓉，请代订四星级酒店标准房23间和全陪房1间。正式计划及游客名单随后即发。谢谢合作！祝业务多多！

A旅行社计调部王某

2018年6月9日

分析：

请问小王的安排合理吗？

3. 接待社书面确认

组团社发出初步的行程后，一般可要求接待社在3天内给予书面答复（越快越好，如果可能，最好是当天答复），要对各项内容逐一确认，同时落实车、机票和酒店房间的情况。如果确认的时间距发团时间较远，中间如有任何变化，均须及时发更正传真，以最后的传真内容为准。

4. 发出正式接待计划

组团社应在团队到达第一站前给接待社发出两份完整的、详细的正式计划。正式计划一般应包括发团确认函；团队行程和各项服务的标准及特殊要求；团队客人资料（姓名、性别、年龄、身份证号或护照及签证号码等）；各站接待社名称、联系人及联系电话；旅行团委托协议书。

5. 旅游过程控制

旅游团顺利发至相应的接待地后，组团社还应该做好相应的旅游行程监督控制工作。这项工作主要应从以下两个方面开展：

（1）派全程陪同导游员作为组团社的代表，对所陪同服务的旅游团的旅游活动负责。一个优秀的全陪，除了要有丰富的专业知识外，更应该处事不惊，有通观全局的眼光和很强的独立工作能力，真正起到监督旅游全程的作用。

（2）安排专人全天24小时跟踪团队状态。这主要是方便全陪在外地遇到突发事件要改变原定计划行程，一时又不便作出决定时，可以打电话回组团社请求指示并寻求帮助以解决问题。

6. 旅游行程结束后的反馈、售后服务

团队旅行结束，并不说明组团社的工作宣告结束，还要注意以下几方面工作：

（1）理清账务问题。组团社的财务人员应与全陪一起根据计划认真查核各地接待社寄来的收款账单，准时准确付清款项。

（2）处理客人遗留问题。客人离团后，全陪要认真处理客人遗留问题，提供尽可能的延伸服务。

（3）总结工作。例如，请客人填写“游客意见表”，全陪填写《全陪日志》等。

（4）售后服务。在游客结束游览回到居住地后，组团社应在一周内选择部分客人，通过打电话、寄信件或发E－mail等方式询问他们对旅行社或旅游产品的意见或建议，同时感谢他们在旅游过程中给予的积极支持与合作。在重大节假日或旅游促销时，也应向重要客人发去贺卡、贺电，并附上旅行社的重点旅游产品宣传册，以激发其潜在的旅游需求。

知识链接

组团的类型

目前我国旅行社的组团主要有以下类型：

在国外销售成功后，在国内由某个国际旅行社将一个长线团或短线团发给国内各相关旅行社接待。例如，青岛国际旅行社外联部组到一个欧美旅游团，在中国旅游10天，途经上海、南京、济南、青岛、北京等处，则青岛国际旅行社就应将该团发给途经的上海、南京、济南、青岛、北京等地的某个旅行社负责当地接待。

国际旅行社组织中国公民出境游，将团发给国外相关旅行社接待，或直接发给境外某旅行社总负责，再由该旅行社将团队转发给其他相关旅行社负责各地的具体接待。

国内旅行社组织国内旅游，一般通过门市招徕或上门推销组成团队，将其发给异地相关旅行社接待。例如，青岛远东旅行社组织一个华东（上海、南京、苏州、镇江四地）六日游旅游团，青岛远东旅行社就可以将团发给上述四地的旅行社负责当地的旅游接待。

中国的国际旅行社在国外的分公司或办事机构销售成功，组成团队发给国内的总公司或直接发给相关旅行社接待。

寻找合适的地接社

对于客源市场，组团社拥有对市场的最新信息以及游客的兴趣趋向及时了解与把握的优势；而对于旅游目的地市场，地接社拥有着对当地的旅游资源状况以及资源的合理、最优组合的优势。因此，组团社需要地接社不断提供更新、更合理的资源组合产品，以迎合更多游客的需求。没有地接社的支持与协作，组团社也就难以获得更大的市场客源。同样，失去了组团社的市场占有份额，地接社也就随之失去了业绩上进一步扩大与再提高的可能。所以说，组团与地接就如同人体的左膀与右臂，不分主次，相辅相成。

一个旅游团能否接待成功，在很大程度上取决于地接社的工作情况。因此，在组团业务中，对地接社的选择是十分重要的。组团社应根据旅游客源市场的需求及其发展趋势，有针对性地在旅游目的地的各个旅行社进行比较和筛选，选择符合条件的旅行社作为自己的业务合作伙伴。选择地接社时要注意以下两个方面：

一是地接社的商业信誉。好的地接社是本着对游客负责的态度做好服务和接待，同时将组团社的利益放在第一位，为组团社预订好的房、餐、车等，并尽量为组团社降低成本。商业信誉不好的旅行社不仅接待服务质量差，还会做出有损于游客利益的事情，使组团社失去客户。

二是地接社的报价。地接社的报价应切合当地实际情况，在选择地接社的时候，在同等标准下，不应选择报价最低的，因为车、房、餐肯定都是有所不同的。例如，房虽然都是挂牌，但可能是旧的，或者位置不好的；车虽然都是同一品牌，但车况不一样，新旧程度也有所差异。也不应选择报价最高的地接社，这样成本太高，不好给客人报价，容易丢团。大部分成熟的地接计调在报价时是要多报几个价格的，同等标准下，房、车都是有差异的，要让组团社有个选择的空间。好的地接计调对业务熟悉，在给组团社做行程报价的时候，应尽可能地把行程做得详细（车程、门票价格等、含餐数量）、规整（表格形式，让人一目了然），如有可能，可再把返程大交通的航班或车次列出，并注明时间。要随时与组团社保持联系，进行行程和价格的确认。这样能给组团社提供更完整的行程报价，方便组团社尽快整理报给客人，为组团社赢得时间。

任务三　旅行社地接业务

任务认识

- 团体旅游接待业务
- 散客旅游接待业务
- 接待业务流程及管理技巧

任务实施

一、团体旅游接待业务

旅游接待业务是旅行社的基本业务之一，是旅行社在对客接待服务方面进行综合管理的过程，其主要宗旨是向游客提供高质量的接待服务。团体旅游接待是指旅行社根据同旅游中间商达成的销售合同，对旅游团在整个旅游过程中的交通、住宿、餐食、游览参观、娱乐和购物等项活动提供具体组织和安排落实工作的过程。

1. 团体旅游接待业务的共性特点

计划性强；技能要求高；协调工作多。

2. 团体旅游接待业务的个性特点

（1）入境团体旅游接待的特点

①停留时间长；②外籍人员多；③预订期长；④落实环节多；⑤活动日程变化大。

（2）出境团队接待的特点

①活动日程稳定；②消费水平高；③出境旅游者外语水平比较低。

（3）国内团体旅游接待的特点

国内旅游团的接待具有准备时间短、日程变化小、消费水平差别大和讲解难度小等特点。

二、散客旅游接待业务

1. 散客旅游业务的类型

散客旅游业务主要包括单项委托业务、旅游咨询业务和选择性旅游业务。

2. 散客旅游业务的特点

（1）批量小

散客旅游多为旅游者本人单独外出或与其家属、亲友结伴而行，同团体旅游相比，散客旅游的批量一般比较小。

（2）批次多

散客旅游的批量虽然比较小，但是采用散客旅游方式的旅游者日趋增加，加之许多旅行社大力开展散客旅游业务，更促进了散客旅游的发展，所以散客的总人数在迅速增加。散客市场规模的日益扩大及其批量小的特征，使得散客旅游形式呈现批次多的特点。

（3）预订期短

散客旅游决定的过程比较短，散客旅游相应地形成了预订期短的特点。散客往往要求旅行社能够在较短的时间内为其安排好旅游线路并办妥各种旅行手续。

（4）要求多

散客当中有大量的商务、公务旅游者，他们的旅行费用多由所在的企业、单位全部或部分承担。因此，他们的旅游消费水平较高，对旅游服务的要求也较多。

（5）变化大

散客在旅行前常缺少周密的安排，经常在旅行过程中临时变更旅行计划，提出各种新的要求或在旅行前突然由于某种原因而临时取消旅行计划。

三、接待业务流程及管理技巧

1. 客户来电接待技巧

（1）接待要求

语言清晰、言简意赅、语气和蔼、态度热情。

（2）接待客户来电的四大要素

①答：解答客户来电询问的关于旅游线路价格及行程的问题。

②问：问清其需求线路、团队人数、联系人、电话、具体出行时间，按照问询单问询客户。

③讲：讲述该线路的特征和突出卖点，强调自身的服务优势，如住宿等级、导游水平、企业实力等。

④记：记录上述所问及事项，认真填写接待登记表，特别注明进度情况，与组团社确定产品内容、来团日期、接团时间地点、人数、男女比例、有无儿童、有无特殊要求、返程方式等。

2. 产品报价技巧

（1）首次报价

要做好不同地区组团社的报价，应一团一议，还应为客户进行第二次价格谈判。

（2）客户跟踪

给客户报价后，在较短的时间内进行二次跟踪，询问客户情况，争取客户确认，达成合作意向。如果客户要求价格减让，在保住利润的前提下，可根据实际情况进行适当的让利，或者采用赠送礼品等方式进行感情沟通，争取尽快成交。

3. 业务确认技巧

与客户经过几个回合的沟通，如能达成合作意向，可采取传真的方式确认，并填写旅行社团队确认书，内容包括价格、行程、时间、人数、住宿标准、餐饮标准、用餐要求、车型、区间交通票、全陪姓名、联系电话等。

4. 接待操作技巧

打印团队计划单，报部门经理处，报财务处借款、借签单，报计调处落实各项接待事宜。如遇变更，应及时确认。

5. 台账登记技巧

与组团社确认后，将该团队详细信息登记在团队操作台账上，以方便计调工作和日后查对，按最终确认的时间和具体要求打印行程表。

6. 导游出团技巧

长期合作客户，最好安排合作过的导游；第一次合作的客户，一定要安排经验丰富、讲解熟练、接待能力强的导游，为客户提供优质的服务。导游派团时，交代就餐、景点安排及付费方式等。

7. 计调跟团技巧

计调部或客服部应定期与全陪取得联系，询问导游服务的质量及团队的整体情况。特别是旺季，一定要与各接待方二次确认，以防止跑房、不能按时就餐、车辆故障等情况。

8. 质量检查及结账技巧

结束行程时，通过客人填写的导游带团反馈单了解行程安排是否合理、导游是否优秀、客人有无意见等，以便及时改进和控制。组团社在团队离开时，务必将剩余团款汇出或由全陪支付剩余团款。

9. 领导送团技巧

团队结束后，如果是VIP团或出现失误的团队，可由部门经理以上的管理人员出面送团，以示重视，给对方留下好印象。

10. 团队报账技巧

团队结束后，导游应向计调报账，将其出行前所借的备用金与旅行社结清，在计调处审核无误后报财务处。

11. 团队收入核算技巧

根据地陪及财务提供的有关费用情况，登记团队成本、利润情况等。一份留给账务记账，一份留给计调处，与团队其他资料一并归档备案。

团队结束后，企业客服部应该在两天之内通过电话对组团社进行回访，了解客户满意程度，进一步加强联系，维系老客户。

知识链接

怎样做一个品质地接

一、接团

1. 导游须在旅游团队抵达之前以短信或电话形式与领队（全陪）取得联系，告知游客天气情况、接团标志、导游旗颜色式样等信息。

2. 司机接团前须彻底打扫车内外卫生，更换座椅套，检查车况、空调、话筒、油箱等。

3. 司机、导游整齐着装，保持个人形象整洁，并须提前30分钟抵达机场/火车站，以方便游客上车为原则停放旅游车；导游持统一定制的标准接站牌及导游旗在出站口迎候游客抵达。

4. 旅游团抵达后，导游要热情招呼并及时与领队（全陪）联系，引导游客上车，司机应提前打开空调（冬夏两季）、协助游客摆放行李，热情向大家微笑问好；导游将接站欢迎牌安放在车窗挡风玻璃处，以便游客辨识。

5. 若旅游团乘飞机抵达，导游应准备适量一次性打火机，以备吸烟游客取用。

二、送团

1. 导游须把握游览及行车时间，不能使游客有仓促的感觉，亦不能提前2小时以上抵达机场（车站）。

2. 送站前分发“游客旅游服务质量反馈单”给游客填写并及时回收。

3. 送机场团队须协助游客办理登机、行李托运手续，将游客送进安检并征得领队（全陪）同意后方可离开。

三、酒店住宿

1. 游客咨询时须提供实时图文介绍资料，以便游客提前了解相关信息，接待期间酒店安排严格按确认的游览计划执行。

2. 导游接团后应及时介绍旅游团下榻酒店信息，提前通知酒店前台准备房卡、行李车等，使游客尽快入住。

3. 游客入住后10分钟导游协同全陪、领队逐一巡房，及时解决相关问题。

四、餐饮安排

1. 旅游团用餐必须安排在旅游定点接待餐厅，餐厅环境好、卫生整洁、餐食分量足、软件服务好。

2. 严格执行确认计划中的用餐标准，不得擅自更改；导游须仔细核对餐标及菜品数量、质量、分量，督促餐厅做好接待。

3. 每次用餐须事先征求全陪（领队）及游客的饮食习惯和意见，适当安排具有特色的菜品供游客品尝。

4. 用餐期间导游须至少两次巡查游客用餐情况，及时服务，并在30%游客用餐结束时回到游客用餐区域。

5. 游客用餐结束后导游须及时征询游客用餐情况感受，为后面订餐安排提供指导意见。

五、车辆安排

1. 接待车辆及司机必须具备旅游用车经营许可证、司机上岗证等证件，为旅游接待指定用车。

2. 司机驾驶技术好、服务热情、主动问候客人及协助游客上下行李，不载客加油，停靠车辆须以在保证行车安全的前提下最大限度方便游客为原则。

3. 准时、守时迎候游客，安全驾驶，长时间行车应定时安排中途休息去洗手间的时间。

4. 准备当地旅游资源介绍的视频供游客欣赏，协助导游做好旅游接待服务工作。

六、导游服务

1. 符合文化和旅游部《导游人员管理条例》相关规定并严格遵守执行。

2. 讲解细致、学识丰富、专业技能强；幽默风趣、身体健康、形象气质佳；服务热情、耐心周到、富有亲和力；勇于担当、随机应变、临机能力强。

3. 坚守导游优良传统，彻底让游客满意。

________旅行社行程询价单

TO：　　　　　　　　TEL：　　　　　　　　FAX：

FROM：　　　　　　　TEL：　　　　　　　　FAX：

____：

您好！现将我社__________团情况和您确认如下，请贵社予以协助！

行程：

标准：

人数：

日期：

请分项报价，回传我社。谢谢！

公司名称（盖章）：　　　　　　联系人：

年　　月　　日

________旅行社订房计划单

TO：　　　　　　　　　　TEL：　　　　　　　　　　FAX：

FROM：　　　　　　　　　TEL：　　　　　　　　　　FAX：

团队（客人）名称：　　　　　　　　　　　　　　　　人数：

入住时间：____年____月____日____时至____年____月____日____时，共____天。

住宿要求：____房____间，全陪房____床，陪同免房____床。

房费标准：____房____元/天，全陪房____元/天，住宿费累计____元。

膳食标准：早餐____元/人（含早，不含早），中餐____元/人，晚餐____元/人，餐费累计____元。

付款方式：按付款协议约定执行（导游前台凭此单登记入住）。

备注：

1. 代订费、房费结算账单，请寄到我社财务部。
2. 其他费用均由客人自理，本社不予承担。
3. 收到订房委托后，请速将订房回执传回我社。

公司名称（盖章）：　　　　　　　　联系人：

年　　月　　日

________旅行社订车计划单

TO：　　　　　　　　　　TEL：　　　　　　　　　　FAX：

FROM：　　　　　　　　　TEL：　　　　　　　　　　FAX：

现将我公司已落实的用车计划传真给您，望尽快确认回传，谢谢！

<table>
<tr><td>团号：</td><td>人数：</td><td>客源地：</td><td colspan="2">导游：　　证号：　　手机：</td></tr>
<tr><td colspan="5">用车时间：　月　日接团至　月　日送团
接团：　月　日　时在　接　航班/车次
送团：　月　日　时在　送　航班/车次</td></tr>
<tr><td>天数</td><td colspan="3">主要游览行程、景点</td><td>车价（元/天）</td></tr>
<tr><td>1</td><td colspan="3"></td><td></td></tr>
<tr><td>2</td><td colspan="3"></td><td></td></tr>
<tr><td>3</td><td colspan="3"></td><td></td></tr>
<tr><td>4</td><td colspan="3"></td><td></td></tr>
<tr><td colspan="5">包车价：　元（其中，接团　元，送团　元，正常游览　元/天）
车型：　车牌：　司机：　手机：</td></tr>
</table>

______旅行社订餐计划单

TO：　　　　　　　　　TEL：　　　　　　　　　FAX：

FROM：　　　　　　　　TEL：　　　　　　　　　FAX：

团队（客人）名称：

人数：____成人____儿童餐　　　　　　　　用餐时间：____年____月____日

用餐要求：____菜____汤（10人一桌，____荤____素）

餐标：早餐成人____元/人，儿童____元/人

午餐成人____元/人，儿童____元/人

晚餐成人____元/人，儿童____元/人　　　　　餐费累计____元

付款方式：按付款协议约定执行（导游前台凭此单登记用餐）。

特殊要求：

备注：

1. 其他费用均由客人自理，本社不予承担。

2. 收到订餐委托后，请速将订餐回执传回我社。

公司名称（盖章）：　　　　　　　　联系人：

年　　月　　日

______旅行社入住酒店更改单

TO：　　　　　　　　　TEL：　　　　　　　　　FAX：

FROM：　　　　　　　　TEL：　　　　　　　　　FAX：

您好！感谢贵酒店的信任与支持，由于团号____入住计划变动，现将更改单传真给您，请尽快确认、回传！谢谢！

事项	原定情况	变更后情况
人数		
日期		
用房类型		
用房数目		
房费		

公司名称（盖章）：　　　　　　　　联系人：

年　　月　　日

________旅行社用车更改单

TO： TEL： FAX：

FROM： TEL： FAX：

您好！感谢贵酒店的信任与支持，由于团号____行程计划变动，现将更改单传真给您，请尽快确认、回传！谢谢！

事项	原定情况	变更后情况
人数（需座位数）		
日期		
用车类型		
车费		

公司名称（盖章）： 联系人：

年 月 日

________旅行社用餐更改单

TO： TEL： FAX：

FROM： TEL： FAX：

您好！感谢贵酒店的信任与支持，由于团号________用餐计划变动，现将更改单传真给您，请尽快确认、回传！谢谢！

事项	原定情况	变更后情况
人数		
日期		
餐标		
总餐费		

公司名称（盖章）： 联系人：

年 月 日

________旅行社运行计划表

<table>
<tr><td>团号：</td><td colspan="2">地陪：</td><td colspan="2">团队人数：</td><td colspan="2">组团社：</td><td>全陪：</td></tr>
<tr><td rowspan="2">抵离时间</td><td colspan="6">月　　日乘　　抵达</td><td>司机：</td></tr>
<tr><td colspan="6">月　　日乘　　离开</td><td>车号：</td></tr>
<tr><td>时间</td><td>早餐</td><td>上午</td><td>午餐</td><td>下午</td><td>晚餐</td><td>购物点</td><td>住宿</td></tr>
<tr><td></td><td></td><td></td><td></td><td></td><td></td><td></td><td></td></tr>
<tr><td></td><td></td><td></td><td></td><td></td><td></td><td></td><td></td></tr>
<tr><td></td><td></td><td></td><td></td><td></td><td></td><td></td><td></td></tr>
<tr><td></td><td></td><td></td><td></td><td></td><td></td><td></td><td></td></tr>
<tr><td></td><td></td><td></td><td></td><td></td><td></td><td></td><td></td></tr>
<tr><td colspan="4">旅行社电话：</td><td colspan="4">旅游局投诉电话：</td></tr>
</table>

________旅行社导游计划单

<table>
<tr><td>团号：</td><td colspan="2">地陪：</td><td colspan="2">团队人数：</td><td colspan="4">组团社：</td></tr>
<tr><td>车号：</td><td colspan="2">司机：</td><td colspan="2">手机：</td><td colspan="2">全陪：</td><td colspan="2">手机：</td></tr>
<tr><td>时间</td><td>早餐地点</td><td>餐标</td><td>午餐地点</td><td>餐标</td><td>晚餐地点</td><td>餐标</td><td>住宿地点</td><td>房费标准</td></tr>
<tr><td></td><td></td><td></td><td></td><td></td><td></td><td></td><td></td><td></td></tr>
<tr><td></td><td></td><td></td><td></td><td></td><td></td><td></td><td></td><td></td></tr>
<tr><td></td><td></td><td></td><td></td><td></td><td></td><td></td><td></td><td></td></tr>
<tr><td></td><td></td><td></td><td></td><td></td><td></td><td></td><td></td><td></td></tr>
<tr><td colspan="9">游览景点门票：</td></tr>
<tr><td colspan="9">合计：　　　　元（房　　　　元，　餐　　　　元，　门票　　　　元）</td></tr>
<tr><td colspan="9">借款：</td></tr>
</table>

计调：

年　　月　　日

[项目实训 1]

实训名称：模拟门市接待工作。

实训方案设计：分组进行角色扮演，模拟门市接待工作。

[项目实训 2]

实训名称：模拟发团工作。

实训方案设计：分组进行角色扮演，进行组团社与地接社之间的发团模拟工作。

实训成果：以小组为单位，上交组团社和地接社之间为确认团队接待工作而发出的所有相关文件。

项目七　旅行社人力资源管理

任务一　旅行社员工的招聘

任务认识

- 认知旅行社员工的招聘渠道
- 能运用旅行社员工招聘的程序进行人员招聘
- 招聘重点岗位的工作人员

任务实施

旅行社人力资源部要按照既定组织结构和各部门各职位工作分析招聘员工，以满足旅行社运营需求。另外，旅行社要尽可能地节约人力成本，既要做到人尽其才，又要保证旅行社组织能高效运转。

一、旅行社员工的招聘渠道

旅行社员工招聘的基本渠道分为两类：内部招聘和外部招聘。两类渠道各有利弊。

1. 内部招聘

内部招聘是指旅行社内部发生职位空缺时，通过内部提升和调用的方式，优先从旅行社现有从业人员中调配解决的招聘方式。

内部招聘的优势：一是旅行社能够清楚地了解候选人的优缺点，提高招聘的质量；二是能节省招聘费用和上岗培训的费用；三是员工对本旅行社的情况比较熟悉，便于新工作的开展；四是有利于激励在职员工奋发向上，培养其对本企业的忠诚感。

内部招聘的劣势：一是容易导致企业内部的关系网复杂，不利于企业的科学管理；二是没有得到升迁员工的工作积极性容易受到影响；三是在员工中容易产生妒忌和攀比心理，不利于日后工作的开展。

2. 外部招聘

外部招聘是指从旅行社外部吸引人才、挑选人才的招聘方式。外部招聘可以通过广告、职业介绍所或猎头公司等途径进行。

外部招聘的优势：一是有利于旅行社引入新的工作方法，从而促进企业创新，增强企业竞争力；二是有利于缓解、平息内部竞争者之间的紧张关系。

外部招聘的劣势：一是对内部员工的积极性可能构成伤害；二是旅行社需要花费

一定时间才能了解外聘员工，或者由于了解不够深入，会对旅行社造成不利影响；三是外聘员工对旅行社的了解需要一定时间，不利于新工作的开展。

招聘广告的基本内容包括招聘职位名称、工作内容、工作条件、任职资格、待遇等；旅行社基本情况介绍；应聘办法等。

知识链接

北京市××旅行社有限公司招聘信息

北京市××旅行社有限公司（简称北京××）成立于1956年，具有漫长历史，是中国较早接待海外旅游者来华旅游的专业国际旅行社，是中国第一批具有出境游资质和国内游的旅行社之一，是中国历史最长、资格最老、业务范围最广的资深旅行社之一。

北京××主营出境旅游、入境旅游、国内旅游和商务会奖考察等业务，设有正规、完备的外联组团、计划调度、导游管理服务机构，拥有一批专业、内行的业务管理人员和一支训练有素的各种外语及中国方言的专业导游队伍。在全国各地和世界各主要国家或地区建立有广泛的业务合作与联系，已形成庞大、完备的旅游销售、组团和接待网络。多年来，北京××已出色地接待了近300万来自世界各国、各地区的旅游者，并多次组织、承办、接待了大型国际会议、文艺演出、体育赛事等活动，积累了丰富的旅游接待和实践操作经验。其良好的旅游服务，受到海内外客户及客人的高度赞誉，北京××是中国旅游业中颇具影响的骨干企业。

职位

旅游顾问（欧洲同业销售）。

职位描述

岗位职责：销售专员（如无面试意向，请勿投递简历）。

职位要求：

1. 熟悉欧洲旅游线路的报价、签证、机票状况。
2. 服务意识强，具有较强的组织协调能力，工作认真负责、细心、计划性强，办事效率高。
3. 具有亲和力，语言表达能力强。
4. 具有独立开发客户的能力，能够承受一定的销售压力。
5. 吃苦耐劳，踏实肯干。
6. 有出境旅游同业销售经验者优先考虑。

职位描述：

1. 收集、分析行业及市场情况，负责目标客户的信息收集、分析和反馈工作。
2. 按照公司营销计划推广公司品牌及产品。
3. 掌握负责区域的客户信息，按计划拜访目标客户和开发新客户。
4. 对客户需求进行答复和跟进，与客户建立起良好的合作关系。

5. 完成公司制订的区域市场的销售目标。

任职资格：有无经验均可。

工作时间：周一至周五，朝九晚六，周末双休以及享受国家法定节假日。

薪资待遇：

1. 5000 ~ 8000 元/月。

2. 享受周末双休，奖励旅游，带薪休假，五险一金。

联系电话：

传真电话：

邮箱：

联系人：

公司地址：

邮编：

二、旅行社聘用员工的程序

1. 制订用人计划

（1）职务分析

职务分析是指旅行社人力资源开发部门依据旅行社的总体发展目标和经营管理活动的需要，对旅行社各个岗位的任务、责任、性质及任职人员应具备的条件进行认真分析研究，并作出明确规定的活动。

（2）岗位要求

旅行社人力资源开发部门应在职务分析的基础上，用书面形式详细规定每个岗位的工作内容、职责、要求及其特性，并且明确规定各个岗位的操作规程、标准和具体要求。

2. 开展招聘活动

（1）部门申请

各部门根据本部门业务活动或管理工作的需要，依据旅行社的用人计划，向人力资源部门提出书面申请。申请文件中必须详细而具体地说明所申请用工岗位的缺员状况、所需员工的技能要求及招聘人数等。

（2）申请审核

由人力资源部根据旅行社的用人计划及相关规定，逐项审核用工部门的申请。审核完毕，决定是否同意进行招聘。如果拟招聘的岗位是部门经理、副经理或业务骨干，还应上报总经理批准。

（3）招聘

人力资源部根据经过审核或批准的用工申请进行招聘。

3. 挑选及录用员工

（1）挑选员工

旅行社在挑选员工时可采用履历表挑选和直接挑选两种方式。其中，履历表挑选是旅行社根据需要，要求应聘者提交自己的履历表以及工作意向、个人特长、学历、工作经验等，并依据其履历表所提供的信息决定是否录用的一种挑选员工方式。直接挑选是旅行社通过笔试、面试以及心理学等综合检查方式，直接对应聘者进行较为深入的考察了解，并以此作为录用依据的一种挑选员工方式。

（2）签订合同

旅行社在经过挑选并决定录用后，应以书面形式正式通知被聘者。在经过被聘者的认可和接受后，双方签订录用合同。

知识链接

聘用导游员合同书

甲方：　　　　（旅行社/旅游公司）（以下简称：甲方）

乙方：　　　　（导游证号：D－5101－　）（以下简称：乙方）

甲、乙双方根据《中华人民共和国旅游法》第三十八条及国家劳动法规和有关法律、法规规定，在平等自愿、协商一致、诚实信用的基础上签订本合同。

一、聘用导游员基本信息：

1. 聘用期限：自____年____月____日起至____年____月____日止（共计____天）。

2. 团队运行线路____；团号________________；客人国籍________________；人数____。

二、劳动报酬：（____元/天____天）合计人民币____元整。

三、甲方责任：

1. 甲方作为聘用方依法承担用人单位法律责任。

2. 甲方应对乙方进行劳动安全教育，防止劳动过程中的事故，减少职业危害；对有安全风险的工作项目，应事先明确告知乙方，经双方协商一致后方可实施。

3. 甲方安排乙方所从事的工作内容及要求应当符合国家法律、法规、社会道德及行业规范。

4. 甲方须及时向乙方支付劳动报酬，不得无故拖欠，劳动报酬不得低于本地最低工资标准。

5. 甲方应在聘用期限内为乙方投保意外保险或其他保险。

6. 甲方在聘用乙方前有义务核实乙方真实身份及合法导游工作资质。

四、乙方责任：

1. 乙方须具有从事导游工作合法资质，须遵守各项法律、法规、规章、制度及行业规范。

2. 乙方在工作过程中必须严格遵守各项安全操作规程，必须严格遵守甲方的各项管理制度和服务质量标准，完团后乙方须及时向甲方结清账款，不得拖延。

3. 乙方应当按照甲方安排的工作内容及要求履行劳动义务，按时、准点完成规定工作，达到规定的质量要求；严格履行旅游团队运行计划，严禁擅自更改线路，严禁擅自增减游览项目。

4. 乙方有维护甲方声誉和保守甲方商业秘密的义务；积极、妥善、及时处置工作过程中各种突发事件并及时报告甲方，不得故意损毁甲方声誉，严禁泄露甲方商业秘密。

5. 乙方对自己的工作行为承担相应的法律责任，因乙方故意行为或重大过失造成甲方损失的，乙方应依法承担民事责任。

五、本合同签订后，甲、乙双方不得擅自单方面解除合同或不履行合同，因甲、乙方单方面解除合同或不履行合同给对方造成损失的，解除方或不履行方应承担赔偿责任。

六、本合同未尽事宜，均按国家有关规定执行，国家没有规定的，通过双方平等协商解决。

七、本合同引起的争议，双方应友好协商解决。协商不成时，双方均有权申请仲裁或诉讼解决。

八、本合同一团一签，不得涂改，重复使用无效。

九、本合同一式两份，甲、乙双方各执一份。乙方带团工作过程中须随身携带备查。

甲方：　　　　　　　　　　　　　乙方：
（盖章）　　　　　　　　　　　　（签字）
经办人：　　　　　　　　　　　　身份证号码：
签订时间：年　　月　　日　　　　签订时间：年　　月　　日

三、重点岗位人力资源招聘要求

1. 对职业经理人的招聘要求

职业经理人是长期从事本领域工作的资深专业人员，他们必须具有良好的专业背景，有着长期的职业经验、丰富而广泛的业缘和人际关系网，以理性思维主导自己的职业生涯。对职业经理人的招聘要求，包括敬业精神、对公司忠诚、注重旅行社的经济收益和经理人市场的声望收益等。

2. 对导游人员的招聘要求

导游人员是旅行社的主力大军，导游人员的素质直接影响着旅行社的生存和发展，因此，对导游人员的招聘必须严格把关。对导游人员的招聘条件如下：五官端正，举止得体；具有团队合作意识；性格开朗，善于人际交往；热情友好，爱岗敬业；具有较强的应变能力；处事果断，意志坚定；待人真诚，讲求信用等。

3. 对计调人员的招聘要求

计调部、接待部和销售部构成旅行社具体操作的三大块，与财务、人事等职能部门组成了整个旅行社的运作体系。其中，计调部起着联系各方的作用。计调通常是从销售部或销售人员手中接下任务后开始操作，如用车的调配、行程的安排、饭店的落实、票务的预订、景点的确认等，然后交给接待部门执行。计调部的工作举足轻重，对计调人员的要求也比较严格，具体如下：业务熟练；具有敬业精神；具有认真、细致的工作态度；较强的应变能力；良好的交际能力；精确的计算能力；不断学习、不断创新的能力；一定的地理、历史知识及文案写作能力。

4. 对外联人员的招聘要求

外联部主要承担旅行社的生产和销售职能，所以也称销售部。对外联人员的要求如下：遵守职业道德的岗位规范；熟悉所推销的旅游产品和业务操作程序；具有通过函件、电话、传真以及面对面谈判的能力，以及一定的应用文写作能力和口头表达能力；具备一定的综合应用各种定价方法的能力；善于人际协调和沟通；具有良好的团队意识；对工作认真、负责等。

知识链接

旅行社招聘的原则

1. 法规原则

法规原则即员工招聘工作要符合国家的有关法律、政策。在招聘中应坚持平等就业、相互选择、公平竞争等原则。如果是由于用人单位的原因，订立无效合同或违反劳动合同的，旅行社应承担相应的责任。

2. 收益最大化原则

要做到收益最大化，旅行社在招聘员工时，一方面要努力降低招聘成本，提高招聘的工作效率，以最低的资金消耗招聘到最合适的人才。其中，招聘成本主要包括三方面：一是招聘费用；二是重置成本，即因招聘不当重新招聘时所花的费用；三是机会成本，即因人员离职给企业带来的损失。另一方面，旅行社在招聘员工时应努力招聘到具有稳定意识、对企业有忠诚感的员工，以减少未来员工流失造成的各种损失。

3. 公平、公正、公开原则

通过公开招聘、公平竞争、择优录取的过程，确保录用员工的质量。旅行社应尽量避免招聘者个人的成见、偏好等因素对招聘工作产生影响，也不能因应聘者的身份、性别、籍贯等条件的不同对应聘者有不公平的待遇，而应当根据各个岗位的录用标准和全面测试的结果，对应聘人员进行认真比较，谨慎筛选，最终作出录用决定。

4. 全面考核原则

旅行社应从知识、能力、工作经验和工作业绩等方面对应聘者进行综合评价，不能以偏概全。既不能聘用有德无能的人，也不能聘用有能无德之人，因为这些因素对应聘人员在工作岗位中的实际表现及所产生的社会影响和社会效益，往往起着重要作用。

5. 因岗择人与量才适用的原则

招聘的初衷是为企业找到可以胜任特定岗位工作的员工，旅行社必须按照岗位对员工综合能力和特定技能的要求，使招聘的员工符合岗位所规定的条件。同时，旅行社在招聘员工时应注重其能力和工作要求的匹配程度，使得才适于用，做到各得其所、各尽其能。

任务二　旅行社员工的培训

任务认识

- 旅行社员工培训的意义及原则
- 设计旅行社员工培训的内容及方法
- 能够制订新员工入职培训方案

任务实施

员工的培训是旅行社能否发展的关键。

所谓培训，就是指旅行社通过创造一种学习环境，有目的、有计划、有组织地改变员工的价值观、工作态度和工作行为，从而促进其提高工作绩效和对组织的贡献的培养和训练活动。

一、旅行社员工培训的意义及原则

1. 旅行社员工培训的意义

（1）提高旅行社的经营管理水平

旅行社的员工是旅行社经营管理活动和业务活动的主导力量。他们的知识水平、业务能力和经营管理水平，直接决定着旅行社经营管理活动的成败。因此，旅行社加强对员工的培训，必然会促进旅行社整体经营管理水平的提高，为旅行社的生存和发展奠定坚实的人力资源基础。

（2）有助于提高旅行社员工个人工作能力和综合素质

旅行社通过培训可以纠正员工的错误或不良工作方法，促进员工掌握正确的工作方法，提高工作质量和工作效率；另外，通过培训可以提升员工的综合素质，调动员工学习的积极性，唤起员工的主体意识，为员工自主管理提供坚实的基础。

（3）有利于增强旅行社的核心竞争力

旅行社是劳动密集型企业，人力资源的质量是旅行社的重要核心竞争力。旅行社通过对员工进行培训，可以将具有不同价值观念和工作作风的人和谐地统一在旅行社这个大家庭，增进员工对企业的认同感和归属感，有利于造就一支优秀的员工队伍，有利于旅行社增强其核心竞争力，在激烈的市场竞争中脱颖而出，获得生存和发展的机会。

2. 旅行社员工培训的原则

（1）经济原则

所谓经济原则，就是指旅行社要对培训投入进行合理的计划与控制，从而获得最大的经济效益。

（2）实践性原则

旅行社的工作实践性强，在培训中要求充分注重员工成人学习的特点，尽量多采用成人扮演、模拟训练案例分析等贴近实践的培训方法，使培训的内容能迅速为员工所吸取，转化为现实的生产力。

（3）与时俱进原则

旅游业是一个发展迅速、变动较快的行业，因此，旅行社的经营状况、知识更新变化很大，这就要求旅行社的培训内容、形式必须及时更新，以适应行业的发展要求。

（4）制度化原则

要在旅行社中建立系统的培训制度，将培训与奖惩、升迁联系起来，使培训实现制度化，以保证培训的顺利进行。

二、旅行社员工培训的内容

1. 职业道德培训

职业道德培训是旅行社人力资源培训的一项重要内容，包括以下几个方面：一是使员工了解国家发展旅游业的意义和旅行社在旅游业中的作用，帮助员工树立主人翁意识、职业自豪感和荣誉感；二是使员工了解本旅行社的经营目标、经营理念，自觉维护企业形象；三是培养员工正确的劳动态度和敬业精神，树立良好的服务意识，增强职业责任感，自觉养成良好的职业道德；四是增强员工的团队意识与合作精神，培养精益求精的工作作风；五是提高员工的遵纪守法意识和道德水平，遵守旅行社行业的规章和本旅行社的各种规章制度，坚持诚信原则，树立正确的价值观，培养高尚的道德情操。

2. 知识培训

旅行社通过培训使员工掌握工作所必需的大量知识，实现旅行社人力资源的现代化和知识化。知识培训的主要内容：一是专业知识，包括旅行社产品知识、旅行社市场知识、旅行社资本运营知识和旅游接待知识；二是旅游理论知识，包括旅游学知识、旅游经济学知识、旅游心理学知识等；三是相关学科知识，包括地理、文化、自然、科技等相关学科知识；四是旅游法规知识，包括旅游法规、经济法律法规、消费者权益法律法规等法律法规知识；五是其他相关知识，包括礼仪知识、旅游电子商务知识等。

3. 能力培训

（1）业务能力

业务能力指旅行社员工为开展相关业务工作所必须具备的能力，包括旅行社产品设计与开发能力、导游接待能力、销售能力、应付突发事件的能力等。

（2）学习能力

学习能力指旅行社员工为胜任工作岗位的要求和实现个人发展所具备的学习各种知识和技能的能力。

（3）经营能力

经营能力指旅行社为实施经营活动所应该具备的能力，包括市场开拓能力、创新能力、资本运营能力、语言运用能力等。

(4) 管理能力

管理能力指旅行社管理人员为保障企业的正常经营活动所实施有效管理活动的能力，包括决策能力、计划能力、组织能力、协调能力、财务管理能力等。

4. 心理学培训

旅行社员工面对的工作压力越来越大，加上工作的特殊性，容易出现紧张、挫折感、痛苦感等不良心理状态。通过相应、及时的心理疏导和训练，能够增强员工的意志力、自信心和自控能力，还能提高员工的创新意识和团队合作意识。

知识链接

旅行社新员工培训内容的四个方面：意志培训、认知培训、职业培训、技能培训。

1. 旅行社新员工培训之意志培训

意志培训的形式主要是军训，其目的是培养新人的吃苦耐劳精神、朴素勤俭作风和团队协作意识。

军训的时间长短需要根据企业的实际情况确定，但以最少一周，最多一个月为宜。时间太短，旅行社新员工还没进入状态就结束了，时间太长则会造成员工的厌烦心理，企业的成本也会大幅增加。

2. 旅行社新员工培训之认知培训

认知培训主要包括企业概况、企业主要管理者介绍、企业制度、员工守则、企业文化宣讲等内容，往往采取集中培训的方式，并由公司的管理者和人力资源部门主讲。认知培训主要是帮助旅行社新员工全面而准确地认识企业、了解企业，从而尽快找准自己在企业中的定位。认知培训时间以 2 天为宜，建议增加 1 天带领旅行社新员工参观公司的工厂或代表性的地方，并安排座谈交流。认知培训结束后一定要进行认知性的测验，以强化员工对企业各项基本知识的记忆和理解。

3. 旅行社新员工培训之职业培训

职业培训是为了使旅行社新员工尤其是刚走出校门的学生完成角色转换，成为一名职业化工作人员而展开的。其内容主要包括社交礼仪、人际关系、沟通与谈判、科学的工作方法、职业生涯规划、压力管理与情绪控制、团队合作技能等，培训的方式是集中培训，讲师的选择根据企业实际情况，内外部均可。职业培训的形式一定要多样化，不宜用宣讲式，应尽可能采用互动式，让旅行社新员工在互动的过程中领悟所学的知识，这样才能在以后的工作中运用自如。当然，职业培训结束时还是可以进行考核的，建议采用开放式的考核方式，比如论文或者情景模拟等。

4. 旅行社新员工培训之技能培训

技能培训主要是结合旅行社新员工即将上任的工作岗位而进行的专业技能培训，现在很多企业的"师徒制"，就是技能培训的表现形式之一。技能培训有两种培训模式：一是集中培训，即将岗位技能要求相同或相似的旅行社新员工集中起来进行培训，这样可以扩大技能的传播范围，节约培训成本，但沟通难以深入，并且要达到一定的人数才适合集中培训；二是分散式培训，即由技能熟练的老员工对相应岗位的新人进行指导，并确定指导责任制，一名老员工可以指导一名或多名旅行社新员工。不过，实际工作中，我们常常是将这两种培训模式结合起来运用，以使技能培训做得更好。

三、旅行社员工培训的方式

1. 课堂讲授

课堂讲授是国内旅行社常用的培训方式之一，主要优点是培训成本低，易于组织。课堂讲授以培训教师为主导，控制性和预设性强，但针对性不强，接受培训的员工参与程度较低，学习积极性可能受挫。课堂讲授的教师可以是旅行社内部的精英，以传授、推广经验为主，也可以是旅行社外部的专业人士，以介绍新的管理理念、工作模式或其他的专题内容为主。为了强化培训效果，课堂讲授应该做好事前的准备工作，如教学纲要、教学组织等，同时，采取多媒体教学及研讨式、启发式教学等多种手段，充分发挥培训教师的主导性，调动员工的积极性。

2. 会议研讨

会议研讨是根据选定的培训内容，由培训专员或指定的小组组长组织培训人员进行研讨。其主要的优点是参与培训的人员没有主次之分，参与程度高，交流充分，启发性强，组织成本不高，但对培训专员或组长的要求很高，要求具备足够的知识和经验，能得到大家的信任与尊重，有启发大家畅所欲言的心理学、交际学知识和技巧，能协调会议的气氛。

3. 案例研究

案例研究是指以旅行社经营管理中的经典案例为培训资料，组织受训员工积极探讨，总结经验和教训，启发思考，交流思想，开阔视野，寻找或优化问题的解决方案。这一培训方式有利于提高受训人员的交际能力和团队合作意识，是一种参与程度高的综合培训方式。案例研究适合在旅行社中高层员工的培训中推广。

4. 情境培训

情境培训是近几年员工培训发展的新趋势，即设计情境，站在解决问题的立场上开展培训，从而使培训更具有针对性和实用性，其实质在于知行合一。情境培训具有三个突出的特点：第一，以实际工作情境为基础，既站在旅行社的角度理解问题，又启发受训人员从新的角度理解问题，制订行动计划；第二，由有经验的培训师来把握工作情景的设计，将培训主题放置在开放的环境中进行切实的思考和解决；第三，能在培训中加强受训人员的悟性和执行能力。情境培训可以通过角色扮演、模拟培训、小组训练等具体方法来开展。

5. 示范法

示范法是一种现场培训，有操作示范和以旧带新示范两种。操作示范适用于旅行社工作流程改进、引进新设备或新的工作软件、新员工入职等情况。受训人员可以在培训员的现场示范、讲解中获得知识和技能。以旧带新示范是旅行社员工在职培训中常用的方式之一，适合于新员工入职培训。在这一培训中，有经验的老员工可以像师傅一样将经验和技能传授给新手，这是持续时间较长的综合性培训方式。

知识链接

旅行社新员工培训提纲

一、目的和原则

1. 端正员工的工作态度：认同企业，尊敬领导，团结同事，主动工作，及时汇报工作结果。

2. 培养员工的工作能力：规范化各个工作流程，以工作内容（进程）为员工考核标准。

3. 激发员工的工作动力：精神上鼓励与包容，物质上提供与业绩相挂钩的薪酬福利。

二、公司介绍

目的：认识公司及同事，树立信心，产生集体归属感和荣誉感。

培训内容：同事介绍—公司发展历史及荣誉—公司架构—人员配备—晋级流程—福利待遇。

辅助措施：列举表现优异的公司同事代表的事迹和待遇，给新员工描绘光明前景；让积极向上的同事陪同用午餐，从侧面反映公司的工作氛围和良好的企业文化。

布置作业：一周内与各部门同事至少沟通一次。

三、公司行政制度培训

目的：掌握公司上下班作息制度、休假制度、财务制度。

培训内容：上下班作息制度—休假制度—财务制度。

布置作业：对制度的学习心得，新员工个人未来 1 年目标和工作计划。

四、公司办公室环境培训

目的：掌握办公室各类办公设备的使用方法，熟悉各类文件资料的摆放位置、电脑基本操作。

培训内容：演示使用各类办公室设备（打印机上墨、换传真纸、正反复印等），告之文件资料的摆放位置。

布置作业：要求其亲自演练一次设备使用，自行建立电脑文件夹，之后接收相关资料，放入文件夹。

五、公司线路培训

目的：熟悉公司各类线路产品的基本情况及产品特有的卖点。

培训内容：介绍公司产品。

辅助措施：演示产品 PPT（微软公司的演示文稿软件），以景点讲解为主，吸引新员工对产品的兴趣；学会利用地图进行行程编排；学习相关线路产品问答题，并通过闭卷考试布置作业——新员工逐一上台向其他人讲解 PPT。

六、散单操作培训

目的：新员工能够帮助OP（计调）和销售处理简单问题，如订票、订车、订酒店、送签证、填签证表格/出入境卡等。

培训内容：散单操作流程，各线路操作流程，各入境表格+签证表格的填写规范。

辅助措施：新员工分配给老销售和OP做助理；模板的使用——提供操作流程——各类业务的模板。

布置作业：自我填写一套出入境表格，以自身资料填写签证表格。

七、电话销售培训

目的：与客户建立联系，维护客户，销售产品。

培训内容：电话销售前的准备，流程，市场调查的常规问题，如何回答客户的常规问题。

辅助措施：模拟对客户进行电话销售，一对一模拟客户演练问答；背诵各类常规问题，做到脱口而出、应对自如。

布置作业：提交一篇电话自我介绍开场白。

八、公司线路操作流程培训

目的：熟悉团队操作流程，能利用计算机制作工作文档。

培训内容：各线路操作流程，交接表、操作表、结算表、账单等表格填写规范。

辅助措施：流程的重要性，配以案例分析；电脑实地演示一次各类表格的使用。

布置作业：将公司原有操作团队以文字形式发给新员工，让其完成各类表格的填写。

九、市场分析培训

目的：熟悉产品的卖点及竞争对手产品的优缺点。

培训内容：各线路行业十大批发商及其品牌，市场上主流产品的特点，公司产品的独特卖点。

辅助措施：使用表格对比不同旅行社产品的内容。

布置作业：获取市场上主要竞争对手的产品计划和线路行程，了解同一级别对手的销售姓名。

十、市场开拓培训

目的：寻找潜在客户。

培训内容：寻找潜在客户有网络、交易会、同行杂志广告、已有客户的推荐、实地拜访等几种途径。

辅助措施：举例说明每种方式的具体操作方法。

十一、出境旅游常识的附加培训

目的：扩大眼界，激活思路，丰富知识。

培训内容：中国出境旅游业的发展历史和前景、各地出境口岸、签证的种类、航空知识、旅游英语。

十二、专题：案例分析

目的：通过各类案例，迅速积累经验。

培训内容：遇到同业低价抢团怎么办、机位紧张时如何收客、如何收款、如何处理行程中客人的投诉。

辅助措施：多人会议，鼓励讨论，分析各种处理方案导致的不同结果，当场明确最佳处理方案。

十三、工作计划的制订

每天重复做目标提示；每周提前做拜访计划，每天严格执行计划；提早跟客户约会，增加每天拜访的次数；跟行业和公司顶尖的销售员在一起，相互学习，共同提高；每天下班前总结工作，记录对自己有帮助的案例。

十四、如何与客户有效沟通，完成销售

(1) 设计自己给客户的印象（销售的不是产品而是销售员本身）。

(2) 建立客户信赖感：倾听，问很好的问题；真诚地赞美客户，表扬客户；不断地认同客户；调节与客户讲话的速度；熟悉产品的专业知识；穿着得体；彻底地了解客户的背景等。

(3) 有效的产品介绍：要引起客户的注意力；让客户产生强烈的购买欲望；引导客户行动。

(4) 寻找客户的购买关键点并反复刺激关键点。

任务三　旅行社人员绩效考核

任务认识

- 认知旅行社人员绩效考核
- 认知旅行社人员绩效考核的内容和原则
- 能运用旅行社人员绩效考核的方法和程序对旅行社人员进行绩效考核

任务实施

当企业招聘符合各部门业务需求的人才并给予相应的培训后，需要各部门、各层级人员合理配合，以达到企业目标。这需要企业对现有员工进行有效管理，采取一系列具体的奖惩措施，以完善工作人员的工作表现，提高其工作效率，改正或避免其工作中的负面影响。同时，也可通过这一系列措施维护企业核心员工，增强企业的人力资源竞争力。这一系列的奖惩措施，就是我们所说的人力资源管理绩效考核。旅行社亦是如此。

一、旅行社人员绩效考核

1. 旅行社人员绩效考核的概念

所谓绩效考核，即旅行社在既定的战略目标下，运用特定的标准和指标，对员工过去的工作行为及取得的工作业绩进行评估，并运用评估的结果对员工将来的工作行为和工作业绩产生正面引导的过程和方法。绩效与员工薪酬有着密切的关系，如图 7－1 所示。

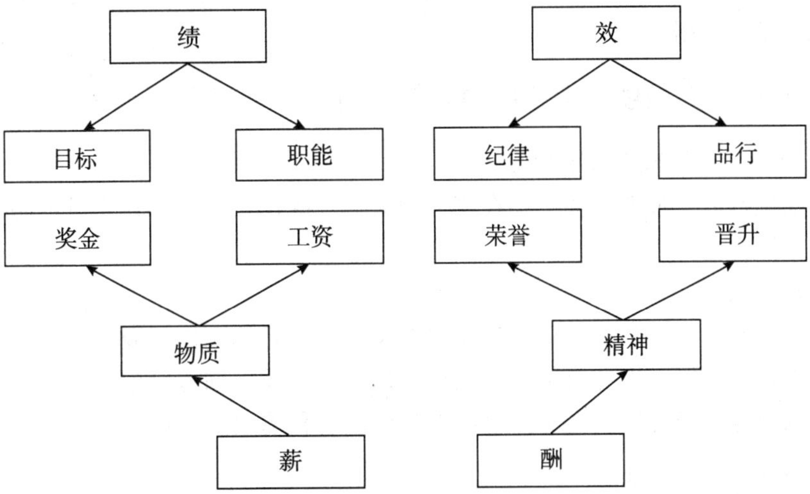

图 7－1　绩效与员工薪酬的关系

2. 旅行社人员绩效考核的目的和作用

(1) 旅行社人员绩效考核的目的

绩效考核是为了通过一系列指标，采取一系列奖惩措施，使员工共同努力达到企业的目标，同时满足员工的某些需求，这也是管理者与员工不断沟通和信息反馈的管理过程。旅行社绩效考核，是将员工在各岗位的工作表现与工作效果，作为决定其工资级别、资金数量和职位升迁的依据，最终目的是改善员工工作表现，提高员工对旅行社企业的认可度与满意度，留住核心人才，实现旅行社经营目标，达到旅行社与个人的“双赢”。

(2) 旅行社人员绩效考核的作用

第一，有利于达成旅行社目标，促进旅行社发展。绩效管理是一个过程管理，在过程中所采取的各种措施、制订的各种绩效日标、考核结果的评判，都是为了不断督促员工完成与实现目标。因此，有效的绩效考核，有利于旅行社目标的达成与实现，从而使旅行社得到更好的发展。

第二，有利于建立合理、公平的薪酬制度。绩效考核是以员工的个人表现作为薪酬发放依据的，基本是按劳分配。薪酬当中既包括基本工资，又包括福利与奖金，与考核指标结合起来，可以让员工普遍感到公平、公正、合理，进而提高员工的工作满意度。

第三，有利于维持和提高员工的工作效率。绩效考核是通过一系列绩效指标对照对员工进行奖优惩恶，既与工资薪酬挂钩又与职位升迁联系。因此，有效的绩效考核可以督促员工更好地完成工作，鼓励绩效突出的员工，鞭策绩效不良的员工，进而维持和提高员工的工作效率。

第四，有利于发现问题，合理分配员工。通过绩效考核，能够看出员工在现任岗位中的工作表现与胜任程度，从而将员工的工作潜力发掘出来，将其分配到更适合的岗位。因此，有效的绩效考核，可以为旅行社进行内部人员调动、升迁、降职、淘汰提供客观公正的依据。

二、旅行社人员绩效考核的内容与原则

1. 旅行社人员绩效考核的内容

旅行社进行员工绩效考核，是在多方面对员工提出要求，比较常见的考核内容主要有以下几种：

（1）职位考核

职位考核的考核内容是员工在现就职的岗位上是否达到岗位要求，是否能够完成所在岗位工作。比如，旅游接待人员是否可以高效高质地回答旅游者的咨询；计调人员是否可以快速准确地提供线路报价和安排团队各种需要；导游人员是否无投诉地完成团队游览等。

（2）奖金考核

根据考核指标，确定员工工作表现与业绩是否达到获得奖金的数量。比如，旅行社绩效考核指标中列出，计调人员单月组团数量达到 20 个以上才能获得奖金 1000 元等。

（3）提薪评估

通过多次员工考核，评估员工在未来的工作过程中将在旅行社发挥多大的作用，作出多大的贡献，从而对其进行薪金调整。比如，一名专职的意大利语和葡萄牙语的双语导游员在多次带团之后受到旅游者好评且零投诉，并且在旅游旺季可以避免因小语种导游缺失而不能接待团队的问题，这时一般就应给该导游员提薪。

（4）晋升考评

这是对员工前期工作表现和工作业绩的综合性评估。不仅要评估员工的工作能力与业绩，还要评估员工的个人品德与职业修养，以及可以胜任管理者的人际沟通能力，从而决定其是否可以得到职位升迁。

2. 旅行社人员绩效考核的原则

旅行社人员绩效考核虽然涉及多个层面，但是想要得到有效考核，达到考核的最终目的，应当遵循以下几个原则：

（1）公平公开原则

绩效考核的是管理者与员工不断沟通反馈的过程，以达到实现旅行社经营目标的目的。因此，考核指标、考核程序、考核方法和考核责任都应公开透明，并且在考核过程中严格按照考核程序进行，这样才能使员工信服、理解评估工作，接受评估结果，受到鼓励和督促，从而发挥绩效考核的作用。

（2）客观性原则

旅行社在评估过程中要了解实际情况，实事求是地对员工进行客观考核，而不能

掺杂对被考核人员的主观看法与偏见，以保证绩效考核的有效性。

（3）差别化原则

绩效考核依据不同考核内容与标准应当有所不同。比如，导游人员的考核内容和考核指标与计调人员有所不同，旅行社一线工作人员与上层管理者的考核指标不同。因此，在公平与客观的前提下，要依据不同的岗位与工作内容，制订相应的考核指标。另外，考核当中的各项指标应当有不同的权重，比如，员工的个人形象权重要低于员工的个人能力。

（4）反馈原则

绩效考核的目的不是得到结果并进行奖惩，而是通过这种激励方式督促员工更好地工作。因此，在考核结束之后应将考核结果反馈给员工，表现突出的予以肯定和表扬，表现欠佳的应指出缺点与不足，以使其在今后的工作中有更好的表现。

三、旅行社人员绩效考核的方法和程序

1. 旅行社人员绩效考核的方法

旅行社只有采用适合的绩效考核方法，才能达到预期的考核目的，常用的绩效考核方法有排序法、强制分配法、目标管理法、360 度考核法。

（1）排序法

即将职位相同的所有员工按照绩效考核模块（如服务满意度、采购质量和成本等）进行由好到差的排序。这种考核方法简便易行，被广泛应用。但是，其缺点在于：第一，多个模块无法精确定量指标，结果易受质疑；第二，不能用于同级别不同部门间员工的对比排序，只能用于人员不多的小型旅行社。

（2）强制分配法

预先制定最好员工与最差员工的百分比，按照得出的结果进行绩效分配。这种分配方法应当成正态分布，如最好员工与最差员工都占员工总数的 15%，处于中间水平的员工应该占大多数。这种考核方法能够有效避免因考核人个人原因产生的误差，但是不能准确发现处于中间水平员工的问题。

（3）目标管理法

预先制订一个定量目标，如达到多少营业额、完成多少位旅游者咨询、处理多少次旅游投诉等，通过工作的实际业绩与既定目标进行对比，从而评定员工的绩效成绩。这种考核方法能够定量考核，具有客观公平性，考核结果较为明确，但考核目标设置程度较难把握。这种评估方法被旅行社企业广泛应用。

（4）360 度考核法

360 度考核法又称全方位考核法，最早被英特尔公司提出并加以实施运用。该方法通过员工自己、上级、同事、下级、顾客等不同主体来了解其工作绩效，通过评论知晓各方面的意见，清楚自己的长处和短处，来达到提高自己的目的。这种考核的优点在于打破了由上级考核下级的传统考核制度，可以避免传统考核中考核者极容易发生的“光环效应”“偏紧或偏松”“个人偏见”和“考核盲点”等问题，管理层获得的信

息更准确，可以反映出不同考核者对于同一被考核者不同的看法，可以较为全面地反馈信息，有助于被考核者多方面能力的提升。但是，这种考核方法考核成本高，耗时长，考核培训工作难度大。360 度考核法实际上是员工参与管理的方式，在一定程度上有利于增加他们的自主性和对工作的控制能力，员工的积极性会更高，对组织会更忠诚，也有助于提高员工的工作满意度。360 度考核法如图 7－2 所示。

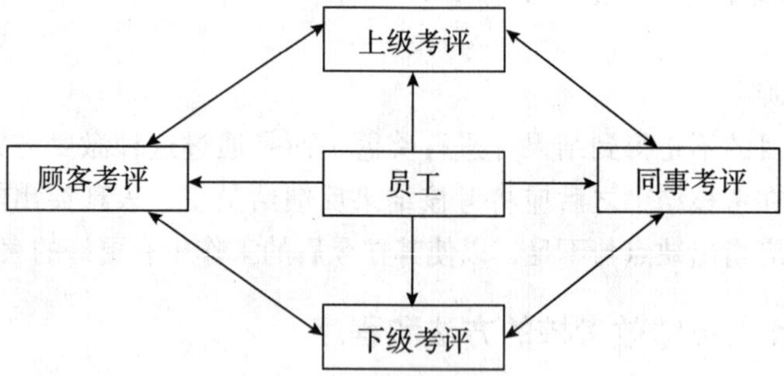

图 7－2　360 度考核法

2. 旅行社人员绩效考核的程序

旅行社人员的绩效考核程序如图 7－3 所示。

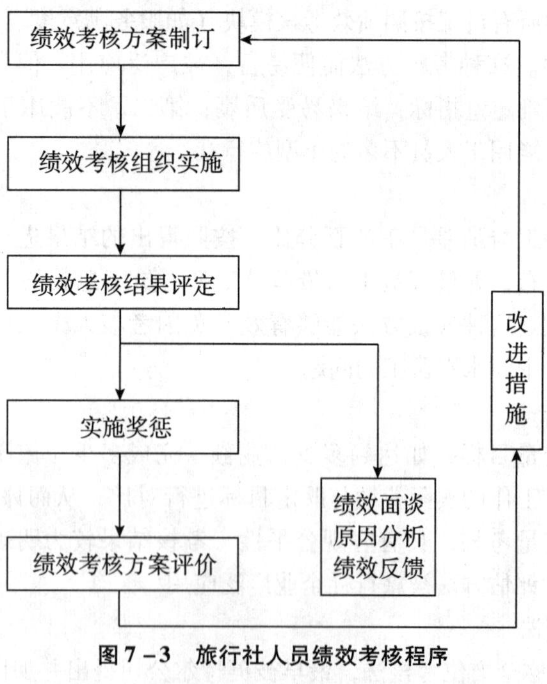

图 7－3　旅行社人员绩效考核程序

（1）绩效考核方案的制订

制订绩效考核方案是绩效管理过程的起点，是员工与直接上级就工作职责、工作任务及其有效完成的标准以及员工个人发展确定目标，达成共识的过程。方案制订既要明确绩效考核目的，又要明确考核指标及适用范围。考核指标要逐一分解，形成判断标准，同时还要明确、量化、可实施、难度适中、具有区分度。

（2）绩效考核组织实施

第一，确定考核者。绩效考核者的选择，直接影响考核结果的信度和效度。这就要求选出的考核者应该具有足够长和足够多的时间来观察考核者；具有将观察结果转化为有用的评估信息的能力，尽可能地减少绩效过程的偏差；有能力客观、真实地提供员工考核结果。考核者通常是直接上级、同事、下级、客户、专评小组和员工自身。

第二，收集信息。员工的绩效考评是一个持续的、长期的过程，因此，对于员工工作表现的信息收集，是绩效考核实施的重要环节。信息收集即观察、记录、保存、回顾、评价和反馈的过程。

第三，确定考评时间。考评时间并没有统一的标准，可以是定期的一个月、一个季度、半年或一年，也可以是不定期的日常考核。

（3）绩效考核结果评定

这是根据评估目的对上一阶段收集的数据进行分析、处理、综合的过程，从而根据相应的考核方法，进行项目量化，得出考核结果。分析问题，与员工进行绩效面谈，主要涉及工作业绩、行为表现、改进措施和新的目标。对于工作表现欠佳的员工，应分析原因，提出改进措施。绩效反馈的目的，就是让员工了解自己的工作情况，肯定员工所取得的成绩，确认仍然存在的问题，并在查清造成这些问题的原因的基础上制订解决这些问题的行动计划。

（4）实施奖惩

这是绩效考核的结果表现，直接与受考核员工的薪酬挂钩，按照绩效考核方案的规定，进行严格的奖惩，鼓励业绩突出的员工，惩罚业绩不良的员工。

（5）绩效考核方案评价

通过绩效考核方案制订、实施、结果评定与奖惩，对绩效考核方案进行总体的综合评价，看是否达到了考核目的，员工对考核结果的信服度与满意度的高低评价如何等，为下一次考核或其他方面的考核提供改进措施。

知识链接

关于××旅行社有限公司的绩效考评实施方案

为确保完成集团公司的经济指标，充分调动全体员工的工作积极性和创造性，也为我社的发展提供强有力的保证，我社拟在2019年起试行新的绩效考评制度，把员工的工资收入与个人业绩挂钩，以充分体现多劳多得、能者多得的经营理念。通过对员工进行绩效考评，并以此作为奖优罚劣的依据，可以鼓励绩效突出的员工，鞭策绩效不良的员工，从而提高工作效率，并为员工调动、晋升、降职、淘汰提供客观公正的依据，形成一种“千斤重担大家挑，人人肩上有指标”的良好风气，激发员工良好的工作动机，鼓励员工创造优秀绩效，使员工愿意在本企业努力工作。

一、允许员工入股

对于自愿入股的员工，报经集团公司同意后，可出让一定比例的股份给员工，即每股人民币1000元，集团公司将按出资额1∶1的比例配置相应的责任股，所配责任股仅有分红权，没有所有权，且不得转让。集团公司配股金额不超过10万元，按先后顺序配股，配完为止。

二、个人收入和绩效考评挂钩

凡是应聘到××旅行社有限公司工作的人员均为××旅行社有限公司员工，其工资将由两部分组成：基本工资+绩效工资。基本工资因岗位而不同；绩效工资按照所做的业务（以资金到账为准），扣除经营成本和必须缴纳的税款之后，计提其中的30%，每季结算一次。

（1）应聘员工的个人收入组成××元/月/人的基本工资（由旅行社统一缴纳社保金）+绩效工资。

（2）在编员工的个人收入组成：现有的档案基本工资+绩效工资。

三、考核晋升及奖励办法

1. 应聘员工

（1）聘用员工半年或年终完成××万元毛利的，可以经过绩效考评后直接晋升为部门副经理（业务副经理、外联副经理），同时开始享受新的工资待遇，基本工资××元+岗位工资××元+通信费补贴××元。如第二年半年考核未完成××万元毛利任务，从考核之日开始拿普通员工的基本工资。

（2）聘用员工半年或年终完成××万元毛利的，可以经过绩效考评后直接晋升为部门经理（业务经理、外联经理），同时开始享受新的工资待遇，基本工资××元+岗位工资××元+通信费补贴××元。如第二年半年考核未完成××万元毛利任务，从考核之日开始拿普通员工的基本工资。

（3）聘用员工和部门经理（业务经理、外联经理）半年或年终完成××万元毛利的，可以经过绩效考评后直接晋升为业务总监，同时开始享受副总经理的工资待遇，基本工资××元+岗位工资××元+通信费补贴××元。如第二年半年考核未完成××万元毛利任务，从考核之日开始拿普通员工的基本工资。

（4）聘用员工和部门经理（业务经理、外联经理）半年或年终完成××万元毛利的，可以经过绩效考评后直接晋升为副总经理，同时开始享受新的工资待遇，基本工资××元+岗位工资××元+通信费补贴××元。如第二年半年考核未完成××万元毛利任务，从考核之日开始拿普通员工的基本工资。

（5）旅行社计调人员的个人收入××元/月/人，为保证工作顺利进行，努力降低成本，确保工作准确无误并赢得时间，成绩优异者给予奖励，每人提作业费××元/人，待团队行程结束后计提奖励。如因计调操作失误给旅行社造成经济损失的，损失费由计调全部承担。

（6）经过年终测评，聘用员工在测评结果公布后即日始自行解除聘用合同。

2. 在编员工

在编员工的考核办法参照聘用员工的考核办法执行。如不能完成任务，又无正当理由（正当理由包括因病住院一个月以上、外出带团累计××天以上，专职财务人员除外），经过年终测评，在编员工下岗，社金由个人缴纳。如本人有要求重新上岗的，需写书面申请，经社办公会讨论决定。

为吸纳社会及民间资本支持我社的发展，允许旅行社以外的自然人持有本社的股份，但所持股份集团暂不配股。对于支持与关心本旅行社业务的编外人员，按事先约定的办法一团一议进行奖励。

此方案从批准之日开始施行，试行一年。

［项目实训 1］

实训名称：模拟招聘。

前期准备：将学生分为几个小组，提前对旅行社进行实地考察，了解旅行社的相关业务（如旅游咨询、发团业务、接团业务、票务、酒店预订、会务接待等）及人员调配。

实训方案设计：每个小组模拟旅行社招聘人员与应聘人员，参考调查结果，模拟招聘人员的需制订一份招聘计划书，模拟应聘人员的需自制简历文本。

实训成果：要求提交文本资料，包括各小组实地考察过程、调查到的信息，各小组的招聘计划书（招聘目的、招聘职位、职位要求、招聘流程、聘用决定过程）以及模拟应聘人员的应聘简历。

能力考察：招聘方式选择是否合适，招聘流程是否熟练。

［项目实训 2］

实训名称：模拟培训。

前期准备：将学生分为几个小组，收集旅行社培训内容的相关资料，如旅行社经典案例、旅行社相关热门信息，确定培训专题。

实训方案设计：根据各小组所准备的资料，由小组成员依次选择某个专题，模拟培训人员对小组其他成员进行培训。可以采取会议研讨、案例研究或情景模拟等方式进行培训。

实训成果：要求提交文本资料，如所收集的相关资料、培训的专题与培训方式和过程、培训成果总结。

能力考察：学生收集资料、选择培训专题的能力，是否适应不同的培训模式，对培训成果的概括总结能力。

［项目实训 3］

任务名称：制定绩效考核表。

任务案例说明：某旅行社收某条线路两日游散客 70 人，分派了两名导游员小美与小帅分别负责两辆旅游大巴1号车与2号车。按照旅游接待计划，团队于早晨6：30在指定地点出发，要求两名导游员于早6点到达发车地点。小美按照要求准时到达发车地点，而小帅迟迟未到，客人陆续上车，马上要到发车时间了却不见小帅踪影，客人情绪开始不满。小美第一次打电话与小帅联系，电话是关机状态，在安抚了客人情绪之后小美再次给小帅打电话，接通后小帅告知他没有听到闹钟，现在马上赶来，大概需要半小时，小美告知2号车客人实情，大家情绪急躁起来。此时1号车客人提议，自己的导游已经到了，可以先走，剩下2号车客人继续等自己的导游。小美考虑到本不是自己的过错，而在这里被客人数落很是不值，于是听取客人意见，告诉了2号车客人一声，和1号车客人先走。这时，忽然2号车有位客人从车上跑下来拦住1号车大骂导游不负责任等，并且提出不想参团，要求退款。小美没有办法只好下车跟旅行社联系，未果。在不断纠缠之中，小帅终于赶到。那位客人最终没有参团。

行程结束之后，旅行社接到20位旅游者电话投诉（后经调查18位来自2号车，2位来自1号车），8位旅游者来到旅行社进行投诉（均来自2号车），没有参团的那位游客致电旅游局要求退款并赔偿。旅行社在接到相关投诉之后扣除了两人该团的导游服务费和季度奖金，并要求二人亲自给旅游者道歉。

实训方案设计：

（1）分小组讨论，旅行社的这种做法是否合理？为什么？

（2）以小组作业的形式每组制定导游人员绩效考核表。

实训成果：编制导游人员绩效考核表。

项目八　旅行社电子商务

任务一　旅游电子商务的发展

任务认识

- 认知我国旅游电子商务的发展现状
- 旅游在线服务模式与网络营销模式

任务实施

一、旅游电子商务

1. 旅游电子商务的概念

电子商务是以信息网络技术为手段，以商品交换为中心的商务活动，也可理解为在互联网（Internet）、企业内部网（Intranet）和增值网（VAN，Value Added Network）上以电子交易方式进行交易活动和相关服务的活动，是传统商业活动各环节的电子化、网络化、信息化。

旅游电子商务，这是一个随着计算机信息化的普及，旅游业和电子商务相结合的新兴产业。世界旅游组织对其的定义为，通过先进的信息技术手段改进旅游机构内部和对外的连通性，即改进旅游企业之间、旅游企业与上游供应商之间、旅游企业与旅游者之间的交流与交易，改进旅游企业内部业务流程，增进知识共享。

旅游电子商务是电子商务在旅游产业领域的应用，因此，应该从“现代信息技术”和“旅游商务”这两个方面来理解旅游电子商务的概念。一方面，辅助旅游商务活动的现代信息技术，应该涵盖各种以电子技术为基础的通信和处理方式。旅游电子商务主要基于计算机网络技术，但随着现代通信技术的发展，出现了通过移动电话和移动终端等开展的商务活动。信息技术的发展将不断创造出更便捷、更可靠的旅游商务活动方式，为游客在旅行前、旅行中和旅行后的各阶段提供便利的商务服务。另一方面，对旅游商务应从更广义的角度来理解，它包括契约型和非契约型的以商业为目的的各种活动，包括旅游市场营销、市场交易和旅游企业运作等。如果把“现代信息技术”和“旅游商务活动”看作两个集合，旅游电子商务将是这两个集合的交集，即现代信息技术与旅游商务过程的结合，是旅游商务流程的信息化和电子化。

2. 我国旅游电子商务的发展现状

1996年左右，旅游企业通过几年的探索，开始出现了专业化的旅游电子商务网站。中国首个旅游网站——华夏旅游网上线，开创了中国旅游电子商务。1999年以全新的服务和商业模式亮相的携程旅行网，则开了中国在线旅行服务的先河，随后在线旅行服务如雨后春笋般层出不穷。多年来，信息技术与知识经济的不断发展，推动着中国旅游电子商务向智能化发展，旅游新业态不断涌现，利用云计算、物联网等新技术，促进了居民自主感知旅游和个性化制定旅游的活动。2014年中国旅游电子商务市场交易规模达到2800亿元，相比2009年的617.6亿元增长了4.53倍。2009—2014年，中国旅游电子商务交易规模年增速保持在30%左右。2015年，为响应李克强总理提出的"互联网+"行动计划，文化和旅游部颁布了《实施"旅游+互联网"行动计划的通知》，指出要充分发挥旅游业的综合优势和带动作用，充分利用互联网推动旅游产业创新发展、转型升级，提升生产力和经济效应。2016年，广大旅游消费者的旅游预订向移动端迁移，全国网民使用手机在线旅行预订比例达37.7%。同年，中国在线旅游市场交易规模达6026亿元，同比增长34%。预计2019年将超万亿元，且未来几年仍会保持中高速增长。由此可见，我国旅游业在"互联网+"的背景下迅猛发展，已经成为我国电子商务中规模最大、增长最快的行业之一。

知识链接

2014年，阿里巴巴集团高调宣布独立分拆淘宝旅游业，启用独立品牌"去啊"，结果引发了一场在线旅游商之间的海报营销大战。携程、去哪儿、去啊、驴妈妈、同程等国内一线的旅游电商几乎全部卷入其中。巧合的是，2014中国（杭州）国际电子商务博览会的重要内容之一——2014中国（杭州）旅游电子商务发展论坛，这些旅游电商大咖们又坐在了一起，探讨旅游电商的现状和未来发展新模式、新趋势，观点间同样不乏针锋相对。

1. 移动在线旅游时代到来

对于许多旅游业者来说，近几年，从互联网的崛起到移动互联网的发展，旅游圈内不断涌现出新的商业模式，旅游生态秩序一次又一次被打乱改变，新生力量抓住爆发点，不断撼动着旅游市场旧格局。

去哪儿网副总裁谌振宇认为，移动互联网的发展让人们发现，"用无线出行是更便捷的，过去PC（个人计算机）端需要提前全部安排好，但是无线却随时随地都可以改变自己的选择"。

山东省旅游局信息中心主任闫向军举例说，9月15日，当地两个面向游客的目的地系统同时上线，一个是PC端一个是移动端，上线第一天移动端的访问量就持续增长，半个月之后是PC端的两倍，到了黄金周，已经达到了PC端的5倍。"根据我们的数据分析，60%～70%的旅游者是通过移动互联网来了解目的地信息的"。

"国庆期间，驴妈妈的业务量在PC端基本上是没有什么增长的，但是在无线端有5倍以上的增长。"驴妈妈无线事业部总监陈宏进带来的数据说明，移动互联网正在快速改变 PC 互联网时代的在线旅游格局。

2. 用户体验比廉价门票更重要

在这个移动在线旅游的"新蓝海"中，各大在线旅游电商都已经开始了在移动端的布局，并且已经展开了竞争。同程旅游 CEO（首席执行官）吴剑介绍，在 10 月刚刚结束的同程"一元门票"的活动中，同程大约积累了近千万的用户，"驴妈妈"也在尝试"199 自驾游"等产品，阿里巴巴"去啊旅行"总经理李少华也透露，"去啊"可能也很快就会推出类似"一元门票""一元机票"的产品。

不过，去哪儿网副总裁谌振宇认为，还是应该更关注用户体验。"我们之前投资东南亚移动打车应用公司 GrabTaxi，实际上也是为了解决用户出境游坐车的问题。"谌振宇说，"体验好了，用户自然会帮我们进行口碑传播"。

携程目的地营销公司总经理蓝美玲透露，在携程的预订业务方面，无线端的比例已经超过了 40%，其中，机票预订已经超过 30%，火车票、汽车票在无线端的预订几乎已经接近 90%。因此，携程也提出了一个新的概念"指尖上的旅行社"，包括高端饮食、旅行金融，并且即将推出全球旅行购物平台，帮助游客买到价廉物美的东西。

3. 大数据时代旅游可以无缝对接

百度大客户高级行政总监陈明月在讲到大数据的旅游融合时介绍，在区域方面，境外游的搜索请求占 30%，70% 的搜索请求集中在国内游。在搜索中，用户更关注自然景观，这一部分占到 48% 的份额。在各省市旅游资产的排行榜上，第一位是北京，第二位是浙江；在城市方面，北京是第一位，杭州是第二位，第三位是三亚。而在景点的排行榜中，西湖是第一位，黄山是第二位。

陈明月认为，大数据首先可以精准地找到目标受众，而在移动生态下，消费者的行为也发生了变化，例如，需求的即时化、决策碎片化、消费的场景化，以及交互的多媒体化，因此，在移动时代，应该做到品牌体验前置，加速消费者决策。例如，在选择酒店的时候，29% 的游客在关注房型的图片，因此，应该提供 360 度的全景选房功能。基于无线端的技术创新，现在有很多的技术创新，包括语音、摄像头等，都会来支撑旅游业。

"移动互联网连接的是人与服务，可以在信息、购买、决策以及体验服务上实现游客和景区的无缝连接。从游客的需求激发，到他的查询决策，到预订支付，一直到他的刷票进场，以及游客在景区内的导览，均提供解决服务。"陈明月说。

不过，李少华认为，目前移动端的渗透率还太低，更多的应该是做好数据、系统，帮消费者与合作伙伴解决特定场景下的支付和信用等基础设施问题，"当这些基础的东西能让越来越多的消费者忘记自己在线上还是在线下的时候，整个行业的效率、消费者得到服务的成本效率就会更高"。

4. 把权利还给用户，突破信息不对称

在论坛上，有观众提问，旅游业内"宰客"的问题该如何解决，谌振宇认为，很大一个原因就是信息还不够透明。"这个情况不可能一下子就解决，如果每个人都愿意把信息放到网上，才有可能在以后的时间里避免这个问题。"谌振宇说。也正因此，信息不够透明这个“痛点”，也成为许多创业的主攻点。在路上联席总裁李鑫说，未来给用户提供的信息和导购是很重要的，因为随着信息的爆炸，游客到一个地方旅游，还是存在信息的障碍。“我们会把内容商品结合起来推荐给用户，未来可以形成一个很好的价值”。

“信息透明意味着权利的下放，这个权利其实是逐渐给到了用户。”蚂蜂窝大客户经理阮娟认为，蚂蜂窝从最初游客的游记内容，到筛选出旅游攻略，再到翻译软件和旅行社交软件，这些都是以用户的需求来展开的通过高质量的用户生成内容，使其他用户可以快速地索取使用。

资料来源：章牧．旅游电子商务［M］．第一版，北京：中国旅游出版社，2016.

二、旅游在线服务模式与网络营销模式

1. 旅游在线服务模式

经过多年的发展，中国旅游业取得了辉煌的成就，进入了以散客旅游和自助旅游为特征的大众旅游时期，同时也发育了最具活力、增长最快的在线旅行服务市场。1997 年我国第一家旅游网站华夏旅游网成立，开启了中国旅游业网络化的新纪元。1999 年以全新的服务和商业模式亮相的携程旅行网则开了中国在线旅行服务的先河，随后在线旅行服务如雨后春笋般层出不穷，多种商业模式不断涌现，盛大、淘宝、腾讯以及各类社会媒体也相继加入。至今，有数以万计的在线旅行服务运营商活跃在市场，已初步形成了百花齐放、百家争鸣的格局，成为推动旅游业从传统服务业向现代服务业转变的重要力量。

在线旅行服务的兴起与发展，从根本上改变了旅游业的发展曲线、旅游企业的操作方式及业务流程，影响了旅游业与旅游企业的营销方式、销售渠道、盈利模式、相关利益群体的关系等多个方面。目前，虽然国内外学者对在线旅行服务的经营情况、商业模式、成功经验等已有较多研究，但主要停留在个别企业商业模式的研究上，较少进行细致的概念分析和总结。

曹会林认为，在线旅游又称在线预订旅游，是旅游电子商务体系中的重要组成部分。它是由旅游中介服务提供商或在线预订服务代理商或传统旅游企业提供，以网络为主体，以旅游信息库、电子银行为基础，利用最先进的网络技术运作旅游产品及其分销系统的旅游经营体系。在线旅游出售的是虚拟旅游产品，也可以说是信息，而信息也就是企业盈利的资本。

李雪梅认为，在线旅游指旅游消费者通过在线旅游服务提供商的网站，提交机票和酒店住宿相结合并包含其他附加服务的自由行旅游产品预订订单，提交成功后由消费者通过网上支付或者在门店付费。鉴于目前中国的实际情况，通过在线旅游服务提供商的网站查询，并通过呼叫中心预订成功的交易，也算作在线旅行交易。旅游消费者在没有提供网站预订、在线支付功能，仅提供普通电话预订服务的传统旅游服务提供商处，预订成交不算作在线旅行。

张文华认为，在线旅游是由旅游中介服务提供商或在线预订服务代理商或传统旅游企业提供，以网络为主体，以旅游信息库、电子银行为基础，利用最先进的网络技术运作旅游产品及其分销系统的旅游经营体系。他基本认同曹会林对在线旅游概念的界定。

艾瑞市场咨询认为，在线旅行预订，是指旅游消费者通过网络或电话向旅游服务提供商预订机票、酒店、旅游线路等旅游产品或服务，并通过网上支付或者线下付费。

总之，从服务方式上，相对于传统的旅行服务商而言，在线旅行服务利用先进的网络技术、广阔的网络平台，向旅行者提供更为方便、快捷、多样与个性的旅行服务，创造更多的服务价值，使得旅行服务发生了翻天覆地的变化。而从服务内容上，在线旅行服务既可以是一项服务，也可以是一系列的服务，主要由旅行者根据自己的旅行需求进行选择，因此，在线旅行服务包括在线提供的单项服务、核心服务、全包价服务和附加服务。根据以上分析，在线旅行服务即基于互联网的旅行服务，是以互联网为平台，围绕需求链条满足旅行者全部或部分旅行需求的服务。

在线旅行服务商业模式，即基于网络环境和信息技术的一种新型的旅游企业运作方式，是在线旅行服务企业进行价值创造的内在机制，是在内外部资源和条件明确的前提下实现企业经营运作的结构体系，是在整合多方资源的情况下为顾客提供增值产品和服务从而获取超额利润的战略创新。当今的在线旅行服务市场，已经不是以机票、酒店为主流的单一商业模式，而是多种模式百花齐放，根据消费者需求提供不同的产品与服务。在线旅行服务商业模式分类如下：

（1）基于产生条件的分类

在线旅行服务起步较晚，是在旅游业发展相对成熟的阶段产生的，有的与传统的旅游业相结合，有的直接产生于新兴的互联网业，因为产生的条件多种多样，所以出现了不同的模式。

①传统旅行社自有的在线旅行网站。随着互联网的兴起与发展，传统旅行社现有资源遭遇瓶颈，它们开始运用自身优势注册域名建立网站。这类在线旅行网站主要为本旅行社服务，提供线路与景点信息、旅游咨询及附加服务等。一般规模不大，点击率不是很高，很少有实现直接在线预订的。代表网站有中国环境国际旅行社、青旅在线旅游网。

②传统旅行社所有自主经营的在线旅行网站。一些较大的传统旅行社，资金充足，在服务本社业务的基础上为了分得在线旅行市场的一杯羹而建立在线旅行网站。这类网站虽然最初由母社出资，但是独立核算、自主经营。这类网站最大的特点是背靠母社强大的实力和充足的客源，在市场竞争中占有一定的优势。它们提供的产品与服务多种多样，它们一般规模较大，点击率较高，在一定程度上可以实现在线预订与支付，可以与综合性的在线旅行服务提供商相抗衡。代表网站有中青旅的遨游网、港中旅的芒果网。

③门户网站的旅游频道。随着在线旅行服务的出现与快速发展，巨大的市场空间和利润空间吸引了诸多眼球。门户网站也纷纷抢滩在线旅行服务，推出了旅游频道并

迅速壮大。例如，搜狐、新浪、网易的旅游频道，主要以提供旅游资讯为主，还推出了机票查询业务。而谷歌、百度、淘宝、腾讯等门户网站，也瞄准了这块“肥美的蛋糕”。这类网站的主要优势在于其拥有大量而忠实的客户群。淘宝网依托与携程不同的商业模式——平台战略与其自有的支付工具——支付宝，使得旅游频道在开放初期其机票的预订量就大幅增加。代表网站：谷歌旅游频道、搜狐旅游频道、新浪旅游频道、淘宝网的“淘宝旅行”、腾讯的 QQ 旅游平台。

④由市场需求推动的新兴在线旅行服务商。随着旅游市场的成熟、消费者需求的增长以及互联网技术的完善，资本市场的运作催生了新兴的在线旅行服务商。最早的在线旅行服务商是 1999 年成立的携程旅行网，随后艺龙旅行网、同程旅游、去哪儿、酷讯网、乐途网、相约久久旅游网、到到网等多种商业模式在市场需求的推动下不断涌现。这类网站基本都复制了美国电子商务的模式，有的以网上预订为主，除了提供旅游资讯外，开始提供网上预订和机票、酒店、度假产品销售等服务；有的是搜索引擎，为旅行者提供搜索、比较服务；有的是旅游社区，为旅行者提供分享、评论的平台。代表网站：携程旅行网、去哪儿、到到网、游多多。

（2）基于业态的分类

旅游业的综合性决定了旅游业涵盖多个行业，主要包括食、住、行、游、娱、购。为了满足不同业态消费者的需求，出现了以业态划分为基础的在线旅行服务。

①酒店类在线旅行服务。酒店类在线旅行服务出现得较早，最早的中央预订系统（CRS）就是由假日酒店研制开发的。全球预订系统（GDS）每年为全球各地的酒店输送大量的客源，Hotels. com（好订网）也是提供全球酒店预订服务的网站。除了综合性的酒店类在线旅行网站，还有大量的酒店自建的网站进行直销，如希尔顿酒店、Accor（雅高酒店集团）、金陵连锁酒店、7 天连锁酒店等，这类网站为旅行者提供本酒店的咨询及预订服务，很多预订服务是与呼叫中心共同完成的。代表网站：7 天连锁酒店。

②旅行社类在线旅行服务。旅行社类在线旅行服务较多，主要以提供旅行社的旅游线路、景点门票、旅游度假、自由行等服务为主，现在越来越多的旅行社网站也开始为旅行者提供旅游攻略、点评、交流社区、照片视频分享等服务。其中，有提供 B2B 和 B2C 模式的同程旅游，它不仅是中国最大的旅游 B2B 交易平台，搭建了包括旅行社、酒店、景区、交通、票务等在内的旅游企业间的交流交易平台，同时也是中国网上最大的旅游超市，整合资源直接为消费者服务。代表网站：同程旅游、遨游网、百程旅行网、途牛旅游网、国旅在线。

③景区类在线旅行服务。景区类的在线旅行服务起步较晚，与其他业态相比较也是最不成熟与完善的一类。景区类在线旅行服务主要有景区门票在线预订网站和景区自办资讯类网站。前者以景点票务为切入点，拥有自己的预订平台，同时提供相关资讯与社区类服务，有的在线旅行服务商根据自由行游客的行为特征，为游客推出了个性化的自由行服务。后者主要以提供资讯为主。代表网站：驴妈妈旅游网、乐途网、中国古镇网。

④票务类在线旅行服务。票务类在线旅行服务主要包括机票和火车票。其中，机

票服务因其自身的标准化与规范化，成为目前发展最为成熟的在线旅行服务，基本实现了完全的线上搜索、预订与支付。机票预订占据了在线旅行服务代理商较多的市场份额，搜索类网站去哪儿也以搜索机票起家，而后扩大到酒店与火车票相关服务。而航空公司也大力投资自身的直销网站，提供查询与预订服务。代表网站：携程旅行网、去哪儿、酷讯网、一起飞、火车网及各大航空公司官网。

⑤其他。以上业态之外的其他旅行服务网站，如大众点评等。

（3）基于服务内容的分类

不同的在线旅行服务商其市场细分与目标顾客不同，因而其提供的产品与服务也有所差异。

①综合性的“一站式”服务。综合性的“一站式”服务类在线旅行商，提供全面的旅行资讯与在线预订服务，包括机票预订、酒店预订。旅游线路主要是自由行的预订和商旅服务等，采取线上与线下 Call Center 相结合的方式，可以在线支付也可以线下支付。这类资讯 + 预订 + 交流的一站式服务，目前在在线旅行市场中占有很大的市场份额，具有一定的垄断地位。代表网站：Expedia（亿客行）、携程旅行网、艺龙旅行网、芒果网。

②垂直搜索服务。垂直搜索服务通过一套庞大的智能比价系统，可以让消费者在几千个网站中搜寻机票、酒店、度假、签证等最有效的旅行信息，它们不参与直接交易，只是用“无形之手”来推动所有行为的运转。垂直搜索在消费者和供应商之间搭建了一座桥梁，这种“货比三家”的做法，吸引了大批对价格敏感的用户。同时，这类网站的初始页面简单洁净，巧妙运用“频道间切换”节省空间，采用“人工追踪”方式使信息更为准确、客观，所有这些看上去都是试图优化用户体验的举动。代表网站：KAYAK（客涯）、去哪儿、酷讯网。

③旅游社区服务。现在是社会媒体的时代，旅游社交网站为出行者提供了交流与分享的平台，具有相当的实用性。旅行者可以从拥有本地知识或者有过真实旅行体验的人们身上获得个性化的建议与旅行窍门，获得更有价值的出行信息。同时，分享与评论不仅使自身的旅行得以延续，也为其他旅行者提供了更多的出行参考。这类网站越来越受到出行者的关注与好评。代表网站：到到网、游多多等。

④旅行衍生品服务。互联网经济中，传统的产业价值链得以延伸与扩展，相关辅助服务必不可少。金融、旅行保险、第三方支付网站与工具，随着在线旅行服务的发展，越来越多地被在线旅行服务商所应用，并为在线旅行服务提供了强有力的支持与保障，使在线旅行服务更为方便、快捷。代表网站与工具：云闪付、支付宝、财付通。

（4）基于经营模式的分类

不同类型的在线旅行服务商有不同的价值提供范围，也有不同的运作方式和价值实现方式。

①在线旅行代理商。在线旅行代理商以旅游代理为基础，它们没有属于自己的产品，而是通过代理的方式帮助供应商分销产品，从酒店和航空公司那里获取较低的折扣，交易完成后从中收取代理费用或者佣金。例如，在机票销售方面，航空公司的机

票代理费是3% ~5%，虽然目前出现了下调和取消代理费的情况，但代理商仍有盈利空间。在酒店市场上，在线旅行代理商根据出售的客房收取的佣金，一般为客房价格的15% ~20%。代理商抓住了旅游行业中最能标准化的三个环节：机票、酒店和自由行。通过标准化流程的运作及销售，来提供较有竞争力的产品和价格。这类在线旅行服务商通常拥有大量的会员卡式的客户群和与消费者直接沟通的能力，并且有相应的服务团队为消费者服务。代表网站：Expedia（亿客行）、携程旅行网、艺龙旅行网、芒果网、一起飞。

②在线旅行供应商。在线旅行供应商是直接生产旅游产品和服务的企业，涉及旅游中食、住、行、游、娱、购方方面面。它们采取的销售模式多种多样，通常有三种在线销售模式：一是它们可以与携程旅行网这样的在线旅行服务代理商合作，虽然成本较高但是省心省力；二是它们也可以将自己的产品放在在线旅行服务平台，让消费者更多地接触与了解它们，不仅成本较低而且能实现品牌传播与产品销售的双重目的；三是它们自建在线旅行网站进行产品与服务的直销，虽然这种方式成本较高，但是可以一劳永逸且不受代理商的盘剥与控制，这种形式比较适合集团化、有实力的供应商。目前航空公司与高星级或连锁酒店，都已经推出了自己的在线直销网站。代表网站：国航、南航、酒店类网站。

③在线旅行服务销售平台。在线旅行服务销售平台即在线旅行服务商，为供应商开辟了一个展示自己的平台，使其可以与消费者实现深入沟通。如淘宝采用的就是平台战略，为航空公司、票务代理公司以及旅行社提供机票销售的平台，并收取少量的服务费用。这类网站通常拥有庞大的客户群，除了本身收取的服务费较低外，其开放平台战略也为其积聚了大量的资源，其中不乏能够提供低价机票的资源。例如，目前东航、深航、联航、幸福航空等航空公司已经在淘宝旅行平台开设了官方旗舰店，航空公司通过机票直销可以提供更低价的机票。不仅是航空公司，不夜城航空票务有限公司、重庆网逸航空票务服务有限责任公司等200多家实力强劲的一线机票代理商，也已入驻淘宝，这些代理商规模庞大，能够从航空公司拿到较高的代理费返点，因此，在机票价格上也很有竞争力。代表网站：淘宝网。

④在线旅行服务搜索比价。与收取佣金和构建平台的方式不同，搜索比价网站采用“谷歌+携程”式的搜索引擎技术手段，借助庞大的智能比价系统，将数以千计的机票和酒店提供商网站的价格信息呈献给用户。当消费者需要对比多家旅游预订公司网站时，搜索比较网站就架起了旅游预订公司、航空公司、酒店集团与消费者之间的桥梁。这类网站收取费用较低，在推广产品的时候也为供应商的网站提供了额外的流量。艾瑞咨询集团的数据显示，在日均覆盖人数规模上，在线旅游垂直搜索网站去哪儿日均覆盖人数已经超越了携程旅行网，排名第一，增速迅猛。全球互联网企业两大巨头谷歌和Facebook（脸书）分别收购了ITA和NextStop两家在线旅游企业，表明它们进军在线旅游行业的决心。同时，早已涉足在线旅游的微软，也将推出旅游搜索。代表网站：KAYAK（客涯）、去哪儿、酷讯网。

⑤社会媒体。社会媒体对旅游业的影响越来越明显，从预订机票到挑选餐厅，社

会媒体正渗透到旅途的每一个环节。酒店、航空公司正在大举进军社会媒体领域，利用Facebook（脸书）和Twitter（推特）等网站建立品牌忠诚度。航空公司在YouTube（优兔）上展示品牌，并通过Loopt等社交地图网站发布优惠产品信息。酒店让博客用户们帮助宣传，并利用社交网站来收集反馈信息、监控动态和提供礼宾服务。航空公司和酒店在社会媒体渠道上发布优惠产品信息、奖励和免费赠送礼品，以此来培养新客户。例如，美联航就曾经通过Twitter发布"twares"独家产品；穿越航空也举行了"星期五Facebook特惠机票"（"Facebook Friday Fares"）活动，为其Facebook页面粉丝提供特别的优惠。而旅游社区也成为出行者获取与分享信息的平台。代表网站：万豪国际集团酒店的Marriott Courtyard的Facebook页面、凯悦酒店的Twitter账户。

2. 旅游网络营销模式

旅游网络营销是旅游业通过因特网、有线网络和无线网络、专业网等来计划、执行、控制关于旅游商品的生产、定价、促销和分销，进而实现组织目标的管理过程。

旅游网络营销是现代营销理念与互联网技术相结合的绿色营销方式，是企业整体营销战略的重要组成部分，也是旅游电子商务的主要模式。我国旅游电子商务网站1996年开始出现，其发展主要有3个走向：门户网站（如新浪、搜狐等）的旅游频道；专业旅游网站如携程旅行网等以及传统旅游企业创办的旅行网站。目前，具有一定旅游资讯能力的网站已有5000多家，其中，专业网站已超过700家。

我国旅行社开展网络营销的主要模式，可以分为以下几种：

（1）"资产+业务"模式

以中国旅行社总社为典型代表，中国旅行社总社从2000年开始实施以资产为纽带、以业务协同为基础的旅行社经营网络重构活动，以此来推进规模扩张战略。在借助品牌优势和资金实力完成对国内重点区域"中旅系"旅行社的控股、重组和改制后，基本形成了以区域总部为中心、以资本为纽带、辐射全国的国内旅行社经营网络。

（2）"资产+直营连锁"模式

以中青旅为典型代表，中青旅上市后，凭借资金和品牌实力，着手对原有"青旅系"旅行社经营网络进行再造，通过收购、兼并等方式加强了对网络环节中处于重要地位的地方青旅的控制，以资产纽带代替以前的行政纽带，形成了更加紧密的国内旅行社经营网络。2001年起，中青旅又在北京地区以直营连锁的方式开设了18家连锁店，使中青旅的经营网络在以接待为主的基础上向零售端有了实质性的突破。

（3）"控股与参股"模式

以中国康辉旅行社集团有限责任公司为典型代表，中国康辉旅行社集团有限责任公司早在20世纪80年代就开始了经营网络建设步伐，主要采取的是以品牌为基础的低成本扩张策略，合作对象是那些想发展壮大的中小旅行社。这些加盟社构成了中国康辉旅行社集团有限责任公司自己的经营网络。经过多年的发展，中国康辉旅行社集团有限责任公司基本形成了网络化经营体系。

（4）“旅行社联合体”模式

以中国金桥旅游有限公司（以下简称中国金桥）为典型代表，中国金桥在全国旅行社中算不上大型旅行社，而且网络化起步比较晚，2003 年其采取的是在产权关系上比较松散的联合体形式。因为联合体并不是以资产为纽带的紧密联系，所以容易解散。针对这种不足，中国金桥要求联合体各成员在全国统一使用“金桥旅游”标志、标牌和标徽，统一财务结算，统一名片，统一导游旗，统一旅游帽，统一旅游包等，并逐步带领联合体由初期的业务合作型向产品统一、价格统一型过渡，这也是中国金桥的网络化经营体系得以维系的关键。2008 年开始中国金桥开始在境内外设立分公司，不断完善经营网络。

（5）“IT 系统 + 全资子公司”模式

以上海春秋国际旅行社（集团）有限公司（以下简称春秋旅游）为典型代表，春秋旅游非常敏锐地认识到信息技术对旅行社的重要作用，这种作用对传统旅行社而言并非颠覆，而是互补性极强的融合，是在融合基础上的补充与促进。因此，早在 1994 年春秋旅游就开始应用计算机实时预订系统，2001 年又建立起旅游电子商务网站。为克服网络经营和地方化服务这一矛盾，春秋旅游又陆续在全国主要旅游城市建立了全资分支机构，初步形成了线上和线下呼应的网络化经营体系。为使服务的触角延伸得更广，春秋旅游又以地方分支机构为基点，不断吸引代理商加盟，逐步形成了辐射全国的经营网络。

（6）“特许经营”模式

以广州广之旅国际旅行社股份有限公司（以下简称广之旅）为典型代表，广之旅通过品牌入股、特许经营方式，走出了地方旅行社通过品牌扩张实施网络化经营的新路。从 2001 年开始，先后成立了惠州广之旅、顺德广之旅、邮政广之旅、茂名广之旅、清远广之旅、佛山广之旅、汕头广之旅、四川峨眉广之旅、上海广之旅、北京有朋广之旅、广州广联旅游有限公司、广州康泰国际旅行社等。从 1988 年首次在香港参股并经营新广州（香港）国际旅游有限公司至今，广之旅构建了华南地区最为完善的旅行社经营网络；在北京、云南、四川、我国香港、澳门及马来西亚等地设有分支机构，形成了具有广之旅特色的网络化经营模式。

（7）“IT 系统 + 加盟连锁”模式

以宝中旅游为典型代表，宝中旅游凭借独家开发的计算机软件管理系统和“宝中旅游”品牌，通过品牌加盟实施网络化经营，并不断创新经营模式。在门店管理方面，采取“统一采购、统一产品、统一广告、统一财务、统一人事、统一选址、统一形象、统一组团”的“八统一”措施，提升标准化程度，严控产品及服务质量。宝中旅游网络化经营模式的构建，重在 IT 操作系统和品牌的输出，既有通过品牌加盟的形式取得网络成员的控制权或参股权，也不排除对有些网络成员存在资本输出，但大部分网络成员和宝中旅游本身并无产权关系，它们只是以加盟商的形式使用宝中旅游的品牌，而宝中旅游也只是收取一定数量的加盟费。

案例导入

国内在线旅行服务商业模式案例：携程旅行网

携程旅行网（以下简称携程）品牌创立于1999年，总部设在中国上海，目前已在北京、广州、深圳、成都、杭州、厦门、青岛、南京、武汉、沈阳、三亚11个城市设立分公司，在南通设立呼叫中心，在宁波、苏州、郑州、重庆设立办事处，员工1万余人。作为中国领先的在线旅行服务公司，携程成功整合了高科技产业与传统旅行业，向超过4000万会员提供集酒店预订、机票预订、旅游度假、商旅管理、特约商户及旅游资讯在内的全方位旅行服务，被誉为互联网和传统旅游无缝结合的典范。凭借稳定的业务发展和优异的盈利能力，携程于2003年12月在美国纳斯达克成功上市。

携程是我国领先的综合在线旅行服务运营商，其商业模式为：

（1）价值对象

携程作为发展时间较长的综合在线旅行服务运营商，其客户群体较为广泛。主要的价值对象为商务旅行者，占携程目标客户的88%，观光和度假旅行者占12%。随着旅游大众化时代的到来，自由行与度假产品在携程产品谱系中的比例增加，大众旅游者与度假游客的比例也不断增加。同时，携程一方面立足国内，成为中国人的旅游网站，另一方面还要吸引大量的国外游客来华，成为中国的旅游网站。

（2）产品与服务

携程是专门为旅游者、旅行团体及旅游相关行业提供在线旅游服务、旅游产品介绍的旅游网站。它涵盖了全国各地的自然景观和人文景观，以及具有吸引力的旅游热线，包括旅行社、酒店、餐饮、娱乐、购物、交通等综合信息，提供网上预订（订票、订房、订团、订餐等）服务，推出旅游新闻、热点推荐、社区论坛、俱乐部等全方位的客户服务内容。

（3）盈利模式

携程上市后，在美国资本市场表现良好。上市后携程受到美国资本市场的认可，2010年携程市值高达62.55亿美元，在全球在线旅游企业中仅次于Priceline（一家旅游服务网站）。携程在成立3年后实现盈利，上市至今收入保持稳定增长。自实现盈利以来，携程的收入呈高速上升态势，2004年以来年平均增长率达到38%。携程持续高增长的收入，也从侧面反映了中国在线旅游市场的旺盛需求。

携程代理模式收入主要来源于酒店、机票、度假产品预订代理费，少部分收入来源于在线广告。2010年，携程营收来源多样化。度假和商旅业务贡献1/3营收增量。从营收增量分析，2010年，携程年度净营收比2009年提高9亿元。在这9亿元增量中，旅游度假和商旅管理两部分贡献3.3亿元，约占营收增量的36%，而2009年这部分只占14%，度假和商旅管理成为携程新的营收增长点。携程预测每年中国商旅市场规模为4000亿元。另据《2010年中国商务旅行情况调查报告》显示，2010年中国大陆地区商旅支出预计增长17%，居亚太市场之首。在主营业务增长放缓的背景下，携程逐渐将注意力放在商旅管理这一领域，意图寻找新的业务增长点，向“一站式综合旅游服务提供商”转型。

(4) 资源配置

在内部的资源配置方面，携程注重线上与线下的有机结合。除了在线旅行服务平台外，携程有5000人的呼叫中心。2011年，携程呼叫中心全面升级为服务联络中心。同时，携程还进一步强化了信息技术在服务联络中心的应用与提升，并将启用全新服务号码10106666，在原有的电话呼叫等服务功能基础上，发展包括电话呼叫、传真、网页、邮件、短消息、手机客户端、网上即时通信等在内的全方位服务手段，功能进一步完善。旅游业呼叫中心处理的电话中，只有约三成是直接预订，另外约七成是用于预订前后的咨询与服务。旅行服务具有极强的专业性，旅行过程充满变数，仅仅依靠任何单一的服务手段，都无法满足消费者需要。

而且，旅行者需要的也不仅仅是产品预订的单一环节，而是一个覆盖旅行前、中、后的完整服务过程。携程CEO范敏表示，当前中国旅游业发展势头良好，潜力巨大，未来5~10年中国有望成为世界旅游强国。

资料来源：王慧元，陶艳红．旅行社经营管理实务［M］．北京：中国地质大学出版社，2012.

分析：

携程的在线旅行服务商业模式有什么特点？成功在哪里？

任务二　旅行社电子商务的发展

任务认识

- 认知旅行社电子商务的概念及发展模式
- 认知我国旅行社电子商务发展策略

任务实施

一、旅行社电子商务的概念

旅行社电子商务是指通过先进的网络信息技术手段，实现旅行社商务活动各环节的电子化，包括通过网络发布、交流旅行社基本信息和旅行社商务信息，以电子化手段进行旅行社宣传促销，开展旅行社售前售后服务，通过网络查询、预订旅行社服务产品并进行支付，旅行社企业内部流程的电子化及管理信息系统的应用等。

第一，从技术基础的角度来看，旅行社电子商务是采用数字化电子方式进行信息数据交换和开展旅行社商务活动的。如果将“现代信息技术”看作一个集合，“旅行社商务活动”看作一个集合，那“旅行社电子商务”无疑是这两个集合的交集，即旅行社电子商务是现代信息技术与旅行社商务活动的结合，是旅行社商务流程的信息化和电子化。

第二，从应用类型和环境来看，旅行社电子商务可分为三个层次：一是面向市场，以市场活动为中心，包括促成交易实现的各种商业行为——网上信息发布、网上公关促销、市场调研以及实现交易的电子贸易活动，包括网上业务洽谈、售前咨询、网上交易、网上支付、售后服务等；二是利用网络重组和整合旅行社企业内部的经营管理活动，实现旅行社企业内部电子商务，包括旅行社建设内部网，实现旅行社内部管理信息化；三是旅行社商务活动基于 Internet 开展，还需要外部环境的支持，包括整个旅游业电子商务的通行规范，旅游行业管理机构对旅游电子商务活动的引导、协调和管理以及旅游电子商务的支付与安全环境等。

二、旅行社电子商务的发展模式

1. 企业对企业，即 B2B 交易模式

旅行社的 B2B 模式主要是基于第三方平台而实施的旅行社与旅行社之间或者其他旅游企业之间的在线交易，目前也是电子商务应用最多和最受企业重视的模式。在旅行社电子商务中，B2B 交易模式主要包括以下几种情况：第一，旅游企业之间的产品代理，如旅行社代订机票与饭店客房，旅游代理商代售旅游批发商组织的旅游线路产品；第二，组团社之间相互拼团，也就是当两家或多家组团旅行社经营同一条旅游线路并且出团时间相近，而每家旅行社只拉到为数较少的客人时，旅行社征得游客同意后可将客源合并，交给其中一家旅行社操作，以实现规模运作的成本降低；第三，旅游地接社批量订购当地旅游饭店客房、景区门票；第四，客源地组团社与目的地地接社之间的委托、支付关系等。

旅游业是一个由众多子行业构成、需要各子行业协调配合的综合性产业，食、宿、行、游、购、娱各类旅游企业之间存在复杂的代理、交易、合作关系，旅游 B2B 电子商务有很大的发展空间。旅游企业间的电子商务又分为两种形式：一是非特定企业间的电子商务，它是在开放的网络中对每笔交易寻找最佳的合作伙伴。一些专业旅游网站的同业交易平台，就提供了各类旅游企业之间查询、报价、询价直至交易的虚拟市场空间。二是特定企业之间的电子商务，它是在过去一直有交易关系或者今后一定要继续进行交易的旅游企业之间，为了共同经济利益，共同进行设计、开发的，全面进行市场和存量管理的信息网络，企业与交易伙伴间进行信息数据共享、信息交换和单证传输。例如，航空公司的计算机预订系统（CRS）就是一个旅游业内的机票分销系统，它连接航空公司与机票代理商（如航空售票处、旅行社、旅游饭店等）。机票代理商的服务器与航空公司的服务器是在线实时链接在一起的，当机票的优惠和折扣信息有变化时，会实时地反映到代理商的数据库中。机票代理商每售出一张机票，航空公司数据库中的机票存量就会发生变化。B2B 电子商务的实现，大大提高了旅游企业间的信息共享和对接运作效率，也提高了整个旅游业的运作效率。

2. 企业对消费者，即 B2C 交易模式

B2C 旅游电子商务交易模式，也就是电子旅游零售。这是消费者利用因特网直接参与经济活动的形式。旅行社的网站是自己的门户网站，没有依托第三方，使旅游者足不出户就能够获得网站提供的各种服务，解决了信息的不对称问题。未来的旅行社能否在 B2C 交易模式中获取顾客忠诚，至关重要。B2C 模式在交易时，旅游散客先通过网络获取旅游目的地信息，然后在网上自主设计旅游活动日程表，预订旅游饭店客房、车船机票等，或报名参加旅行团。对旅游业这样一个旅客高度地域分散的行业来说，旅游 B2C 电子商务方便旅游者远程搜寻、预订旅游产品，克服距离带来的信息不对称。通过旅游电子商务网站订房、订票，是当今世界应用最为广泛的电子商务模式之一。另外，旅游 B2C 电子商务还包括旅游企业对旅游者拍卖旅游产品，由旅游电子商务网站提供中介服务等。

3. 消费者对企业，即 C2B 交易模式

C2B 交易模式是由旅游者提出需求，然后由企业通过竞争满足旅游者的需求，或者是由旅游者通过网络结成群体与旅游企业讨价还价的一种形式。

旅游 C2B 电子商务主要通过电子中间商（专业旅游网站、门户网站旅游频道）进行。这类电子中间商提供一个虚拟、开放的网络中介市场，提供一个信息交互的平台。上网的旅游者可以直接发布需求信息，旅游企业查询后双方通过交流自愿达成交易。

旅游 C2B 电子商务主要有两种形式。第一种形式是反向拍卖，是竞价拍卖的反向过程。由旅游者提供一个价格范围，求购某一旅游服务产品，由旅游企业出价，出价可以是公开的或是隐蔽的，旅游者将选择其认为的质价合适的旅游产品成交。这种形式对于旅游企业来说吸引力不是很大，因为单个旅游者预订量较小。第二种形式是网上成团，即旅游者提出自己设计的旅游线路，并在网上发布，吸引其他相同兴趣的旅游者。通过网络信息平台，愿意按同一条线路出行的旅游者汇聚到一定数量，这时，他们再请旅行社安排行程，或直接预订饭店客房等旅游产品，可增加与旅游企业议价和得到优惠的力度。

旅游 C2B 电子商务利用了信息技术带来的信息沟通面广和成本低廉的特点，特别是网上成团的运作模式，使传统条件下难以兼得的个性旅游需求与规模化组团降低成本有了很好的结合点。旅游 C2B 电子商务是一种需求方主导型的交易模式，它体现了旅游者在市场交易中的主体地位，对帮助旅游企业更加准确和及时地了解客户的需求，实现旅游业向产品丰富和个性满足的方向发展，起到了促进作用。

4. 消费者对消费者，即 C2C 交易模式

这种方式在我国处于起步阶段，还比较少，主要是旅游者通过网络平台自行销售或交换产品。这些产品可以是交通票、旅游纪念品、旅游线路行程、旅游经验，也可以是具有产权的实物，如酒店、汽车等。可以不受地域、时间的限制，向全国各地及世界各地的旅游者进行购售、交换、租赁。例如，有些中青旅的员工在博客或者淘宝上发布旅游线路、酒店、机票的信息，与上网寻找相同产品的消费者联系后进行交易。

知识链接

携程与去哪儿“联姻”

2015 年 10 月 26 日，携程与去哪儿合并，合并后携程将拥有 45% 的去哪儿股份。此次携程与去哪儿合并的形式为百度出售去哪儿股份，然后控股携程，百度用 45% 去哪儿股权换携程 25% 的股权。交易完成后，百度将拥有携程普通股，可代表约 25% 的携程总投票权。严格意义上来说，此次交易之后，携程与去哪儿仍不是合并，但从股权关系上来看，百度、携程、去哪儿三家已经成为一个由百度主导的“利益共同体”。携程与百度的股权置换，从业务层面、用户等方面来说，携程与去哪儿的互补性很强。而按照目前携程与去哪儿的业务布局来看，此次双方进入百度体系，主要在机票、酒店部分形成强势地位，加上艺龙旅行网的酒店资源，基本形成了对机票、酒店市场的相对强势地位。

OTA（在线旅行社）本身的工具化属性较强、用户黏性较弱。正是因为这一点，去哪儿依靠平台补贴获得价格优势，靠低价从携程手中撬来了许多用户。但同样因为工具化属性强这一特点，市场份额前两名的 OTA 企业，继续保持之前的独立运营对双方而言并没有这个必要，这样只能徒增运营成本。在换股前，无论在机票还是在酒店业务上，双方拿到的资源其实是一样的，对于供应方来讲，只不过同样的东西放在了不同的平台。在竞争情况下，双方必然利用补贴来拉拢用户，再利用用户数倒逼供应商给平台更低的价格。但换股后，双方必然会对之前恶性竞争带来的运营成本进行缩减，对于高度重合的业务，必将有一方的业务和产品运营失去独立性，成为这次资本运作的附属品。

1. 只有携程与去哪儿合并，才能根本改变 OTA 行业的格局

携程和去哪儿是当之无愧的市场领导者，二者占了在线旅行行业六七成的市场份额，二者合并产生的化学效应，将使其成为当之无愧的市场领导者，甚至可能让携程回到 2003 年的市场状态，看尽国内没有竞争对手，也将使二者拥有酒店、门票等旅游市场的绝对定价权，甚至可能迅速结束在线旅游的价格战，使之回到市场的良性发展状态。

若携程与去哪儿合并，二者将占据在线旅游市场 58.5% 的市场份额，远远高于行业第三名的阿里去啊。合并可霸占大交通 62.8% 的市场份额、酒店 76.3% 的市场份额，而携程系旅游（携程、同程、途牛）早已占据了半壁江山，携程在在线旅游市场的领先优势，短时间内将牢不可破。而去哪儿就是携程成为行业绝对领导者的 X，攘外必先安内，缺乏对内的控制，携程走出去的海外战略也将是无缘之木。

2. 业务上去哪儿与携程具备良好的互补效应

携程与去哪儿合并具有极大的互补效应。这个互补效应不仅体现为去哪儿可以对携程二、三线用户进行补充，占据二、三线 50% 以上的市场份额，更重要的是价格敏感型用户的互补。携程以商旅客户起家，利润主要来源于对价格不敏感的商旅客户和

资深用户，而携程的价格优势并不明显，所以出现用户到携程比价到去哪儿下单的情况，与去哪儿的合并，则可以良好地覆盖所有用户。

资料来源：曹华盛. 旅行社经营与管理［M］.2 版，上海：格致出版社，上海人民出版社，2014。

三、我国旅行社电子商务发展策略

旅游电子商务已成为我国未来旅游产业发展的必由之路，在目前旅游电子商务发展的大背景下，我国旅游产业要正视与国外旅游电子商务发展的差距，在发展中要有一种紧迫感，同时，要结合我国旅游电子商务的实际状况，采取相应措施，推动我国旅游产业整体电子商务的发展水平，从根本上提高旅游产业的整体竞争力。我国旅行社电子商务发展策略主要有以下几种：

1. 国家政策的扶持和引导

近年来，我国旅游业以政府主导型的发展战略取得了很大成就，旅游电子商务要取得长远发展，政府主导和政策扶持必不可少。政府主管部门应成为全国旅游电子商务应用方面的组织者，制定旅游信息化发展的全局性、长远性总体规划和一系列旅游电子商务规范体系，加强对电子商务发展的宏观指导，在旅游信息网建设、旅游信息开放、旅游信息网络上的电子商务等各个方面提供相应的法律和政策保障，并且由于我国区域经济发展的不平衡，电子商务发展水平差异很大，政府应扶持弱势地区的电子商务发展，另外，要加快制定、完善和修正电子商务的法律法规，解决网上的电子商务交易安全、消费者权益保护等方面的内容。在旅游资源的整合方面，政府和行业协会要一起合作，发挥行业协会的民间组织作用，推动全国旅游资源的整合，加快旅游电子商务的标准体系建设，实现旅游企业内部信息系统与旅游电子商务平台、旅游业与银行、海关、公安的信息系统之间的互联互通，建立一个全国范围的、完整的大旅游电子商务系统。

2. 加快旅游专业复合型人才培养

旅游电子商务涉及电子商务、旅游业、信息网络、市场营销等多方面的知识，在发展旅游电子商务的过程中，需要既精通电子商务又熟悉旅游管理和计算机网络技术的复合型人才，而目前我国传统教育体制培养的这方面人才还很少，制约了旅游电子商务的进一步发展。因此，大力培养旅游电子商务人才，为我国旅游电子商务的长远发展提供人才储备，是一项长久的系统工程。一方面，高校要结合实际，调整专业培养方向，开设与旅游电子商务相关的课程，培养市场需要的旅游人才；另一方面，旅游机构要转变观念，顺应时代的要求，主动与大中专院校等教育研究机构合作，灵活采用各种方式，大量培养高科技人才，并鼓励在校学生参与旅游企业电子商务项目的研究开发。有条件的教育机构，还可以建立电子商务研究培训中心，为旅游企业培训电子商务技术人员提供技术咨询和项目开发。旅游企业要制订人员培训计划，通过长、中、短期地派员工进修与学习，提高员工自身素质和企业整体文化素质，从而为企业发展旅游电子商务奠定良好基础。

3. 培养广大消费者的网上消费观念

旅游网络营销离不了消费者的参与，消费者对网络营销的认识，很大程度上影响着网络营销的进程。虽然这些年我国网络的普及率和网民的数量取得了飞速增长，但是真正体验网上消费的比例还很小，阻碍了旅游电子商务的发展。与美国相比，美国邮购和电话订购比较成熟，信用卡比较发达，消费者习惯使用信用卡而不是现金交易，在这样的环境下，实现电子商务不会有重大障碍。而我国目前正是缺乏这种网络交易的良好环境，民众对网上支付方式存在一定程度的不信任，但这只是一个方面，关键是民众对旅游电子商务这种新生事物认识得不够深入，缺乏深层次的了解，因此，要发展电子商务，必须调动消费者广泛参与的积极性，政府和企业应当运用舆论工具引导和培养人们的新观念，以推动电子商务的快速发展。

4. 完善旅游网站建设，加强网站维护建设

目前我国旅游电子商务网站已经超过300家，但其中多数为网络人创办，传统旅行社上网并没有占据主导地位，这就形成了旅游公司不了解网络，网络不熟悉旅游业务的现象。这种现象带来的后果，就是网站的内容空洞、没有吸引力，都是一些泛泛而谈的旅游者并不感兴趣的内容，造成各个网站的访问量不尽如人意。因此，完善网站建设，对于发展旅游电子商务来说至关重要。网站建设方面最重要的内容就是强化旅游信息的开发。传统旅游业的劣势在于信息的不对称，在传统的旅游市场上，游客获取信息的渠道较少，成本较高，不确定性也大，旅游公司给他们提供的信息很不充分，有时甚至带着明显的欺骗性。旅游网站应该建立完善的旅游信息体系，包括旅馆预订系统、旅游线路动态信息网、旅游管理系统、旅游咨询、车船票预订、信息反馈等内容，形成一份完整的“套餐”。同时，要注意确保信息的直观性、细致性、准确性、时效性、动态性。尤其要重视信息反馈的环节，因为它是一个企业与客户互动的环节，能体现游客对企业提供服务的满意程度，在很大程度上决定着企业的生死存亡。传统的信息反馈方式大多是旅行社向旅游者打电话、寄反馈卡、召开招待会等，不仅费用高，而且反馈速度慢。而互联网的电子信息传递是双向的，商家可以发送和收取信息，可以大大提高信息反馈速度，有利于旅游企业及时收集信息，改进工作，缩短旅游产品的生产周期，促进企业良性循环。

案例导入

“去哪儿”电子商务新模式

“去哪儿”旅游搜索引擎成立于2005年5月，在在线旅游处于起步阶段的中国市场，其选择了合适的进入时间。随着航空公司相继推出在线旅游服务，实现了自有服务在网络空间的延伸，推行网上订票的机票代理商队伍日益壮大，消费者面临着前所未有的丰富选择。“去哪儿”旅游搜索引擎认识到在线旅游市场中的用户需求已经逐渐变化：中立、智能、全面的比较平台，对消费者进行合理的旅游产品选择决策的作用日渐突出。此种需求的增长，促使具有典型中立色彩的“去哪儿”旅游搜索引擎出现，并通过对整个旅游票务资源进行更加细致、有序的整合与发布，承担起琐碎而又富有价值的信息整合及提供的任务。

“信息对称”才能促成交易平等，“去哪儿”旅游搜索引擎致力于让消费者拥有更为完善的知情权与自主选择权。“去哪儿”旅游搜索引擎已经搭建起一个智能化的比价平台，并不断对其改进、丰富和完善。消费者通过在“去哪儿”旅游搜索引擎上设定对机票或者酒店等在线旅行产品的需求条件，就能够进入搜索结果页，得到一系列相关机票或者酒店的产品信息列表。消费者可以根据时间先后、价格高低等多种方式，对搜索到的全部产品信息进行排序，进而自行选择出最符合自身需求的产品。

“去哪儿”存在的价值，主要体现在两个方面：一是所有跟旅游有关的产品，包括机票、酒店、景点等，在“去哪儿”都能搜索出最低价格，并可以让消费者自由组合；二是采用“直销”的模式，减去中间环节，游客可直接与供应商交流，让游客彻底享受“直销一体式”电子商务新服务。

“去哪儿”的优势体现在以下三个方面：

实时性：不同于提前对网站内容的记忆搜索，“去哪儿”是根据消费者的搜索要求瞬间进行，是对代理商网站产品信息的实时获取，进而使消费者获得当时最为明确的信息。同时，在应用界面，“去哪儿”标明了搜索数据的详细获得时间、搜索到的相关网站数量，并在消费者链接到在线旅游产品来源网站的过程中，对消费者的网络过渡行为进行明确提示。“去哪儿”提供的查询结果展示出所获得的全部数据，并有效确保了数据搜索的实时性。

“去哪儿”产品的核心技术为超大规模实时数据搜索技术，其核心技术实现了在3～5秒的时间内从数百个数据源获取大量数据，处理并展现给消费者最新的在线旅游产品数据，并能够同时服务数十万查询而保证服务的速度和效果。

广泛的搜索范围：“去哪儿”与超过100家的机票供应商和超过12000家的酒店供应商都建立了业务联系，由后者将其房价、机票价格信息与公司的数据库实时链接。这一范围还在不断扩大。机票方面，“去哪儿”的搜索范围涵盖了中国国际航空公司、南方航空公司、春秋航空公司、艺龙旅行网、北京天益游、上海不夜城、芒果网、携程旅行网等各航空公司、各区域大型机票销售代理，消费者只要在网站输入机票的需求信息，即会出现各航空公司、区域大型机票代理销售的各自最低价格和特惠服务，使得消费者能够轻松地对旅行产品进行充分比较。酒店方面，“去哪儿”已经与希尔顿国际酒店集团、上海锦江集团、法国雅高集团、速8中国酒店等众多国内外著名品牌达成战略合作伙伴关系，为消费者提供更为广泛的酒店选择和直接有效的获得渠道。

全面化：“去哪儿”试图为消费者提供更为全面的旅行产品信息，例如，搜索接送机、免费保险等附加服务，通过为消费者提供更多与决策相关的价值信息，比较出最具性价比的旅行产品。同时，在搜索中，能直接将酒店、机票的优惠券信息，向用户进行第一时间的传递。“去哪儿”一方面利用搜索技术自动提取数据，另一方面进行人工追踪，并且和一些供应商签署质量保证协议，保证提供的信息真实、可靠。“去哪儿”建立了一套完整的在线旅游服务商信誉评价体系，对全部的用户投诉、网络实时表现等重要指标，结合不定期检查，进行监测和分析。对不达标次数达到体系预警或者一次大规模不达标的在线旅游服务商，会从搜索列表中直接将其删除。这种管理措施，客观上将对行业内不实信息起到一定的过滤作用，从而避免消费者可能受到的误导甚至损失，使其自主的选择有切实有效的保障。

“去哪儿”的出现填补了在线旅游产业链条中的重要空缺，将有力推动中国在线旅游产品市场的深入发展。

资料来源：章牧．旅游电子商务［M］．第一版，北京：中国旅游出版社，2016.

分析：

总结“去哪儿”商业模式的变化。

［**项目实训 1**］

实训名称：旅行社网络营销方案的制订。

实训方案设计：结合你所在城市旅游市场的实际情况，请你为当地实力最强的旅行社设计一套网络营销方案。

实训成果：请你以报告的方式提出你的旅行社网络营销方案，或者通过对旅行社进行实例分析得出营销思路。

［**项目实训 2**］

实训名称：旅行社网络营销调查访谈。

实训方案设计：旅行社网络营销调查问卷。

实训成果：通过问卷调查，了解当地旅行社网络营销的普及以及实施情况，针对这一情况收集市场信息，并写出调研报告。

项目九　旅行社的发展趋势

任务一　旅行社集团化趋势

任务认识

- 认知旅行社集团化的概念
- 认知旅行社集团化的模式
- 认知旅行社集团化的发展方向

任务实施

一、我国旅行社集团化的发展现状

旅游企业集团是旅游企业发展到一定阶段才产生的高级组织形态，其能够充分利用经营中的规模经济，并通过资金、技术、品牌、人才等各个方面的优势在市场中占据主导地位。

旅行社集团化是指单体旅行社或者以旅行社为主体的旅游企业，逐步走上经营一体化和资产一体化道路，建立起稳定的协作关系，进而进行集团化经营的动态过程。

我国旅行社集团化发展经历了三个阶段：第一阶段从 20 世纪 70 年代末到 90 年代初中期。这个时期是根据国家的产业政策而设立一些旅行社集团，如 1989 年文化和旅游部批准设立的中国国旅。第二阶段从 20 世纪 90 年代中后期到我国加入世界贸易组织以前。这个阶段我国进行现代企业制度改革，对我国旅行社集团化改革加强了政策扶持。中央和地方都出现了一些新的旅行社集团，这个阶段也是旅行社集团化发展的徘徊期和探索期。第三阶段从我国加入世界贸易组织至今。该阶段是旅行社行业真正开始集团化并同世界接轨的时期，我国的旅游集团正在进入成长期。第一、第二阶段旅行社之间的集团化合作，主要是通过行政组合模式即通过政府的大力扶持完成的，从第三阶段全国旅行社才开始真正脱离政府，深入资本运作层进行集团化合作，并融入国际市场。

改革开放以来，我国旅行社在规模、数量和服务质量等方面均有很大的进步。20 世纪 80 年代后期，以国旅总社、中国旅行社总社、中国青年旅行社总社为代表的旅行社集团相继成立，以资产关系为纽带，以业务网络为核心，以高效有序的信息采集、加工和传输为渠道，以集团的统一形象为标识，基本确立了我国三大旅行社在国际国

内的地位；之后，中国康辉旅行社集团有限责任公司、招商国际旅行社及春秋旅游、华运旅游发展集团有限公司的集团化进程，均有了实质性进展。可以说，这种网络化经营和集团化发展，为我国旅行社走向国际化、多元化打下了良好的基础。

二、旅行社集团化的模式

1. 股权联结式

股权联结式的企业集团是由资产经营一体化形成的，股份制是资产经营一体化企业集团的典型形式。它是凭借着一个企业对另一个企业的资金参与而建立起来的控股与被控股或参与和被参与的关系，形成了以母公司为核心的由参股公司、关联公司组成的稳定结构，它也是我国组建旅行社集团的最主要方式。从目前大量的兼并收购以及战略重组活动可以看出，资本运作已被公认为一种有效的方式。股权联结有利于促进企业产权主体的多元化，规范集团的经营活动，促使企业集团遵循市场规律，按经济规模办事；有利于突破资本量对企业集团扩张的限制，通过资本市场获得增量资产，即通过发行股票或转让股权吸引外部投资，帮助企业集团发展；通过产权市场扩张，在一定程度上还可以减少政府行政干预。但是，要形成这种模式的集团，是要有一定条件的。首先，核心企业必须有相当的经济规模，而且要有比较完善的管理体制，因此，这种模式目前主要适合于一些大型旅行社。

股权联结式的具体实现方法多种多样，通常有以下四种：

（1）投资购买兼并式

企业集团通过发挥集团的主体作用，进而采用投资、购买、兼并等方式，构建母公司对子公司的控制参股形式。

（2）授权持股经营式

企业集团通过国有资产管理部门授权，将原来国家投资设立的成员企业的国有产权授权集团公司持股，从而确立集团公司对成员企业的母子公司关系。

（3）资产划拨式

即经出资人同意，由国有企业集团母公司持有其他国有企业的股权，使之成为国有企业集团母公司的子公司，政府行业主管部门或地方政府将其所辖的国有企业以行政划拨的方式并入企业，全资子公司由集团公司进行持股和管理。

（4）横向持股式

独立的企业购买企业集团的股份，对母公司参股，以股东的身份加入集团。中国旅行社集团已经出现了这种股权联结式的形式，中国旅行社总社实现规模扩张的“控股并购”模式，是这方面的成功代表，其集团化运作值得研究和效仿。

2. 契约联结式

通过契约扩大集团规模，也是集团化的一条重要途径。这种方式突破了资本量的限制，有利于提高企业集团的扩张速度，同时减少了风险，而且一般不涉及企业的产权问题，因此，在进行跨地区、跨所有制或跨系统扩张时集团遇到的阻力较小。但是，需要企业集团在各方面具备一定的实力，如一套完整的管理体制、标准化的服务程序、质量控制手段、有吸引力的品牌等。契约联结式的实现形式有如下三种：

（1）特许经营（加盟）

特许经营（加盟）是指以特定的方式将拥有的具有知识产权性质的名称、注册商标、技术、客源开发、预订系统和物质供应等，通过契约有偿提供给其他企业使用。取得特许的企业必须支付一笔款项作为挂牌的代价，必须达到特许组织制定的经营、服务、管理标准，必须接受特许组织的检查。实行特许经营的旅游批发商，要保证有特许经营权的零售旅行代理商所出售产品的供给，并允许其有其他的销售渠道；拥有特许经营权的零售代理商可以分享批发商的市场营销资源，并可以利用其品牌在市场上立足。

（2）租赁经营

有些企业集团在本国或他国租赁企业选择经营，使集团规模不断扩大，被租赁的企业其所有权不属于企业集团，但集团对其具有经营权，因而也成为集团一员。

（3）战略联盟

也叫策略联盟、企业联盟。战略联盟是指两个以上的企业出于共同的利益和目标，相互合作，共担风险，形成一种优势互补、分工协作的松散联合。战略联盟实质是企业之间的长期协定，联盟方是长期的合作关系，它超出了正常的市场交易，但又未达到合并的程度，联盟的各个企业是独立的，仍保持着自己的经营自主权。参加联合经营的企业必须承担一定的会费、广告费，必须保持一定规格和水准的服务。其目的主要是创造整体形象，增强宣传效果，互送客源。建立战略联盟式的旅行社集团，可以通过联合包装宣传，有效地杜绝浪费、降低成本，同时品牌复合优势明显。一方面，各旅行社组织起来，使用联合体统一品牌进行营销，可以发挥集体优势，扩大市场份额，增强消费者的价值认知，降低市场风险；另一方面，针对细分市场，各旅行社又可以在内部竞争，力推自家品牌，张扬个性，形成特色旅游精品。但战略联盟这种模式，并不要求各旅行社按照统一的模式运营，成员社仍可采取自己的经营模式，因此有一定的松散性。

三、旅行社集团化的发展方向

旅行社企业集团存在横向、纵向、多元化三种可供选择的发展方向。

1. 横向一体化

横向一体化又称水平一体化，即旅行社集团在旅游交易链条上吃、住、行、游、购、娱某一个环节上进行扩张，并不涉及其他因素，是一种比较单一化的发展方向。对我国的集团而言，旅行社集团横向一体化即国际旅行社和国内旅行社间的一体化。例如，旅游地特色餐饮企业和高档星级宾馆之间，该组织的主要动因在于实现优势互补，激活旅游资源，满足旅游者的多样性旅游需求，减少竞争，形成规模经济。

2. 纵向一体化

纵向一体化又称垂直一体化，即由旅游业务链上有前后关系的旅游业务环节结合起来进行整体经营和管理的一种集团化成长方向。纵向一体化既可以是后向一体化，即一个旅行社集团生产自己的产品，也可以是前向一体化，即旅行社集团提供自身的分销渠道。

3. 多元化

多元化发展方向兼具横向和纵向发展方向的优势，并且还有二者都没有的一些优势，取其精华去其糟粕，但同时这种发展方向也产生了很多新的问题，扩大了旅行社集团的经营触角，很难把握“度”，易诱发“大企业病”，旅行社集团面临专业化和多元化两方面的高度需求，会带来更大的管理风险和技术风险。

四、旅行社集团化的发展对策

1. 分析企业环境和市场特点，选择不同的集团化发展模式

旅行社在选择集团化战略之前，必须进行 PEST 分析（一种企业所处宏观环境分析模型，P 指政治（Politics），E 指经济（Economy），S 指社会（Society），T 指技术（Technology））和 SWOT 分析（一种企业战略分析方法，S 指优势（Strengths），W 指劣势（Weaknesses），O 指机会（Opportunities），T 指威胁（Threats）），并对不同区域的市场进行分析，根据不同的企业环境和区域市场特点，选择不同的集团化发展战略模式。

此外，旅行社集团应该在规模扩大的同时分析企业战略风险，并对企业产权、资产结构、产品开发、市场定位、人力资源等进行调整，根据集团各个时期的具体情况和外部环境确定扩张或收缩战略，避免无效率的盲目扩大。

2. 调配企业现有资源，为旅行社集团化提供有力保障

在旅行社进行集团化的发展过程中，企业应合理调配公司的人力、物力和财力等相关资源，配合集团化的实施；应注重对相关知识的掌握，比如，国家旅游行业最新政策、旅游经济态势、行业内最新动态、构建集团化经营的技术知识等，为旅行社集团化发展提供新的思路和参考。

3. 加大人力资源管理，建立精英管理团队

重视员工的成长和管理，对提高企业核心竞争力具有重要意义，旅行社集团应营造吸引人才、人尽其用的良好环境，并多角度、全方位培养旅行社人才，调整旅行社从业人员结构，提高人员整体素质，培养一批包括战略管理、资金管理、成本管理、营销管理、人力资源开发与管理的专家。此外，要加大对高层管理人员的培养，建立一支懂得国际惯例、掌握现代企业管理知识和善于资本运作的经营管理团队。

4. 完善现有组织机构，统一企业文化

资源学派普拉哈拉教授认为，建立有效的组织在于调整资源建立自己的能力，从而形成核心竞争力，最后获得竞争优势。组织机构必须围绕旅游企业集团的核心竞争力，将内部资源围绕价值链动态链接起来，并根据集团化发展的需要调整组织机构，保持组织结构的灵活性，更好地为集团化战略服务。此外，在旅行社集团形成后，不仅要注意经济效益的分析，更要注意到核心企业与各分支机构企业文化的融合，使各自的目标体系与企业战略目标体系相融合，共享愿景，只有这样，才能协调好规模和效率、竞争之间的关系。

5. 加大对旅行社电子商务的开发力度

旅行社电子商务是20世纪90年代以来利用计算机网络进行的旅游业务活动，已成为旅游经济的新态势，旅行社电子商务一方面改变了传统的交易方式，节约了营销成本，且更适应现代旅游者散客化和个性化的要求，有利于建立良好的客户关系，另一方面旅行社集团内部成员通过统一的电子商务平台销售，建立全国分销系统，也有利于核心企业对各分支机构的监督、管理等。旅行社集团应将电子商务平台建设与产品特点、市场需求状况和企业发展方向相结合，建立公共网络、企业内部网络和企业外部网络相结合的模式。

旅行社企业集团化对于旅行社获得规模优势、树立企业文化、增强企业综合竞争力和抗风险能力等，有着重要的意义，我国旅行社集团应以横向一体化为主，纵向一体化为辅，以旅行社为主业，建立旅行社批零三级体系，并以市场为导向、资本为纽带，建立具有核心竞争力的旅行社集团下属企业的扩张模式；以重点旅游城市和旅游业基础较好的城市作为建立旅行社集团下属企业的地区，并从核心地区向周边地区辐射，最终形成“大型旅行社集团化、中型旅行社专业化和小型旅行社通过代理机制形成网络化”的整体发展模式。

知识链接

旅行社经营的集团化、国际化，是该行业的发展趋势，根据加入世界贸易组织的承诺，外资已可以进入中国旅行社行业。这将对中国旅行社行业产生深远的影响。中国目前最具有实力的旅行社（集团），开始以各种形式进行跨国经营，如收购国外旅行社获取海外客源市场，与国外著名企业合作开拓国内市场，开辟了旅游业对外开放的新局面；直接参与国际竞争大环境，了解国际行情，学习先进经验，为做强做大打下基础。旅行社行业的国际化趋势，给中国旅行社带来了巨大的发展机遇和挑战。它带来了更广阔的客源、规范的国际规则、先进的经验和管理方式，加速了中国旅行社的集团化发展，同时，加剧了市场竞争。面对这样的形式，中国旅行社应在集团化、专业化、品牌化、网络化等方面多下功夫。

任务二　旅行社竞争品牌化趋势

任务认识

- 认知旅行社品牌化的概念
- 认知旅行社品牌建设的内容
- 掌握我国旅行社品牌化策略

任务实施

一、旅行社企业品牌的概念

品牌是人们对一个企业及其产品、售后服务、文化价值的一种评价和认知，是一种信任。品牌是一种商品综合品质的体现和代表，当人们想到某一品牌的时候，总会和时尚、文化、价值联系起来，企业在创立品牌时不断地创造时尚，培育文化，随着企业的做强做大，不断从低附加值向高附加值升级，向产品开发优势、产品质量优势、文化创新优势的高层次转变。品牌是制造商或经销商加在商品上的标识，它由名称、名词、符号、象征、设计或它们的组合构成。

服务品牌也称服务标记，属于品牌的受保护标记范畴，它指的是在经济活动中那种通过“无形”商品的服务过程，用以满足消费者的心理需求。服务品牌与一般品牌具有同样的作用，只是运用的对象和方式不同。一般的品牌运用的对象是商品，而服务品牌运用的对象是行为过程；一般的品牌运用的方式是对实体的消费，而服务品牌运用的方式是对行为过程的消费，即对服务水平的消费。因此，服务品牌的内涵是一种通过提供创意性行为过程提升顾客满意度的劳务行为标记，它明显区别于其他品牌的或提供质量、价格，或提供服务范围整体形象等硬、软需求的满足，可以认作一种特殊的品牌形式。

旅行社品牌作为服务品牌的一种，它是旅游消费者对旅行社企业、产品和服务等形成的综合概念，是高质量、高信誉、高知名度、高市场占有率的代名词。

旅行社的企业品牌，是旅行社在公众心目中建立的一种名称、标记或者视觉图案等，使旅行社在市场上区分于其他竞争对手，从而让旅游者更倾向于选择本旅行社的产品。旅行社通过良好的品牌形象，可以积蓄品牌资本，赢得较好的经济效益，同时，旅行社品牌化也有利于旅行社产品差异化，提高旅行社产品的附加价值。比如，公众熟悉的春秋旅游、广之旅等，都属于旅行社企业品牌。但一般公众在谈到旅行社企业品牌时并不会单独讲企业的属性、包装等因素，而是考虑企业的整体形象。因此，旅行社企业品牌实际上是在产品与服务之上的一个整体概念。

二、旅行社品牌建设的内容

旅行社品牌属于服务品牌的范畴，其首要任务是通过强调与众不同的、对顾客具有特殊价值的服务，来确定旅游目的地或旅游企业的市场优势。

旅行社的品牌建设，就是要通过品牌设计、品牌推广、品牌质量管理、品牌维护和品牌创新等活动，来提高客人的满意度、忠诚度和旅行社的知名度、美誉度。

旅行社品牌主要包括旅行社产品品牌和旅行社组织品牌两种。

旅行社产品是旅行社为满足旅游者在旅游过程中的需要而向旅游者提供的各种有偿服务，是一种无形的产品。但旅行社如果缺乏品牌产品，就很难真正建成有影响的企业品牌。长期以来，我国旅行社在企业品牌建设方面作出了较多的努力，但由于对产品品牌的忽视，使得企业品牌显得比较空洞。

旅行社产品所涉及的旅游资源、配套设施等属于公共资源，旅行社不能排他性地使用。一个旅行社经营的某类产品其他旅行社也可以经营，产品的物质部分其实没有太大区别。真正使产品显得不同的只有旅游服务。旅行社产品跟其他商品不同，它的生产要在消费时进行，旅游者在购买旅行社产品时只能看到报价、行程、服务标准等书面材料，对旅游过程愉悦与否起到决定作用的服务质量只能限于推测。旅行社必须采取某种方式，向公众告知本旅行社产品与众不同的品质。打造产品品牌，就是让顾客对旅行社的服务产生一种正面、积极的联想。因为品牌总是在长期稳定的高品质基础之上建立起来的，所以选择品牌产品可以使顾客感到降低了购买风险。

旅行社组织品牌即旅行社企业品牌。

三、我国旅行社品牌化策略

我国大多数旅行社处于发展初期，在面临激烈的市场竞争时，往往走入低水平价格竞争的歧途。在单纯的价格竞争中，多数旅行社都是失败者，整个行业的利润水平由于价格竞争而出现整体下降情况。旅行社大打价格战的目的，无非是要以低价吸引更多的旅游者。旅行社提供的产品中包含了大量的人工服务，在激烈的市场竞争中，要想得到游客对旅行社的认同，削价绝不是一个长期有效的手段，取胜的真正秘诀在于旅行社要树立良好的形象。品牌作为企业产品和服务形象及经济实力的集中体现和象征，已成为当前竞争的重要手段，因此，企业如何实施品牌战略，是目前我国旅行社经营管理者需要认真思考的问题。

1. 树立强烈的品牌意识

我国旅行社以品牌区分产品的意识仍然比较淡薄。从旅行社的内部结构来看，不同规模的旅行社之间没有在经营上的专业分工，而是都以相似的方式参与竞争，构造产品的模式大同小异，主题形象不突出，旅游者无法从中了解到旅行社的经营特色和其提供的旅游产品内容，更无法判断他们能从旅游产品消费中得到什么利益。一味追求短期利润的低价竞争的直接后果，就是服务质量低劣，规范经营的旅行社提供的品质卓越的旅游产品难以脱颖而出，而且经营成本较高，在价格大战中处于劣势。因此，对旅行社来说，强化品牌意识，努力把旅游产品优势转化为品牌优势，迫在眉睫。

2. 努力提高产品的质量

质量和品牌是紧密相连的，品牌的竞争力源于旅游产品的质量。世界驰名旅游品牌成功背后的一个共同特征，就是对质量的孜孜追求。某一旅游品牌诞生后，如果其产品质量下降，所产生的直接后果就是旅游消费者信任的丧失，随之该品牌的竞争力将日益低下。因此，我国旅行社企业，尤其需要走出重知名度、轻品牌内涵的误区，应该视质量为品牌的生命。而要确保品牌质量，我国旅行社不仅在质量标准上要与国际接轨，而且必须强调产品创新，不断开发特色旅游产品。

3. 增强品牌的识别度

品牌识别度的强弱，往往取决于旅行社的品牌符号设计是否科学、有吸引力。旅行社的品牌符号，主要指旅行社或其产品的品牌名称和品牌标志。品牌名称是促人联想的重要来源，而联想是形象树立的必备条件。一个好的品牌名称，应有以下特征：独特，容易记忆，暗示产品类别，支持标志物和标志语，易于用法律加以保护。标志物与标志语是品牌形象的感官识别系统的主要组成部分，它要能让人产生丰富的联想，表达美好的感受，能为产品或服务提供指示等。

目前，我国大部分旅行社对品牌建设的重视不够，相当一部分旅行社的名称及标志识别性差，形象不够鲜明。旅行社更热衷于对所提供的产品或服务命名，或是更改企业的名称，事实上，名称是事物的名字，具有使人将事物辨别开来的功能，并体现事物的个性，但品牌不只是一个名称、一种标志，而是消费者心中的一种“无形价值”，它对消费者具有强大的吸引力，使他们宁愿出较高的价格购买该项产品或服务。

4. 打造我国民族品牌

一个全国性、国际性品牌的竞争力，首先来自所在地区的市场竞争力，因此，中国旅游市场全面开放后，中国旅行社业必须比境外旅行社业抢先一步，牢牢地占领国内市场，民族文化是无法复制的，我国旅行社应力争打响民族品牌，与外资军团抢夺国际客源。

旅行社创品牌与上规模是相辅相成、相得益彰的。品牌化经营是旅行社发展的必然趋势，我国旅行社要有创品牌与上规模联动的战略眼光，努力实现资产在品牌旗帜下的集中、优化、扩张，从而形成大品牌与大企业之间互相影响、互相渗透、共同发展的良性循环，从而更有力地参与国际竞争。品牌的层次与其顾客参与程度存在一种正比关系。如果企业品牌在顾客心目中的层次和地位较低，则顾客参与企业的愿望也相对较弱，而如果一个品牌在顾客心目中的层次和地位较高，甚至认为这个品牌关系到自己的切身利益，那么这个顾客就更愿意参与这个企业的各种活动，企业与顾客的关系就越紧密，特别是当他们将品牌视为一种精神品牌时，这种参与程度可以达到最高境界。因此，这就要求企业必须改变以往的单向的灌输式信息传播方式，而尽量与顾客进行沟通和互动，让顾客参与其中，这样才能建立起长期的、稳定的顾客感情和友谊，从而使企业立于不败之地。

案例导入

休闲旅游领导品牌——途牛网

途牛旅游网（以下简称“途牛”）于2006年创立，2010年营业额近4亿元，2012年为20亿元，2014年实现54亿元，增长速度一度达到300%，创造了令人瞩目的“途牛速度”。上市以后，途牛与京东、海航集团等投资者签订了协议，获得巨额投资，实现了与行业巨头的战略合作。途牛更是在2014年荣登中国互联网企业100强排行榜第17位、在线旅游行业老大携程排名第15位。

1. 独树一帜的“商业链”

途牛初创时，另辟蹊径，避开携程等做酒店、机票预订代理服务的强项，运用差异化竞争战略，对旅游线路预订这一细分市场进行深耕细作，并应用互联网优势整合旅游产业链，采用“网站+呼叫中心+旅游线路”的商业模式，从而闯出了一片新天地。在该模式中，途牛采取直接销售而非代理，从而产生了相当可观的现金流。当前，在线旅游业涌现出更多的竞争对手，途牛实施以利润换市场的策略，这种策略颇富成效，交易规模持续高增长，在在线跟团游市场份额中，途牛占比达到20%，占行业第一，携程为12.5%。

2. 途牛的三大理念

互联网思维颠覆了传统旅游行业，途牛紧跟时代的潮流，提出了三大理念：

(1) 轻资产的理念。公司没有传统企业的重资产成本，主要固定资产就是计算机等普通办公设备，其资金更多地投放在市场开拓和产品研发上。

(2) 不断创新的理念。途牛从最初的景点库、线路图和拼盘，到后来的周边短线游、国内长线和出境游，以及新近推出的互联网金融，产品和服务不断更新换代，令人目不暇接。当前，途牛正积极构建属于自己的旅游“3.0”模式，将移动互联与在线旅游进行紧密结合，运用大数据分析，研究确定向二、三线城市进行扩张的模式和方法。

(3) 追求简单极致的理念。途牛运用互联网技术将复杂的旅游产品服务标准化、自动化，为游客提供最便捷的服务，真正让“旅游更简单”。

3. “要旅游，找途牛”的品牌认知战略

途牛首创国内在线旅游行业的双代言人模式，“要旅游，找途牛”的品牌广告一打就是6年，树立了途牛的品牌知名度、认知度和忠诚度，并已沉淀为途牛核心资产。IPO（首次公开募股）之后，品牌价值的提升，也将为途牛产品销售做更好的背书。

途牛在众多在线旅游行业的激烈竞争中脱颖而出，获得多次投资，离不开其自身竞争优势。但途牛要想继续在风云变幻的在线旅游市场中把握先机、抢占市场，就必须打造并提升自身的核心竞争力，只有继续深耕休闲旅游细分市场，利用投资以及上下线旅游资源的优势整合，打造自身品牌竞争优势，才能继续保持高速增长的态势，并进一步加强其在休闲旅游市场上的地位。

资料来源：章牧．旅游电子商务［M］．第一版，北京：中国旅游出版社，2016.

分析：

途牛是否找到了OTA的蓝海？它确定的企业核心战略是什么？

任务三　旅行社信息化趋势

任务认识

- 认知旅游业信息化的必然性
- 认知我国旅行社信息化的发展历程
- 认知旅行社在信息技术应用中的发展趋势

任务实施

一、旅游业信息化的必然性

信息是旅游业的基础，旅游业的信息密集性是推动信息技术在旅游业中广泛应用的关键，信息化是旅游业发展的强大推动力。

1. 旅游业的信息密集性决定了旅游业的信息发展道路

从旅游活动的方式来看，“在旅游市场流通领域活动的不是商品，而是有关旅游商品的信息传递引起的旅游者的流动”。从这个意义上来讲，旅游业的核心是信息，因此，对旅游企业来讲，收集、整理、加工、传递信息是重中之重，这是由旅游商品的无形性、不可移动性和非储藏性决定的。无形的旅游产品在销售时是无法展示的，而且通常是远离消费地点被预先销售的，因此，信息传播对旅游业而言至关重要。旅游者在旅游过程中所涉及的食、宿、行、游、购、娱要求，并不是在物质上被传递给旅游代理商，并且被储藏并出售给旅客；相反，其交流和传递的是有关服务的可获得性、价格、质量、位置、便利性等方面的信息。同样，在电子货币应用广泛的国家，款项通常不是通过代理旅游商传送给供应商，佣金也并非从旅游供应商直接传送至旅游代理商，而是通过信用卡或电子支付手段将借贷的信息输出去。旅游经营管理者之间的联系也不通过产品，而是通过信息资源，同时伴随着数据流和资金流。可见，信息是旅游业内部诸多环节得以连接的纽带。

旅游业信息密集性的特点，还可以从旅游业的脆弱性来分析。从外部原因来看，旅游业的脆弱性主要表现为受自然因素、政治因素和经济因素的影响较大，就社会政治因素而言，包括国家的政策、国际关系的变化、战争、社会动荡、恐怖事件的发生等。从内部原因来讲，由于构成旅游商品的成分多种多样，它们之间的比例关系错综复杂，这就要求旅游业内部各组成部分之间及旅游业同其他行业之间保持协调，否则，任何一部分脱节都会造成整个旅游业的失调。因此，不管是对旅游部门还是对旅游企业来说，有效地获取信息以辅助科学决策，都显得特别重要，旅游决策对信息具有很强的依赖性，旅游业对信息的依赖性，说明迅速、准确地获取、加工、传播、利用信息至关重要。现代旅游业中信息技术种类繁多，如计算机预订系统、电子货币交易系统、电视会议、可视图文、电子小册子、计算机管理信息系统、航空电子信息系统、数字化电子网络、移动通信等，其中，计算机预订系统占据着支配地位，离开信息和信息技术的利用，旅游业将难以为继。

2. 旅游业的全球一体化发展趋势，决定了旅游业的信息化发展道路

现代的旅游业具有很强的国际化功能，它的需求在外，供给在内，是少有的集外交、经济、文化于一体的产业。许多人真正了解外部世界就是从旅游开始的，旅游活动促进了世界经济、文化的交流和发展。通信和运输手段的现代化，促进了世界经济的发展，改变了人们出国旅游的时空感，为国际旅游产生的三大因素（充足的时间、方便的交通、可供自由支配的收入）提供了保证。当前，国内国际市场趋于统一，无国界经济的大发展，带来旅游活动的国际化和资本流向的国际化，这使得世界各国的旅游业越来越相互依赖、紧密联系，呈现出一体化的无国界旅游状态。信息技术作为生产力中最活跃的因素，日益渗透和改变着现代旅游业，并从社会文化、技术力量、旅游市场结构等诸方面加速着旅游业国际化发展趋势，任何游离于旅游业信息化发展道路的国家，都将陷于“信息孤岛”状态。

3. 旅游个性化也决定了旅游业要走信息化道路

传统的旅行社组团旅游，虽然可以让旅游者免去为交通、住宿等诸多琐事操心，但一路走马观花，旅游者看到的几乎是相同的东西，谈起来的感受几乎千篇一律，个人的喜好难以得到满足。另外，随着社会的发展，生活节奏的加快，人们很难有时间听从旅行社的统一安排，他们更愿意在旅游代理商的帮助下自己设计旅游线路，自己安排旅游时间，即通常所称的“网络自助游”。对于网络自助游的人来说，旅游过程都是一番不寻常的经历，没有既定的线路，没有专业的导游，完全依靠网络介绍和指导来完成在陌生环境下的观光、购物活动。这种方式或许会遇到一些问题，但更多的是实现了现代人个性展示的满足，如现有国外的徒步旅行（Hiker），即展示个性的一种旅游方式。不管是网络自助游还是徒步旅游，它们均离不开旅游信息以及因特网（Internet）。

二、我国旅行社信息化的发展历程

旅游信息化可将“食、住、行、游、购、娱”等诸多信息组合起来，形成旅游产品，销售给游客。这个过程中，在游客真正实施旅游之前，旅游企业间和旅游企业与游客之间，信息流和资金流涉及得多，物流很少，这些特征很适合用电子商务的方式去实现。电子商务的低成本、支付电子化、信息高效传递、宣传覆盖面广等特性，将大大提高传统旅游企业的工作效率。

1. 业务系统

旅行社的信息化历程大都是从内部业务管理方面开始的。目前国内信息化应用较成功的旅行社包括广东中旅、春秋旅游、中青旅、上海国旅等，这些旅行社多实施了旅行社 BPR 管理系统、订房订票系统、客户关系管理系统等。还有一些特殊的小型系统，针对地接、购物等几个旅行社经营上关键的控制环节，做出来的小型功能模块管理软件，如地接通。通过这些类似于 OA（办公自动化）的系统，旅行社可以规范有序地完成计调线路上线、前台销售查询、团队操作、财务审批、资源存档等一系列旅行社业务流程，对于拥有多门市（直营或加盟）的大社来说，这是必不可少的。

2. 公司网页

在 2005 年前后旅行社网站建设热潮中，旅行社纷纷建立起了功能简单的公司网页，展示型的网站主要包括 Flash（一种优秀的网页动画设计软件）首页、旅行社简介、线路介绍等板块，主要目的是在售前可以借助网上主页和电子邮件进行市场宣传，游客可借助网上搜索工具快速找到需要的旅游产品信息。公司网页对于每个旅行社来说都是必不可少的，它是一个对外的窗口，对于推出自己的品牌和企业文化意义重大。这个时期的旅行社网站，跟旅行社内部的业务系统是两套并行的系统，两套系统之间没有实现自动对接。旅行社的信息和网站的信息，需要业务员通过内部系统进行交流对接以后，由网络部门上传。传统旅行社都是首先使用内部业务系统，再另外搭建网站。很多没有能力进行内部业务系统升级的旅行社，都存在内、外两套并行操作的系统繁复运作。2010 年以后，出现了基于网络架构开发的旅行社管理系统，如天港城、金棕榈。旅行社同行间的分销系统、分销平台等也在市场上纷纷出现。这些新开发的管理系统，是以建设好企业网站为目的，然后倒过来整合旅行社内部管理系统的。网站的功能也日益强大，在网站上实现了电子商务功能模块，网上订购、网上支付、产品分销，还可以实现旅游产品模拟体验，售后的信息反馈更及时，可以对消费者的行为进行有效分析。

3. **第三方平台**

没有自身优势资源和产品的小旅行社，也局限于没有足够的人手和成本去建立和维护公司网页，其可借助第三方平台去构建属于自己的网页。诸如携程、途牛、去哪儿、同程等，均已通过自身的用户优势，开通了供应商平台和零售平台。借助其零售平台，旅行社可非常方便、一目了然地采购所需线路产品，然后将注册后所生成的专属于自己的网页，通过自己的渠道宣传出去，顾客可方便地浏览、咨询及最终完成交易。虽然成本低，操作便捷，但没有自己的独特性，仅仅成为这些大平台的供应商，旅行社无法向真正的旅游者展示自己的差异化品牌，导致更加惨烈的价格战从平台内部迅速扩展到各个平台。

4. **自媒体营销**

从博客、微博到微信。尤其是微信营销，已成为最新潮、最有效、最简单的新时代销售方式。各大旅行社普遍都已建立自己的微信公众号，在手机客户端建立网页，销售线路产品。有的是直接与公司网页后台链接，只要更新了网页，也就相应更新了微信网页。旅行社员工，尤其是销售人员，则利用微信朋友圈转发公司线路产品给身边的亲朋好友，实行全民营销。事实证明，这种方式对于中小旅行社来说，可以用最低成本实现最大的销售效益。

三、旅行社在信息技术应用中的发展趋势

目前，应用国际互联网的旅行社企业已经覆盖了国际旅游接待所需产品和服务的不同层面，说明网络应用的概念已渗透到中国旅行社企业，并得到了相当程度的重视，随着人们对互联网认识的不断深化以及旅游消费者习惯的改变，信息技术的应用将成为旅行社参与市场竞争的主要手段。

1. **信息技术在中国旅行社的应用前景**

根据信息技术在其他行业的应用情况和旅行社业的自身发展趋势，可以预见，信息技术未来在中国旅行社的应用大致可以分为三个阶段：

第一阶段，信息技术主要应用于企业内部管理，尤其是规模较大的内部管理。面对广大的国内旅游市场，大规模旅行社的理想状态是在全国范围内广泛布点，各营业点之间的信息沟通应该通过一个高效的信息系统来完成。管理信息系统的构建与应用，是旅

行社提高经营管理水平、提高办公效率、进行科学管理的必经之路。在国际互联网环境下，企业内部网络技术的成熟，为布点分散的企业管理信息系统的建立提供了技术保障。

第二阶段，信息技术主要应用于旅行社企业外部网的建设。旅行社产品是住宿、交通、景点等单项旅游产品的组合，与合作单位之间建立外部网联系，可以加强企业间的战略合作，及时互通信息，以应对千变万化的市场需求。旅行社通过信息网络进行规范化的产品预订和结账，可以防止人为因素造成的信息错误和不良债务的发生。

第三阶段，信息技术的应用，主要表现为旅行社使用互联网和通信技术整合营销系统，加强市场信息收集、促销、分销与客户关系管理工作等。这一阶段的成果，对旅行社来说意义尤为重大。

2. 信息技术的应用对旅行社发展的影响

信息技术特别是互联网应用对中国旅行社运作的影响，可以从两个方面来分析。一方面，旅行社可以更为方便、快捷、廉价地通过互联网络与相关企业进行联系，提高企业的经营与管理效率；另一方面，逐渐成熟的旅游者也可以自己利用互联网上的旅游企业域名来查找目的地景观介绍、接待服务企业介绍等旅游相关信息，甚至可以直接在网上预订航空座位、饭店房间、导游服务，从而在客观上挤压旅行代理业的传统生存空间，威胁旅行社的业务。

旅行社要依靠对信息技术的把握和充分利用，通过信息技术所获得的信息来提高企业管理的效率和效益。首先，旅行社应该明确定位为“旅游服务提供企业”。定位的重点在于旅行社是服务的提供者，而不是包价旅游组织或者交通票务的代理人等。旅行社提供的核心产品，狭义地讲，不存在物质产品的成分。服务企业与制造企业相比较，其内部管理中营销管理占到了相当大的比例，营销管理是旅行社在未来提高竞争力的关键。其次，旅行社应该是以消费者需求为中心提供旅游服务的企业，消费者需求信息的获得，是旅行社生存和发展的条件，营销调研信息系统效率的提高，对旅行社提高经营效率至关重要。再次，当信息技术得到普遍应用以后，消费者的消费行为模式将发生相应的变化，旅行社利用信息技术进行促销和分销，是未来交易渠道变化后的大趋势。最后，当旅游信息资料逐步为社会所有，将来各种咨询、预订系统可以在各个公共场所和个人的家用计算机上运行时，消费者就可以低成本地获得产品信息，旅行社进行大规模市场营销活动就将无用武之地。通过营销数据库进行客户关系管理，实行“一对一”“一对多”的定制化服务，才是旅行社未来的发展方向。

值得注意的是，信息技术的应用需要较高的启用成本和维护成本。中等规模的旅行社应用信息技术的一个副产品，可能是促进行业结构的调整。大的旅行社则可以借助成本优势完成网络化布局，实现经营网络和信息网络的结合，从而提高运营效率、降低单位成本。小型旅行社没有能力单独建立信息系统，最终只能依附大社，成为大社网络会员。

在信息化社会，旅行社要以效率和效益取胜，关键是完善自身建设，强化科学管理的理念，利用信息技术提高企业的经营管理效率，并与行业的变革紧密结合，寻求适合自身的信息技术发展之路。

案例导入

美国运通旅行社应用信息技术的历程

美国运通公司创立于1850年，总部设在美国纽约。美国运通公司是国际上最大的旅游服务及综合性财务、金融投资及信息处理环球公司，其在信用卡、旅行支票、旅游、财务计划及国际银行业占领先地位，是在反映美国经济的道琼斯工业指数30家公司中唯一的服务性公司。

1995年，鉴于商业机构使用因特网的数量增多，旅行社咨询人员的短缺，传统运作方式成本增加等原因，美国运通公司着手开辟网上业务，成为旅行商中使用电子商务手段的领先者。在客户沟通方式上，它率先推出以电子邮件为基础的支出报告系统和预订系统，并于当年接受了第一个由代理商发出的预订。

1996年7月，美国运通与微软合作，领先开发了名为AEI Travel——美国运通互动旅行（American Express Interactive Travel）的网上预订系统。从此，公司致力于电子商务，开始了由传统旅行商到E化旅行商的方向性转变。在此期间，美国运通积极与客户沟通，宣传旅游电子商务理念及其便利特性，培养已有客户使用网上预订，并在对因特网熟悉程度较高的电子科技公司中拓展新的网上客户群体。

到1999年中期，美国运通预订网已拥有240个长期合作的网上企业客户。AEI Travel网上预订系统之所以能取得这样的成绩，是因为它致力于了解其不同的顾客群，设计方案迎合其期望和需求。

同时，AEI TRAVEL还帮助那些原来总是通过电话选择最合适航班的商务旅行者，让他们按照电脑屏幕上一目了然的优惠项目来调整他们的旅行时间。这能使旅行者平均节省20%的旅行费用。除此之外，由于美国运通的代理预订费用低于电话预订费用，各大公司可以进一步节约资金。

美国运通致力于设计AEI TRAVEL带给旅行者的“特有利益”。其中，有增加值的特色内容包括座位计划工具、旅行指南、常用旅行模板、签证和护照计划工具以及顾客档案等，其中，定制的座位图这项服务影响最大，使商务旅行者第一次感到AEI TRAVEL给他们带来的好处，这点是电话预订无法做到的。美国运通还发现，网络可以方便地记录每一个顾客的情况，形成顾客档案，包括飞行常客、是否贵宾、餐饮和座位的偏好等。AEI TRAVEL不仅能给客户提供最低价格的产品，而且能自动根据客户的个人偏好建议最适宜的航班、座位、饭店等。常用旅行模板也有助于减少安排定期商务旅行所耗费的时间。顾客需要做的就是查出存好的旅行计划，更改日期后即可预订。这些创新为商务旅行者提供了极大的便利和附加价值，使越来越多的人开始偏爱网上预订方式。1999年上半年，AEI TRAVEL的票务销售量每月增长一倍。

2007年6月11日，美国运通商务旅行公司开始投入使用一个能与多个GDS兼容的电子机票系统，实现机票自动退票和变更服务。该系统中的Quick Exchange（快速交易）功能使用了Worldspan的Ripad Reprice技术，将被整合入美国运通的Travel Bahn

Distribution Solusion（Travel Bahn 分销解决方案）及中央票价数据库，实现对未使用以及可退款机票的查询功能。

2008 年 2 月 13 日，美国运通消费者旅游网络（American Express Consumer Travel Network）和旅游技术供应商 Revelex 公司签署了一项合作协议，共同为美国运通的旅行社网络开发一个新的旅游技术平台。Revelex 将与美国运通合作开发一个新的整合式消费者旅游桌面，美国运通的旅行代理商可以在桌面上通过一个应用程序预订机票、租车、酒店以及游轮旅行。

2008 年 2 月 21 日，Sabre 旅游网络公司（Sabre Travel Network）宣布计划推出一个社区网络平台，为运通公司的商务旅行项目提供一个沟通的论坛，初期平台将通过运通商务旅游（American Express Business Travel）推出。

2016 年，美国运通承诺将于年底推出处理数据碎片的平台，将全球分销系统数据、区域代理商、User、Airnbn 等服务集成在该平台，满足用户“一站式”要求。

资料来源：曹华盛．旅行社经营与管理［M］．2 版．上海：格致出版社，上海人民出版社，2014.

分析：

运通公司如何借助信息技术塑造其核心竞争力？

［**项目实训 1**］

实训名称：为虚拟旅行社设立一个企业品牌标志。

前期准备：将学生分为几个小组，提前查找资料并进行相关调研，了解旅行社品牌化战略的相关知识。

实训方案设计：每个小组模拟旅行社工作人员，参考学习的相关知识，为虚拟旅行社设立一个企业品牌标志。

实训成果：要求提交文本资料，要有品牌名称和标记，并配有文字说明，包括各小组实地调研过程、调查到的信息，各小组的品牌策划书。

能力考查：团队协作精神、品牌战略的相关知识。

［**项目实训 2**］

实训名称：分析国内一家大型旅行社的集团化战略。

前期准备：将学生分为几个小组，收集资料，对选取的国内大型旅行社集团化战略进行研究，了解旅行社集团化战略的对策。

实训方案设计：每个小组进行分工协作，发扬团队精神，对选取的大型旅行社集团化战略进行分析。

实训成果：要求提交文本资料，包括各小组分工情况、资料的收集、分析报告等。

能力考查：运用相关知识对大型旅行社集团化战略进行分析。

参考文献

［1］章牧．旅游电子商务［M］．北京：中国旅游出版社，2016.

［2］李宏，杜江．旅行社经营与管理［M］．天津：南开大学出版社，2016.

［3］曹华盛．旅行社经营与管理［M］．2 版．上海：格致出版社，2014.

［4］马晓红，邓许红．旅行社经营与管理理论、方法与案例［M］．北京：中国经济出版社，2014.

［5］戴斌，杜江．旅行社管理［M］．2 版．北京：高等教育出版社，2009.

［6］周艳春．旅行社运营操作实务［M］．上海：上海交通大学出版社，2011.

［7］陈建斌．旅行社运营操作实务［M］．广州：中山大学出版社，2006.

［8］刘涛，曾蓓．旅行社经营管理［M］．北京：经济管理出版社，2011.

［9］徐云松．旅行社经营管理［M］．杭州：浙江大学出版社，2009.

［10］刘长英．旅游企业人力资源管理［M］．北京：中国物资出版社，2011.

［11］逄爱梅，王春林．旅游企业人力资源管理与开发［M］．上海：华东理工大学出版社，2009.

［12］李东，战冬梅．在线旅行服务：发展前景广阔［N］．中国旅游报，2010－01－05.

参考文献